소확행하는 고양이

새로운 일본의 이해

소확행하는 고양이
새로운 일본의 이해

초판 1쇄 발행 2021년 6월 30일
초판 2쇄 발행 2022년 4월 15일
지은이 정순분 **펴낸이** 박성모 **펴낸곳** 소명출판 **출판등록** 제13-522호
주소 06643 서울시 서초구 서초중앙로6길 15, 2층
전화 02-585-7840 **팩스** 02-585-7848 **전자우편** somyungbooks@daum.net **홈페이지** www.somyong.co.kr

값 16,000원 ⓒ 정순분, 2021
ISBN 979-11-5905-623-9 03300

이 저서는 2021학년도 배재대학교 교내학술연구비 지원에 의하여 수행된 것임.

A Cat of Small
but
Sure Happiness

소확행하는 고양이

정순분 지음

새로운 일본의 이해

머리말

　일본으로 내가 유학을 떠난 것은 해외여행조차 드물던 1990년 대 초였다. 일본에서 10년 가까이 지내면서 격한 반일감정에 사로잡혀 있는 우리와는 달리 일본은 우리한테 관심조차 없는 것을 느꼈다. 일본과는 상종을 말아야 한다며 유학을 반대하던 아버지의 심각한 표정과 한국에서는 주식으로 무엇을 먹느냐고 묻던 일본 친구의 해맑은 얼굴은 아직도 기억에 생생하다. 1965년 국교 수립 후에도 문화 교류가 거의 이루어지지 않다 보니 두 나라 사이는 그저 멀기만 하였던 것이다.

　그런데 유학 생활이 거의 끝나갈 무렵 두 나라는 달라지기 시작하였다. 1998년 10월부터 일본 대중문화가 한국에서 단계적으로 개방되면서 이와이 슌지 감독의 〈러브레터〉(1995/1999)와 미야자키 하야오 감독의 〈이웃집 토토로〉(1988/2001) 등이 개봉하였다. 한국의 젊은이들은 섬세하고 감성적인 일본 영화와 애니메이션에 순식간에 빠져 들었다. 그리고 일본에서는 한국의 TV 드라마가 큰 인기를 끌면서 이른바 한류 열풍이 일어났다. 특히 2003년부터 NHK 위성방송을 통해서 방영된 〈겨울연가〉(2002)는 일본인의 대대적인 한국 방문으로 이어지는 등 흥행 신드롬을 일으켰다. 문화가 비슷하면서도 무언가 다른 재미가 있다는 사실을 서로 알게 된 것이다.

그 후 두 나라의 문화 교류는 정치적·외교적 문제로 정체기를 겪으면서도 꾸준히 이어지고 있다. 일본에서는 K-POP이 부상하여 동방신기와 카라, 소녀시대, 트와이스와 방탄소년단 같은 아이돌이 지속적인 인기를 끌고 있는 한편, 한국에서는 일본 소설이 붐을 일으키며 출판업계의 판도를 바꿔놓기도 하였다. 노벨문학상 수상작부터 라이트 노벨에 이르기까지 다양한 장르물들이 쏟아져 나오면서 일본 소설은 어느덧 한국의 스테디셀러로 자리 잡았다. 이제는 무라카미 하루키와 히가시노 게이고를 모르는 한국 사람이 거의 없을 정도이다.

그런데, 두 나라 사이에는 여전히 풀리지 않는 부분이 존재한다. 특히 우리한테는 일본에 대한 단편적인 정보와 지식만으로는 이해하기 어려운 것들이 있다. 예를 들면, 일본 사람들은 왜 그렇게 친절할까? 친절하지만, 속마음을 알기 힘든 이유는 무엇일까? 신성시되는 천황이 있는 나라인데 성문화는 왜 그렇게 문란할까? 과학이 발달한 나라에서 미신과 같은 자연신을 믿는 것이 어떻게 가능할까? 평소의 모습은 평범하고 수줍음을 많이 타는데 애니메이션이나 게임에서는 왜 그렇게 선정적이고 폭력적일까? 지진이 나면 질서를 잘 지키고 단합도 잘하는데, 평소에는 왜 혼자 행동하고 밥도 혼자 먹을까? 우리 쪽에서 보면, 일본은 앞뒤가 안 맞는 모순덩어리나 풀리지 않는 수수께끼와도 같다.

우리가 일본을 이해하는 데 어려움을 느끼는 것은, 한 가지 잣대로만 판단하기 때문이다. 우리는 역사적으로 정치적인 양립은 있을 수 없으며, 단일 지배층이 모든 분야의 정책을 결정하고 피지배층은 무조건 그에 따르는 식으로 전개되어 왔다. 그러다 보니 두 가지 이상의 가치관을 동시에 인정하는 문화가 형성되지 않았다. 하지만, 일본은 전체 역사에서 볼 때 천황이 직접 정치를 한 때는 그다지 길지 않으며, 천황 대신 귀족이나 무사, 시민(총리) 등이 정치를 담당해왔다. 즉, 천황은 정신적 · 문화적 지배자이며 귀족이나 무사, 시민(총리) 등은 정치적 · 행정적 지배자였다. 지배층의 구조 자체가 이원적이고 이중적이다.

특히 고대의 귀족 시대와 중세의 무사 시대에는 상반된 성향의 계층을 어떻게든 자기편으로 끌어야 했기 때문에 기본적인 규율만 지키면 무엇을 해도 허용되는 분위기가 있었다. 이념이나 명분보다는 실리를 취하는 방식이 환영받은 것이다. 일본에는 그런 전통이 지금까지도 남아서 남에게 피해를 주지 않으면 무엇을 하든 상관하지 않는 식이 되었다. 그 덕분에 서로 성격이 다른 문화가 동시에 공존하며 발달할 수 있었고 가치관 역시 한쪽으로만 치우치지 않게 되었다.

이 책에서는 30개 항목을 통해서 일본의 본질을 자세하게 해설하고, 일본 사회 · 일본 문화 · 일본인을 섬세하게 들여다본다. 그리고 상반된 성향의 공존, 즉 다양성이 오히려 일본적인 특징이며 그 다름의 조화와 균형이 일본이 추구하고자 하는 화和의 정신에서 비롯되었다는 점을 확인한다.

제1장 '일본 사회'에서는 전통과 변화의 공존에 대해서 알아본다. 어느 사회든 전통과 변화는 동시에 존재할 수 있지만, 일본 사회는 우리보다 전통을 고수하려는 경향이 강하다. 천재지변이 많은 일본은 유교나 불교, 기독교와 같은 외래 종교보다 고대부터 내려오는 토착 신앙인 신도가 여전히 사회적 기반을 이루고 있다. 불가항력의 자연재해 앞에서 의지할 수 있는 것은 오로지 자신들의 자연신과 조상신이었으며 그러한 신앙 체계는 전통을 중시하는 마음과 함께 지금까지도 이어지고 있다. 일본의 토속신과 갖가지 관습에 의한 문화적 코드는 다양한 텍스트(신화, 소설 등)와 이미지(만화, 애니메이션, 게임 등)로 재창조되고 재생산되어 전 세계에서 인정받는 독자적인 문화 콘텐츠로 자리를 잡았지만, 한편으로는 세상의 근본 원리를 모색하고 인간 삶의 본질을 고민하는 철학이나 사상의 발달을 둔화시킨 면도 없지 않다.

그렇게 전통을 지키며 기존의 제도와 관습을 고수하는 일본이지만, 일각에서는 변화를 적극적으로 모색하는 면도 나타난다. 1868년 메이지유신을 통해서 아시아에서는 가장 먼저 서양의 근대 문물을 받아들이고 부국강병에 성공한 것은 널리 알려진 사실이다. 일본의 기업들은 90년대 거품 경제 붕괴로 인해 와해가 된 종신고용제를 대신해서 프리랜서 채용 등의 탄력적인 경영을 시도하고 있으며, 편의점과 드럭스토어 활성화를 통해서 현대의 소비 패턴 변화에 부응하고 있다. 최근에는 돈키호테와 같이 B급 문화를 기반으로 한 새로운 콘셉트의 소매점 형태도 등장하고 있다.

제2장 '일본 문화'에서는 생활과 취미의 격차를 살펴본다. 생활의 기본을 이루는 의식주 문화는 이웃 나라인 우리와 비슷하지만, 섬나라라는 지리적 · 기후적 특성으로 독특한 문화가 형성되었다. 오랫동안 육식을 하지 않았으며 지역별로 발달한 면 요리와 디저트 문화가 존재한다. 전통 의상 기모노는 12겹 이상 겹쳐 입던 헤이안 귀족의 궁중의상이 원형이며, 아파트와 같은 서양식 공동 주택보다는 전통 공법의 단독 주택을 선호한다.

특히 문예 분야, 즉 취미 분야는 다른 나라에서는 볼 수 없는 개성적인 형태로 발전하였다. 일본인은 예로부터 남에게 예의 바르게 행동하고 자신의 욕구나 욕망을 드러내지 않는 것을 추구해왔다. 그리고 평소에 억눌린 욕구나 욕망은 문예 활동이나 취미 활동을 통해서 발산하고 구가하였다. 현재 전 세계를 사로잡은 마니아 문화(만화, 애니메이션, 게임, 피규어, 아이돌 등)는 그렇게 해서 탄생하였으며, 한계를 모르는 기상천외한 상상력은 평범하기 이를 데 없는 일상생활의 숨 막히고 무료한 심리의 반작용에서 비롯된 경우가 많다.

제3장 '일본인'에서는 집단성과 개인성의 양립에 대해서 알아본다. 일본은 지리적으로 고립된 섬나라이다 보니 일찍부터 확대

보다는 축소를 지향하고 축제 문화를 통해서 집단성을 길렀다. 인간관계에서는 직접적인 표현을 피하면서 서로의 마음을 눈치로 알아채는 것이 미덕이 되었고 상황을 보고 스스로 유추해서 수수께끼를 풀어가는 추리물이 일찍부터 발달하였다. 한편으로는 사랑과 같은 인간의 본성과 욕구를 문학으로 발현시키면서 개인성을 발전시켰으며 사물을 옳게 판단하고 선악을 구별하는 이성과, 감각으로 느끼고 인지하는 감성의 경계가 뚜렷하지 않은 것이 특징이다.

현대 사회에서는 집단성을 최소화하고 개인적 영역을 존중하여 갈등이나 다툼의 여지를 줄이는 경향이 강해지고 있다. 하지만 개인이 추구하는 행복의 범위는 경제적 불황기를 거치면서 점점 축소되어 거창한 꿈을 좇기보다는 고즈넉한 시골길을 달리는 열차 여행이나 외진 산속의 온천 여행 등을 통해서 작은 행복을 찾는 일이 많아졌다. 일본인이 고대부터 고양이를 좋아하는 것도, 개인주의의 숨겨진 모습이라고 할 수 있다.

낯설었던 일본적 성향이 어느덧 우리에게도 친숙해지고 하나의 문화를 공유하는 시대가 되었다. 크고 원대한 꿈보다는 일상의 작고 확실한 행복을 추구하는 데 거리낌이 없고, 속을 알 수 없다고 멀리하던 고양이를 이제는 조용하고 섬세한 동물로 여기며 평생 함께하는 데 주저함이 없는 것처럼 말이다.

일본에 대해서 40년 가까이 공부하고 경험한 것을 쉽고 재미있게 그러면서도 깊이감 있게 엮으려고 노력하였다. 이 책이 일본을 새롭게 이해하고 또 나아가서 우리 사회에 필요한 아이디어를 얻는 데 조금이나마 도움이 된다면 큰 기쁨이겠다.

차례

1
일본 사회
전통과 변화

1 ──────── 모든 것은 신과 함께

일본 애니메이션 〈센과 치히로의 행방불명〉[2001]을 보면, 마녀 유바바가 경영하는 온천 료칸에 팔백만 신이 와서 휴식을 취한다. 팔백만 신의 '팔백만'이란 숫자는 그만큼 신이 많다는 뜻이다. 일본에서는 산과 바다, 숲과 강 등의 자연 신뿐만 아니라 논의 신, 부엌의 신, 측간(화장실)의 신까지 있다고 믿는다. 자연계는 물론이고 인간이 죽어서 저세상으로 갔거나 살아 있어도 비범한 인간은 모두 신이다. 아군뿐만 아니라 적군의 혼령까지도 신으로 모신다. 일본의 전통적인 칠복신七福神도 일본 출신의 에비스 외에 3명은 인도, 3명은 중국 출신이다. 에도 시대의 국학자 모토오리 노리나가本居宣長, 1730~1801는 인간에게 감동을 주는 것은 모두 신이라고 하였다.

수많은 신을 믿는 신도神道는 건국 신화에서 탄생한 매우 오래된 토속신앙이다. 일본의 역사와 함께 시작되어 농경 생활을 하던 조몬 시대를 거치고 벼농사가 시작된 야요이 시대를 지나면서 체계가 잡힌 것으로 보인다. 마을의 안녕과 풍요를 기원하면서 자연과 조상 숭배를 중시하여 토테미즘과 애니미즘, 샤머니즘이 혼합된 형태로 정착하였다. 신에 대한 뚜렷한 관념이나 교리, 교단 등이 존재하지 않으며 만물에 신이 깃들여 있다고 믿는다. 원시 종교적 성격이 강한 신도가 과학이 발달한 21세기에도 존재하는 이유는 전통을 중요시하며 옛것을 이어나가는 분위기가 일본 사회 전체에 강하게 형성되어 있기 때문이다.

현대 일본에서 신도는 문화 콘텐츠 속 가상의 세계뿐만 아니라 통과의례, 세시풍속, 명절 등을 비롯해서 일상생활에도 깊숙이 스며들어 있다. 마을마다 씨족신과 토지신을 모신 신사가 있어서, 아이가 탄생하면 30일 전후로 오미야마이리ぉ宮参り라는 일종의 신고식을 하고 3살과 5살, 7살 되는 해에 시치고산七五三으로 무사 성장을 감사한다. 20살이 되는 해에는 기모노를 차려입고 성인으로서 신에게 첫인사를 하며 결혼 역시 신전에서 행복한 가정을 꾸려 나갈 것을 맹세한다. 또한, 새해맞이 첫 참배를 하고 각종 마쓰리祭(일본의 전통 축제)에서 미코시御輿(신을 모신 가마)를 메면서 신을 맞이하고 특별한 날이 아닌 평소에도 집안에 신단을 모셔놓고 시시때때로 신과 교감하는 등 일본인은 모든 것을 신과 함께 한다고 해도 과언이 아니다.

그럼, 일본인은 처음에 어떻게 해서 많은 신을 믿게 된 것일까? 4세기 초 야요이 시대가 끝나갈 무렵 현재의 나라奈良시 근처 야마토大和 지역을 다스리던 씨족 집단이 다른 지역의 씨족 집단들을 평정하면서 일본 최초의 통일 국가가 수립되었다. 야마토 조정은 사상을 하나로 통일하기 위해 자신들이 믿던 태양신 아마테라스를 중심으로 그 아래에 각 씨족 집단의 신들을 배치하여 제사권과 지배권을 독점하였다. 국가 이름인 야마토의 한자를 '大和'로 한 것도 분란과 갈등을 불식시키고 대화합으로 나아가자는 취지를 반영한 것이다. 주변이 바다로 둘러싸인 섬나라에서 최고의 미덕은 조화를 이루는 것이며 '和'는 그런 일본의 정신을 나타내는 글자로 이념화되었다. 중심이 되는 신만을 내세우며 다른 신들을 배격하기보다는 다양한 신들이 조화롭게 공존할 수 있는 신화를 만든 것이 일본에 팔백만 신이 존재하게 된 기본 배경이라고 할 수 있다.

그 후 8세기 초 『고사기』[(712)]와 『일본서기』[(720)]를 통해서 일본 토착신은 체계화되고 성문화되었다. 왕위 계승 싸움에서 적손인 조카를 물리치고 승리한 제40대 덴무 천황이 흐트러진 황실의 질서를 바로잡고 천황 통치의 정당성을 알리기 위해서 신화와 역사 편찬에 나선 것이다. 그는 '천황현인신天皇現人神'이라는 사상을 통해서 천황을 신의 자손으로 규정하고 권력을 절대화하고자 하였다. 이것은 신도의 조상 숭배 사상이 통치자의 지배 논리와 결합한 것으로 신도와 천황제가 서로 연결되는 계기가 되었다. 현재까지 『고사기』와 『일본서기』는 신도의 기본 경전이자 천황제 성립의 근간이 되고 있다.

그런데 일본에는 6세기 후반 한반도를 통해서 전해진 불교가 아스카飛鳥 문화(아스카 지역을 중심으로 꽃핀 불교문화)를 형성하고 있었다. 인도의 석가모니가 창시한 불교는 인생과 우주에 대한 깨달음을 가르치는 종교로, 심오한 사상과 철학을 담고 있다. 방대한 문자 텍스트와 정교한 이론을 고루 갖춘 불교는, 원시 종교의 단계에 머물러 있던 신도를 충분히 위협할 수 있는 강력한 존재였다. 고차원적이고 세련된 외래 종교가 토속 종교를 대체하는 일은 흔히 발생하는 현상이다.

사실 일본 고유의 신과 불교의 부처 즉 석가모니는 여러 가지 면에서 차이가 있었다. 우선 부처는 깨달음을 얻은 인간이며 한동안 살아 있다가 죽었을 때는 윤회를 해탈한 상태이므로 존재하지 않게 된다. 반면, 일본의 신은 인간이 아니지만, 인간의 조상이며 살아 있기도 하고 죽어 있기도 하다. 부처는 남성이며 끝까지 독신을 지키지만, 일본의 신은 남녀로 결혼할 수도 있다. 그리고 부처는 절에 없으며 대신 불상을 만들어 절에 안치하지만 신은 신사에 없더라도 신상을 만들지 않는다. 신사에는 신이 찾아오는 물건을 안치한다.

또한 신도에서는 천황이 제사장이 되어 아마테라스와 그 아래의 여러 신에게 제사를 지내고 천황의 직접적인 조상신에게도 제사를 지낸다. 통치자의 죽은 조상을 신으로 모시며 제사를 지내는 것은 오직 신도에만 있다. 그에 비해 불교에서는 윤회하면서 성불을 지향하는 수행의 주체로서 인간을 생각하며 죽은 인간은 곧바로 또 다른 생명으로 태어나므로 사자의 세계나 영혼은 존재하지 않는다고 믿는다. 인간의 죽음에 대해서 특히 신도와 불교는 완전히 다른 사상을 갖고 있었다.

그럼에도 불구하고 외래 종교 불교가 일본에 정착할 수 있었던 것은, 나라 시대에 형성된 신불습합神佛習合 사상 때문이다. 신불습합 사상은 인도의 부처와 수많은 보살이 일본인을 구제하기 위해서 신들의 모습으로 도래하였다고 믿는 것으로, 헤이안 시대에는 본지수적설本地垂迹說이라는 이념으로 제창되었다. 즉, 일본인은 불교나 신도 중 어느 한쪽을 선택한 것이 아니라 두 종교를 합해서 받아들인 것이다. 그 영향으로 일본에서는 지금도 신과 부처를 동격으로 생각하고 양쪽을 동시에 숭배한다. 집안에 신단과 불단을 같이 두고서 힘든 일이 생길 때면 "가미사마(신이시여), 호토케사마(부처님이시여), 도와주세요"라고 외친다.

'신＝부처'라면 신을 신봉해도 부처를 신봉해도 마찬가지가 된다. 신사와 절을 구별할 필요가 없으며 불교와 신도를 구별할 이유도 없다. 일본인은 메이지유신을 통해서 근대 문물이 들어오기 이전, 즉 에도 시대가 끝날 때까지는 신과 부처를 엄밀하게 구별하지 않았다. 일본 불교의 성격이 중국이나 한국 불교와 다른 이유가 바로 여기에 있다. 인도의 석가모니에 의해 제창된 불교는 중국과 한반도를 거쳐 바다를 건너간 일본에서 토착 신앙인 신도와 융합하여 또 다른 성격의 종교로 발전하게 되었다.

인간이 죽어서 신이 될 수 있다면 인간이 죽어서 부처도 될 수 있다. 불교의 종파 중에서 특히 정토종은 아미타불의 구원을 믿으며 마음을 다해서 염불을 외면 서방의 극락정토에 왕생하여 종교적 영생을 얻을 수 있다고 하였다. 정토 삼부경의 하나인『무량수경』(2세기)에도 나와 있듯이 아미타불은 수행할 때 이 세상의 중생을 그의 불국토(극락정토)에 왕생시킬 것을 맹세하였다. 그로 인해 인간은 윤회를 멈추고 극락왕생을 할 수 있으며 '죽는다 → 극락을 왕생한다 → 성불한다' 라는 교의에서 인간이 죽으면 부처가 된다는 관념이 퍼지게 되었다.

신도와 불교가 결합하면서 일본인의 평균적인 사생관이 만들어졌다. ① 인간은 죽으면 영혼이 되어 한동안 주위를 떠돈다. ② 그 후 삼도三途의 강을 건너 저세상으로 가서 부처나 신이 된다. ③ 현세에 집착이나 원한이 강한 경우에는 부처나 신이 되지 못하고 유령(원령)이 된다. ④ 행실이 안 좋은 사람은 지옥에 떨어져서 염라대왕과 귀신들에게 괴롭힘을 당한다. ⑤ 오본(추석) 때는 죽은 조상(신)이 집으로 돌아온다. ⑥ 그때 조상(신)의 계명을 붙여서 불단의 위비에 모시고 그 앞에 향을 올린다.

이 사생관의 항목을 자세히 살펴보면, 신도도 아니고 불교도 아니며 심지어 내용 면에서 모순된 부분도 있는데 그것은 일본인에게 큰 문제가 되지 않았다. 서로 다른 종교를 동시에 받아들여 상충이 되는 부분이 있다고 하더라도 이 때는 이것으로 저 때는 저것으로 믿으면 그만이었다. 일본인은 예나 지금이나 종교에 대하여 매우 포용적이고 유화적인 태도를 보인다.

지나치리만큼 관용적인 종교관은 에도 시대에도 이어졌다. 서양 세력과 함께 기독교가 들어와 점점 팽창을 하자 위기감을 느낀 에도 막부는 쇄국정책을 펼치며 일본인 모두에게 불교도가 될 것을 강요하였다. 단가檀家 제도에 의해서 모든 집을 가까운 절에 등록시키고 그 절에 죽음에 관한 의례를 일임하도록 하였다. 한편, 에도 막부는 평화 시대를 다스릴 수 있는 통치 기술이 필요하자 유학의 한 계통인 주자학을 정치 이념으로 삼았다. 명분론을 통해서 사농공상의 신분제도를 확립하고 무사계급의 농공상에 대한 절대 우위, 같은 무사에도 상·하의 엄격한 주종관계를 강조하였다.

주자학은 무사뿐만 아니라 조닌이라는 상인들과 농민의 상층부에까지 퍼졌다. 불교에서 주장하는 교리와 반대 논리를 가지고 있는 주자학은 사후의 세계, 즉 윤회나 영혼의 존재를 부정하며 학문 수행에 의한 계급 간 이동을 허용하므로 사농공상이라는 신분제도 역시 원칙적으로는 부정한다. 막부는 불교를 강요하고 다른 한편으로는 주자학을 장려하면서 모순된 정책을 펼친 것이 되는데 당시에 그들은 그 사실을 눈치채지 못하였다.

또한, 주자학은 정통성을 가진 정부 즉 통치자에게 충성을 다하는 데 가치를 두기 때문에 막부의 우두머리인 쇼군이 아니라 당시 아무런 실권도 없던 천황을 진정한 통치자로 추앙하는 존황 사상을 낳았다. 주자학은 에도 시대의 통치 시스템, 즉 막부를 파괴할 가능성까지 잠재적으로 내포하고 있었다. 그 사이 주자학은 '공자와 맹자의 길'로 돌아가라는 원리주의를 주장하는 인재학仁齋學, 조래학徂来學 등의 일본식 유학을 탄생시켰으며 중국의 고대 문헌이 아닌 일본의 고대 문헌을 원리주의적으로 해석하는 일본학, 즉 국학을 파생시키기에 이르렀다.

국학의 대표 학자 모토오리 노리나가는 신화서『고사기』의 주석서인『고사기전傳』(1822) 44권을 저술하고『고사기』에서 말하는 무無문자 상태의 일본을 재구성하였다. 그리고 불교나 유교가 전래되기 이전에 정부가 이미 존재하였으며 백성들은 천황에게 복종하고 있었다고 주장하였다. 천황에 대한 복종은 중국의 주자학의 가르침에 따라 만들어진 것이 아니라 백성들의 심성에 의해서 자연스럽게 형성된 것으로 보았다. 국학은 주자학이 아닌 일본의 신도를 중심 사상으로 삼아서 일본의 고유성을 강조하고 천황을 숭배하는 내셔널리즘의 사상적 기반이 되었다.

노리나가의 국학과 신도 사상은 히라타 아쓰타네平田篤胤, 1776~1843를 거치면서 다시 크게 변화하였다. 히라타는 유교와 불교, 도교, 그리고 서양에서 전래된 지식까지 흡수하여 황국 사상의 우월성을 주장하였으며, 신에 대한 독특한 시각을 정립하였다. 그리고 '인간은 죽으면 부처가 되는 것도 황천으로 가는 것도 아니며 혼령이 된다. 특히 국가를 위해 순국한 사람의 혼령은 부정을 타지 않고 영령英靈(뛰어난 혼령)이 되어 후대 사람들을 보호한다'고 주장하였다. 이 혁신적인 사상, 즉 개개인의 혼령이 있어서 죽은 후에도 그 혼령은 고유의 개성을 영원히 잃지 않는다는 사상은 사실은 히라타가 당시 금서였던 한역 성서를 몰래 읽고 기독교에서 배운 것이었다.

1868년 메이지 정부를 수립한 관군은 히라타 신도를 바탕으로 막부와의 전쟁에서 전사한 사람들의 영령을 불러서 의식을 치렀다. 처음에는 초혼제를 올릴 때 합사를 하고 그것이 끝나면 영령들을 돌려보내는 형태를 취했는데, 머지않아 영구적永久的 시설 야스쿠니 신사를 만들고 영령들을 합사하는 방식으로 바꾸었다. 메이지 정부는 일반인이라도 나라를 위해서 목숨을 희생한 사람이면 신이 되어서 제사를 받을 수 있도록 하였다.

히라타 신도와 야스쿠니 신사는 국가를 위해서 헌신하는 근대적인 국민을 창출하는 효과가 있었다. 메이지 정부는 1868년 신불 분리령을 내리고 불교사원과 불경, 불상 등을 훼손하였다. 모든 종교는 국가가 관리하며 사찰과 신사의 영지는 국가 소유가 되었다. 천황을 정점으로 한 신도가 국교로 정해지면서 이른바 국가신도가 탄생한 것이다. 당시 정부의 담당 기관인 문부성(현재의 문부과학성)은 '신도는 일본인의 일상생활 속에 녹아 있으므로 특정한 종교라고 볼 수 없다'는 견해를 가지고 국가신도를 일본인 모두에게 강요하였다.

메이지 정부는 신사 참배를 모든 일본인의 애국적인 임무로 간주했으며 '진영眞影'이라는 천황의 사진 앞에서도 참배를 종용하였다. 이것이 바로 7세기 때 덴무 천황에 의해서 이념화된 천황현인신天皇現人神 사상, 즉 살아 있는 신으로 천황을 떠받들게 하는 황민 교육의 시작이었다. 국가에 헌신한 인간이 죽어서 신이 된다는 생각을 바탕으로 수많은 신사가 전국 각지에 세워졌다. 메이지 천황을 기리는 메이지 신궁 외에도, 러일전쟁을 승리로 이끈 육군 노기 마레스케乃木希典를 기리는 노기 신사, 해군 도고 헤이하치로東鄕平八郞를 기리는 도고 신사 등 전사자를 기리는 이른바 호국 신사들이다.

1868년 메이지유신 이후 황국사상과 군국주의의 이데올로기였던 국가신도는 제2차 세계대전 패전 후 점령군에 의해서 금지되고 정치와 종교는 분리되었다. 하지만 천황제가 폐지를 면하고 존속되고 있는 것처럼, 신도 역시 여전히 일본 사회에 뿌리내리고 있다. 현재 일본 전국에는 수많은 신사가 산재해 있는데, 공식적으로 집계된 개수는 약 8만 개이지만, 공식 집계에서 빠진 크고 작은 신사를 모두 합치면 약 30만 개에 이른다. 일본의 토착 신앙 신도는 여러 시대를 거치면서 많은 변화를 겪었는데 그 변화만큼 신들의 숫자도 늘어났다. 새로운 신이 생길 때마다 일본인은 그 신을 배척하지 않고 받아들였다. 현재까지 모든 생활을 팔백만 신과 함께 하고 있는 배경이다. 그러한 일본인의 행위는 종교적인 신앙심에서 비롯된 것이라기보다는 오랫동안 내려온 전통과 관습을 자연스럽게 따르는 성향 때문이라고 할 수 있다.

신도적인 의식을 없애지 않는 이유, 그것은 역시 일본이라는 나라의 특수한 자연환경의 영향이 크다. 일본은 지리적으로 환태평양 지진대에 속하기 때문에 예로부터 지진과 화산, 태풍 등의 자연재해가 많았다. 크나큰 자연재해 앞에서 인간은 나약한 존재일 수밖에 없었고 과학이 발달한 지금까지도 극복하지 못하는 부분이 있다. 수많은 신들은 신이면서 동시에 재앙신도 될 수 있다고 믿었기 때문에 일본인은 가능하면 많은 신을 숭배하여 재앙으로부터 벗어나고자 하였다.

애니메이션 〈이웃집 토토로〉(1988)에 등장하는 토토로는 숲의 신이다. 일본은 숲의 나라라고 해도 무방할 정도로 나무가 우거져 있다. 국토의 약 70%가 숲으로 되어 있어서 숲의 이미지가 강한 캐나다와 미국의 약 50%와 30%라는 비율을 훨씬 넘어선다. 그런 숲은 일본인의 현실 생활과 불가분의 관계에 있으면서 한편으로는 함부로 할 수 없는 신성함을 가진 신앙의 대상이었다. 숲은 인간에게 혜택을 주기도 하지만 동시에 위해를 가하기도 한다. 숲의 신 토토로는 인간이 알 수 없는 신비에 싸인 존재를 표현한 것이다.

그런데 일본의 팔백만 신은 전지전능하지 않으며 완전무결하지도 않다. 어느 하나의 신이 세상에 있는 모든 것을 주관한다고 믿는 유일신 사상과는 달리 일본의 신들은 서로 힘을 합쳐서 자연계와 인간을 지키는 것으로 되어 있다. 숲의 신 토토로는 싹을 틔워 금방 큰 나무로 자라는 도토리와 하늘을 날아다니는 고양이 버스로 어린 자매를 도와준다. 하지만 행동이 느리고 둔하며 우산 쓰는 법도 모른다. 생김새 또한 큰 체구에 털로 덮여 있어서 부엉이와 너구리, 곰을 섞어 놓은 귀여운 동물 모습이다. 일본의 신은 초능력을 가지고 인간을 위기에서 구하기도 하지만 한편으로는 어리숙한 면이 있어서 친근한 존재이다.

　신조차 완전무결하지 않다는 생각이 있다 보니 어떤 현상이 일어나면 일본인들은 겸허한 마음으로 그것을 받아들이려고 한다. 주변 환경을 원망하고 배척하기보다는 그 한계를 수긍하고 스스로 부족한 부분을 채우려는 마음으로 대한다. 한때 신도가 과도한 국수주의로 전개되면서 크나큰 우*를 범한 적도 있지만, 일본이라는 나라에 대대손손 내려오는 모든 것을 자연의 순리로 받아들이면서 그것을 에너지로 바꾼다는 생각이 모든 생활을 신과 함께하는 일본인의 기본 방향이라고 할 수 있다.

2 ─────────────────── 천황의 하루

일본의 천황은 신일까, 인간일까? 근대화 이후 대부분의 나라가 왕정에서 대통령제로 전환되었지만, 일본은 현재까지도 왕정, 즉 천황제를 유지하고 있다. 시대에 따라서 천황제 성격은 조금씩 바뀌었어도 천황이 일본 역사의 중심이며 일본 사회의 정체성을 대표하고 상징하는 존재라는 점은 변함이 없다. 천황의 가문은 4세기 최초의 통일 국가 야마토 조정 이래 단 한 번의 역성혁명易姓革命도 없이 단일 혈통으로 내려오고 있다. 2,000년 가까이 단일 왕조로 이어져 내려온 천황가에 대해서 일본에서는 만세일계萬世一系라는 말을 쓰고 있다.

일본 천황가의 계보는 8세기 초 신화서이자 역사서 『고사기』와 『일본서기』에 명문화되어 현재까지도 천황제를 뒷받침하는 기본 논리로 작용한다. 마지막 신의 후손이 일본의 초대 천황으로 즉위하는 식으로 신화 속 이야기와 역사적 사실이 연결된다. 우리나라의 경우는 건국 신화 속 단군 시대 이후 각 시대를 거치면서 서로 다른 왕조가 역사를 이끌어 온 반면, 일본에서는 건국 신화 속 왕조가 그대로 현재까지 역사를 이끌어 오고 있다.

일본의 건국 신화는 천지개벽으로 생긴 천상의 세계에서 여러 신이 태어나는 것으로 막을 연다. 신들 중에서 맨 끝에 태어난 남신 이자나기와 여신 이자나미는 부부가 되어 육지로 내려와 14개 섬을 낳고 35명의 신을 창조하여 통치하게 하였다. 그러던 중 이자나미는 불의 신을 낳다가 죽어서 황천국으로 가버리고 슬픔에 빠진 이자나기는 그 뒤를 따라가지만, 아내의 추한 모습을 보지 않겠다는 금기의 약속을 지키지 못하고 황천국에서 쫓겨나고 만다. 홀로 강에서 몸을 정화하던 이자나기에게 태어난 삼주신三柱神이 바로 태양신 아마테라스, 달의 신 쓰쿠요미, 황천국의 신 스사노오이다.

그 중 스사노오는 난폭하고 불성실한 탓에 지상 세계로 추방된 후 이즈모出雲 지방(지금의 시마네 현)에서 머리가 8개 달린 큰 뱀을 죽이고 구한 여성과 결혼하여 나라를 세웠다. 그렇게 스사노오의 후손, 즉 오쿠니누시가 지상 세계를 다스리던 중에 아마테라스의 손자 니니기가 지상 세계 역시 천상 세계의 후손이 다스려야 한다며 지금의 규슈 남부 지역(미야자키 현)으로 내려왔다. 그 때 니니기가 가지고 온 것이 바로 삼종의 신기神器, 즉 거울과 옥구슬, 신검이다. 니니기는 그곳에서 여러 신을 낳고 국토를 통치하였으며 그의 직계 증손자가 바로 초대 천황인 진무神武가 되었다.

이 건국 신화를 바탕으로 태양신 아마테라스는 일본 황실의 직계 조상으로서 이세 신궁에 모셔지게 되었다. 야마토 조정의 조상

신을 기리는 신궁이 야마토 지역에서 떨어진 미에 현 이세에 있는 것은 태양신이 바다에서 떠오르는 모습이 잘 보이기 때문이었다. 역대 천황들은 이세 신궁을 찾아 신상제新嘗祭(11월 23일에 천황이 햇곡식을 신에게 바치는 제사)를 비롯한 각종 제례를 봉행하며 조상신으로서 아마테라스에게 예를 다하고 있다. 일본의 첫 번째 천황인 진무 천황이 태양신 아마테라스의 후손이라는 점에서 순수 혈통으로 대를 잇고 있는 일본의 천황들은 살아 있는 신, 즉 현인신現人神이 될 수 있다.

한 나라를 통치하는 군주, 즉 왕이 자신을 신과 연결하고 권력을 절대화하는 현상은 동서양 어디에나 있었다. 예를 들면, 고대 이집트에서 왕은 파라오, 즉 태양신이라고 불렸으며 신의 화신으로 혈족 결혼을 했고 사후에도 신으로 숭배되었다. 파라오는 신이면서 동시에 신에게 제사를 지내는 최고의 신관이기도 하였으며 전쟁에서는 최고사령관이기도 하였다. 신을 대변하는 제사장이 나라를 다스리는 제정일치 사회는 고대 사회의 일반적인 통치 형태였다. 하지만 시간이 지남에 따라 제정일치 사회는 세속적인 권력에 만족하는 정치적인 지배자 즉 왕과, 종교적인 제사장 즉 교황으로 나누어지는 제정 분리 사회가 되었다.'

그런데 일본은 제정 분리 사회가 되면서 천황이 통치자가 아니라 신을 대변하는 제사장 쪽을 담당하게 되었다. 헤이안 시대는 귀족이, 그리고 중세와 근세는 무사가 정치를 담당하였으며 천황은 신화 속 존재로서 세속적인 정치와는 무관한 종교적 · 정신적 지주 역할을 하였다. 권력을 잡고 정치를 펼친 귀족과 무사는 종교적 존재인 천황을 배후에 두고 자신들의 정통성을 인정받고 사상적인 근거로 삼았다. 귀족과 무사가 정치적으로 무력해진 천황(제)을 없애지 않은 것은 천황이라는 존재 자체를 같은 권력자로 보지 않고 다른 차원의 조력자로 생각했기 때문이다.

존재감이 거의 없던 천황이 강력한 형태로 신격화된 것은 메이지유신 전후이다. 에도 시대 지배 세력 도쿠가와 막부는 대외적으로 쇄국 정책을 실시하였는데 1853년 미국 페리 제독의 함선과 러시아 함대가 입항하여 수호통상을 요구하면서 큰 혼란에 빠지게 되었다. 결국 1858년 에도 막부는 미국과 수호통상조약을 체결하고 항구를 개방하기로 하였는데 고메이 천황의 허가 없는 개항 결정은 하급 무사들의 격렬한 저항을 일으켰다. 천황을 중심으로 하고 막부를 타도하자는 존황양이尊皇攘夷 운동이 전국적으로 퍼져 나갔으며 에도 막부는 1867년 권력을 천황한테 되돌린다는 대정봉환大政奉還을 요청하기에 이르렀다. 그리고 1868년 왕정복고에 의한 메이지유신으로 이어졌다.

메이지유신은 서구의 근대국가를 모델로 하여 사회 전반에 걸쳐서 대대적인 개혁을 단행한 범국가적인 운동이었다. 이때 경제적으로는 자본주의가 성립되었고, 정치적으로는 입헌군주제가 시작되었으며 사회 · 문화적으로는 근대화가 추진되었다. 하지만 일본은 시민이 주체가 되는 민주주의 국가가 아니라 전통에 뿌리를 둔 천황제의 제국을 선택하였다. 서양의 근대화된 문물을 수용하는 한편으로 서양 세력에 휘둘리지 않기 위해서는 천황이라는 사상적·정치적 구심점이 필요하다고 판단한 것이다. 비서구적이면서도 다소 특이한 형태로 근대화를 진행한 일본은 그로부터 50년 후인 제1차 세계대전 무렵 세계 5대 강국에 들어갈 정도로 발전하였다.

그렇다면 무소불위, 절대 군주로 신격화되어 근대 일본을 이끌어간 메이지 천황은 과연 어떤 인물이었을까? 메이지 천황은 1867년 15세 나이로 즉위하여 메이지유신을 통한 부국강병을 달성하였으며 크고 작은 국내외 전쟁에서 승리하면서 일본을 제국주의 국가로 성장시킨 장본인이다. 하지만 정치적·외부적으로 완벽한 군주로 숭배를 받은 것은 천황 자신의 의지나 능력이라기보다는 일본을 근대화하려는 개화파들의 의도에 따른 것이었다. 메이지 천황의 일과를 살펴보면, 우리가 상상하는 존엄한 신의 모습이 아니라 신의 역할을 위해 애쓰는 지극히 소심한 인간의 모습이 있다.

메이지 천황은 매우 규칙적인 생활을 하였다. 아침에 일어나서부터 취침에 들기까지 정해진 규율이 있고 그 규율을 그대로 따르지 않으면 궁중에서는 큰 혼란이 일어났기 때문이다. 아침 기상 시간은 항상 8시 정각으로 맞춰져 있었다. 일찍 일어나는 것도 늦

잠을 자는 것도 허용되지 않았다. 천황을 보필하는 주변 신하들의 안정된 업무 환경을 위해서 천황은 몸 상태와는 상관없이 정해진 기상 시간을 어길 수 없었다.

혼자 수라실에서 하는 아침 식사는 독 검사 등의 여러 과정을 거치다 보니 필요 이상으로 준비 시간이 오래 걸렸다. 방금 끓여 낸 음식을 바로 먹는 즐거움은 있을 수 없었다. 음식은 푸짐하게 큰 그릇 가득히 담겨져 나왔지만, 천황은 아주 소량의 음식만 덜어내서 먹고 나머지는 모두 신하에게 하사하였다. 신하들의 경제적인 부담을 덜어주고자 하는 황실의 오랜 전통 때문이었다. 메이지 천황은 보통 카페오레와 빵으로 가볍게 먹었지만, 격식을 차린 식사 의식은 길고도 거창하였다.

10시 30분부터 학문소라고 불리는 집무실로 출근, 하지만 메이지 천황의 업무는 지극히 단순하고 간단한 것들뿐이었다. 중대한 정책을 수립하거나 심각한 사안의 결정은 입헌군주제에 따라서 내각과 군부에서 담당하였다. 전쟁과 같은 비상시가 아니면 천황에게 주어지는 업무는 거의 없었다. 오히려 지루하고 긴 하루를 보내기 위해서 천황은 갖가지 운동과 놀이를 고안하는 데 머리를 짜내야만 했다. 여러 가지 규칙을 일일이 정해서 시종들의 승마 지도를 하는 등 소일거리 개발에 몰두하는 천황의 모습에서 오히려 인간미가 느껴진다.

신하들을 배려하기 위해서 천황은 여러 가지로 자신의 불편함을 감내할 수밖에 없었다. 천황의 사적인 거주 공간인 나이기內儀 안에서는 여관女官이 천황 앞을 지나갈 때 반드시 한 번 앉았다가 다시 일어나서 가야 하는 관례가 있었다. 여관이 앉았다가 일어나는 수고를 덜어주기 위해서 메이지 천황은 이 방 저 방을 돌아다니며 여관들과 마주치지 않으려고 애썼다. 그리고 작업 중이던 일꾼들이 당황할 것을 우려해서 승마와 산책을 포기하고 운동도 전혀 하지 않게 되었다.

전통적인 천황의 역할, 즉 신으로서의 역할을 다하기 위해서 전전긍긍했던 천황은 자식과의 사이에서도 따뜻한 정을 나누기 어려웠다. 천황의 자식은 태어나면 다른 곳에 보내져서 교육을 받기 때문에 평소 서로 떨어져서 지냈다. 후에 다이쇼 천황이 되는 황태자는 매주 토요일 오전마다 학문소로 알현을 왔는데 병약하고 마음이 여려서 내내 노심초사하였다. 두 사람은 면회 시간 동안 어색하고 불편한 대화를 이어갈 수밖에 없었다. 황후 하루코가 아이를 못 낳는 체질이어서 황태자는 후궁여관(측실)이 낳은 자식이었다. 메이지 시대 제정된 '황실전범'은 아들에 의한 황위계승을 규정하고 있어서 천황은 여러 명의 후궁여관을 두고 혈통을 이어야만 했다.

12시 30분부터 시작되는 점심 식사는 나이기에 돌아가서 황후와 함께 하였지만, 이 또한 여러 규칙 때문에 부부가 격의 없이 한상에서 식사하는 일은 없었다. 천황은 신성한 존재로 부정을 타면 안 되므로 시중드는 여관은 사전에 입이나 손을 세 번 씻어야 했으며 상차림을 하는 도중에도 천황 부부의 식기에 닿는 자신의 손바닥이 옷으로 더러워지지 않도록 세심한 주의를 기울여야 했다. 특별한 규칙들 때문에 두 사람의 상이 차려지기까지 오랜 시간이 걸렸으며 그동안 천황 부부는 잠자코 기다리고 있었다.

오후 3시 30분 천황은 다시 학문소로 나갔지만, 오후에는 오전보다 더 할 일이 없고 한산하였다. 알현을 오는 사람도 없고 내각의 업무 보고와 같은 사무적인 일도 없었기 때문에 천황은 학문소에서 혼자 와카和歌(일본 고유의 정형시)를 짓거나 그것도 싫증나면 일장 연설로 시종을 혼내기도 하였다. 담배를 피거나 수집한 검을 둘러보면서 휴식을 취하기도 하였으며 따분해하는 시종들에게 건물 청소나 정원의 나무 조사, 까마귀 퇴치, 자로 거리 재기 등의 지극히 사소한 일을 지시하면서 시간을 보냈다.

오후 5시 30분 천황은 학문소에서 퇴근하여 목욕을 할 수 있었는데 이 또한 과정이 만만치 않았다. 천황의 목욕은 부정을 타지 않기 위해서 청淸(청정)과 차汏(부정)의 규율이 특히나 엄격하게 적용되었다. 청인 상반신은 상급 여관 3명이 씻었으며 차에 해당하는 하반신은 하급 여관 2명이 씻었다. 그리고 차인 하반신의 더러움으로 청인 상반신까지 더러워지는 일을 방지하기 위해서 겨울철에도 욕조의 반만 물을 채웠다. 천황에게 목욕은 피로를 풀고 개운한 기분이 들도록 하는 것이 아니라 몸의 청정을 유지하기 위한 인고의 의식 행위였다.

밤 10시가 되면 궁내성은 취침에 들어가는데 잠이 없는 천황은 11시 30분이 되어서야 잠자리에 들었다. 취침 중에도 청과 차는 중요한 문제로 몸에서 가장 더러운 발이 이불에 직접 닿으면 이불을 타고 더러움이 온몸에 퍼진다고 여겨졌다. 그것을 방지하기 위해서 잠옷은 마치 포대 자루와 같이 옷 끝자락을 길게 해서 발을 감싸도록 하였다. 밤중에 지진이라도 나게 되면 천황에게는 더욱 번거로운 일이 벌어졌다. 관례에 따라서 천황은 황후를 포함한 모든 신하의 안부 인사를 일일이 받은 후에야 잠자리에 다시 들 수 있었다.

메이지 천황은 외부적으로는 신격화된 절대 군주였지만 한 개인으로서 보면 오히려 인간다운 기본 권리조차 누리지 못한 존재였다고 할 수 있다. 찌는 듯이 더운 날씨에 가마를 타고 순행 길에 오를 때도 힘든 내색을 전혀 하지 않았으며 러일전쟁에서 대승을 거두었을 때도 기쁘다는 말조차 거의 하지 않았다. 중신 이토 히로부미가 죽었다는 보고를 받았을 때도 '흠'이라는 한마디를 남겼을 뿐이고 여관이었던 생모 나카야마 요시코가 세상을 떠났을 때도 '천황은 신하의 상喪에 가는 법이 아니다'라는 이유로 장례식에 참석하지 않았다. 유일하게 마음을 표현한 9만 여수의 와카에도 희로애락이라는 인간의 기본 감정은 찾아보기 어렵다. 그가 총애하던 여관이나 황후에 대한 기록 역시 전혀 남아 있지 않다.

당뇨와 만성신염을 오래 앓았던 탓에 메이지 천황은 60세 나이로 세상을 떠났다. 그는 일본이라는 국가의 상징이자 야마토 민족혼을 인격으로 구현한 실체로서 오로지 그 의무만을 다하다가 생을 마감하였다. 인간적인 삶을 포기한 그는 사후에 대제大帝라고 칭해지며 영원한 숭배의 대상이 되었다. 인간이면서 신의 역할을 강요받은 일본 천황의 모습에서 일본 사회의 또 다른 단면을 보게 된다.

메이지 천황이 세상을 떠난 후에 일본의 궁정과 천황의 일상생활은 과연 어떻게 변화되었을까? 다이쇼 시대(1912~1926)는 궁정에 공가의 미혼의 딸들이 여관으로 있었지만, 천황의 '비妃'로서의 역할은 없었다. 다이쇼 천황이 데이메이 황후와의 사이에 4명의 아들을 두었으므로 후궁여관이 필요치 않았다. 천황 부부의 가정집이 된 나이기에는 시종들도 드나들게 되었으며 스스로 산책을 자제했던 메이지 천황과는 달리 다이쇼 천황은 산책도 즐기게 되었다. 하지만 그런 다이쇼 천황 역시 즉위 9년 만에 황태자 섭정 체제를 승인하고 자리에서 물러난다.

쇼와 시대(1926~1989)는 천황의 완전한 일부일처제를 확립했으며 여관제도를 개혁해서 미혼여성이 평생 봉사하는 체제에서 기혼자나 미망인을 채용하여 통근하는 형태로 바뀌었다. 서양으로부터 비판을 받아오던 일본 황실의 전근대성 문제가 어느 정도 해소된 것이다. 황궁은 서양풍으로 개조되었고 창문은 유리로 바꿰었으며 천황은 헤이안 시대부터 내려온 덮개 있는 침대가 아닌 보통의 침대를 사용하게 되었다. 천황의 기상을 알리는 말 전하기 게임은 없어지고 천황 부부는 세수와 몸치장을 스스로 하게 되었다. 신의 영역에 갇혀 있던 천황이 드디어 '인간' 세계로 나와서 인간다운 생활을 영위하게 된 것이다.

쇼와 천황은 제2차 세계대전 패전 후에 연합군 최고사령관 맥아더에 의해서 신격화 자체를 부정하는 인간 선언을 하였다. 그리고 1947년 제정된 일본국 헌법(일명 평화 헌법)에 의해서 천황은 정치에 참여하지 않고 일본 국민 통합의 상징으로만 남게 되었다. 그런데도 일본 천황과 황족은 국민들의 존경과 신망 속에서 여전히 보통 인간과는 다른 삶을 살고 있다. 황실의 호위만을 전담하는 황궁경찰본부가 있고 1,500명에 달하는 궁내청 직원들에 의해서 모든 생활을 관리받으며 소득세 납부 의무도 면제받는다.

하지만 현대에도 황실 사람들에게는 특혜 이면에 포기해야 하는 인간다운 삶이 있다. 황족은 매일 지정된 장소에서 지정된 공무를 수행하고, 말할 때도 '황실의 리듬'으로 천천히 정중한 어조로 말한다. 국내외 기자들이 대답하기 곤란한 질문을 던져도 황족은 만면에 부드러운 웃음을 띠고 '황실의 미소'를 유지한다. 그뿐만이 아니다. 모든 생활은 궁내청의 지시와 관리를 받아야 한다. 최근 나루히토 천황 즉위에 따라서 황후가 된 마사코 씨는 결혼전 유능한 외교관이었다. 수차례에 걸친 황태자의 구애에 결혼을 승낙하고 황실에 들어갔지만, 적응 장애로 10년 이상 공식 석상에 모습을 보이지 않았다. 남편을 내조하며 아들을 출산해야 한다는 황실의 전통적인 규범에서 궁내청과 대립한 것이다. 일각에서는 다이쇼 천황 때 없어진 후궁여관 제도를 부활해서 천황의 대를 이을 수 있도록 하자는 주장도 나온 적이 있다.

현재 일본의 수도 도쿄의 한복판, 지요다千代田 구 1번지에 천황과 그 가족이 기거하는 황거皇居가 위치한다. 지요다 구는 도쿄 23개 구 중에서 행정기관과 국가기관, 기업들이 가장 밀집해 있는 지역이다. 40m 폭의 인공 호수 즉 해자로 둘러싸인 황거는 면적이 115만㎡에 달하며, 지요다 구 전체 면적의 12%를 차지한다. 제126대 나루히토 천황의 즉위로 일본의 천황과 황실이 앞으로 어떻게 변화할지 기대감이 높아지고 있다.

3 ——————————————— 세습은 내 운명

일본은 서양의 근대 문물을 아시아에서 제일 먼저 수용하고 새로운 근대국가 체제로 탈바꿈하였지만, 예로부터 내려오는 전통을 계승하고자 하는 성향 역시 강하다. 기모노, 스시, 다다미와 같은 생활 문화나 스모, 가부키, 샤미센과 같은 예술 분야뿐만 아니라 시대에 따라서 큰 변화를 겪게 되는 정치나 경제 분야에서조차 옛것을 고수하는 경우가 많다. 세습 군주제인 천황제가 2천 년 가까이 유지되고 있는 것처럼 집안 대대로 내려오는 가업을 세습하고자 하는 의식은 아직도 일본 사회 전체에 깊이 뿌리내리고 있다.

일본에서 가업이라는 개념은 특수한 분야의 학문이나 기술이 특정한 씨족이나 가계에 귀속되어 그곳이 전문적이라는 인식이 자리 잡은 상황 속에서 발생하였다. 공교육이 없고 가정교육이 전부였던 시대, 어떤 분야의 담당자를 채용하는 데 출신 가문을 바꾸는 것은 효율성이 떨어진다고 생각하였다. 일본에서 처음 가업의 맹아가 보이는 것은 율령제가 전성기를 이루던 8세기에서 9세기 무렵이었는데, 이때는 예가禮家(궁중의 예도 담당), 약가藥家(궁중의 의약 담당)와 같이 일부 특수한 관직에서만 가업이 형성되었다.

가업이 주요 관직에까지 일반화된 것은 11~12세기 무렵이었다. 사실상 형식만 남은 율령제도 속에서 관제의 상하 관계가 붕괴되고 본래의 공적인 관직 전반에 걸쳐 사유화 현상이 심화되었다. 조상 대대로 맡겨지는 관직이나 임무가 가업으로 인식되면서 가업 세습이 점차 사회적인 관례로 자리 잡았다. 특정한 씨족에 의해서 관직이 배타적으로 계승되는 현상을 관사청부제官司請負制라고 하는데, 변관국弁官局(조정 최고기관인 태정관의 관직)의 오쓰키小槻 씨가 대표적이다.

헤이안 시대부터는 세습군주인 천황뿐만 아니라 천황을 대신하여 권력을 잡고 정치를 이끌어간 가문 역시 가업 계승의 형태를 보였다. 후지와라 가문은 섭정 및 관백의 지위를 통해서 헤이안 시대 정치를 독점하였으며 그 후에도 구게公家(일반 공무직의 문신 귀족과 관리)로서 근세에 이르기까지 큰 영향력을 행사하였다. 그 외에도 원평합전에서 다이라平 가문을 물리친 후에 가마쿠라에 막부를 두고 전국을 통치한 미나모토源 가문, 가마쿠라 막부를 멸망시키고 무로마치 시대와 전국 시대 중앙 권력을 장악한 아시카가足利 가문, 전국 시대를 종결시키고 에도 시대를 개막한 도쿠가와德川 가문 등이 모두 정치의 명문가들이었다.

어느 특정한 가문에 의해서 관직이 세습되는 정치의 형태는 전통 사회가 끝나고 서양 문물이 들어온 근대화 이후에도 계속되었다. 일본은 서양의 선진 자본주의 문물로 전통적인 사회에 대한 대대적인 변혁을 시도하면서도 정치 체제는 국민에 의해 선출되는 대통령제가 아닌 세습에 의한 천황제를 그대로 유지하였다. 이른바 화혼양재和魂洋才 정신에 의해서 서양의 과학기술은 받아들이지만, 일본의 혼魂, 즉 예로부터 내려오는 도덕이나 정신은 고수하는 절충 방식을 취한 것이다. 근대 이후의 일본은 서양풍 건물에서 실용성 중심의 신식 근대 교육을 실시하면서도 한편으로는 일본 고유의 정신과 이데올로기는 철저히 주입하였다.

천황제를 비롯한 정치계의 세습 현상은 메이지 시대 이후에도 이어졌다. 다이쇼, 쇼와, 헤이세이 시대를 거쳐 레이와 시대인 현재까지도 계속되고 있다. 1885년 의원내각제가 성립해서 실질적인 정치는 천황이 아니라 내각의 총수인 총리(대신)가 담당하고 있는데 그 총리 역시 세습 정치인의 경우가 많다. 대표적인 인물이 제90대, 제96대, 제97대 총리를 거쳐서 제98대 총리까지 지낸 아베 신조이다. 외조부 기시 노부스케는 쇼와 시대의 대표적인 정치인으로 제57대 총리를 지낸 인물이며 외종조부 사토 에이사쿠는 제61대, 제62대, 제63대 총리를 지낸 사람으로 오키나와 반환을 실현하고 노벨평화상을 받은 인물이다. 아베 총리는 외조부 기시의 영향을 받아서 헌법 제9조의 개정을 통한 일본의 군사력 보유를 주장하는 것으로 알려져 있다. 제92대 총리를 지냈으며 아베 내각에서는 부총리 겸 재무 대신인 아소 다로 역시 세습 정치인으로 제70대 총리를 지낸 스즈키 젠코가 장인이다. 그 외에

제91대 총리 후쿠다 야스오 역시 제67대 총리 후쿠다 다케오와 함께 최초의 부자父子 총리를 기록하였다.

총리뿐만이 아니라 제98대 아베 내각 전체가 아베 총리와 아소 부총리를 포함하여 반수 이상의 대신(장관)들이 세습의원이었다. 기시다 후미오 외무성 대신과 시오자키 야스히사 후생노동성 대신, 이시하라 노부테루 경제 재정 정책 특명 대신 등도 정치 명문가 출신으로 아버지 대에 이미 일본 정계에서 큰 세력을 자랑하였다.

국회의원도 일본은 세습 정치인 비율이 상당히 높다. 정치야말로 새로운 개혁과 혁신이 추구되는 분야이지만, 일본에서는 25~30% 정도가 항상 세습 정치인으로 채워져 왔다. 세습 정치인의 경우 다양한 계층의 입장을 골고루 대변하기 어렵다는 한계점이 지적되기도 하지만, 선대부터 탄탄하게 구축해온 지역의 신뢰를 기반으로 정치에 더 집중할 수 있다는 장점을 인정하는 사회적 통념이 강하다. 일본인의 대다수는 새롭게 등장한 정치인에게 모험을 걸기보다는 어느 정도 예상이 가능한 세습 정치인을 더 신뢰한다.

한때 제95대 노다 요시히코 총리가 일본 정치계의 세습 현상에 대해서 몽키 펀치 만화 원작의 인기 애니메이션 〈루팡 3세〉(1971) 시리즈에 빗대어 비판한 적이 있다. 제87대, 제88대, 제89대 총리를 지낸 고이즈미 준이치로가 자신의 선거구를 차남 신지로에게 물려주려고 하자, 노다 총리는 국회에서 "괴도 루팡도 3대까지인데, 고이즈미 집안은 4대까지 대물림을 하려는 것이냐"고 비난한 것이다. 하지만 고이즈미 신지로는 20대 후반에 중의원에 당선되어 30대 후반의 젊은 나이로 아베 내각에서 환경성 대신이 되었으며 한때 아베 총리의 뒤를 이을 차기 총리로 주목을 받기도 하였다.

일본에서 실시하는 각종 여론조사를 보면, 국민들은 현재의 정치 세습 현상에 대해서 긍정적인 의견보다는 부정적인 의견을 더 많이 가지고 있는 것으로 나타난다. 그리고 세습 국회의원을 제한하자는 각성의 소리도 끊임없이 나오고 있다. 하지만 전체 의석 중 40% 정도가 세습 국회의원으로 구성된 자민당 내부에서는 그수를 제한하자는 의견이 소수에 불과해서 현실적으로 반영되기는 어렵다. 또한, 선거구 내의 유력 후보자는 세습 정치인인 경우가 많아서 정치 세습에 대하여 부정적인 유권자일지라도 결국에는 세습 정치인에게 투표하는 일이 자주 일어나고 있다.

일본은 집권 정당 자체도 정권 교체가 거의 이루어지지 않는 1당 체제로 내려오고 있다. 현재의 집권 여당 자유민주당(자민당)은, 1955년 창당 이래 1993년 8월~1996년 1월(2년 5개월)과 2009년 9월~2012년 12월(3년 3개월)의 짧은 기간을 제외하고는 계속 총리를 배출해서 지배 세력으로 군림해왔다. 국회에는 입헌민주당이나 국민민주당, 사회민주당, 일본공산당 등의 진보 세력도 있지만, 일본 정치는 약 60년 동안 총리의 얼굴만 바뀌었을 뿐이지 보수 연합인 자민당에 의해서 이끌어졌다고 해도 과언이 아니다. 집권당 교체에 의한 정치 개혁은 일본에서 사실상 있기 어려운 일이다.

원래 〈루팡 3세〉시리즈가 일본에서 인기를 끈 것 자체가 전통이나 혈통을 중요시하는 일본인의 정신적 풍토를 잘 나타내고 있다. 이 애니메이션 속에는 루팡의 동료 이시카와 고에몬이 아즈치 · 모모야마 시대의 대도둑 이시카와 고에몬의 자손이며, 루팡의 상대역 제니가타 고이치 경부 역시 에도 시대의 명탐정 제니가타 헤이지의 자손이라는 설정이다. 즉, 세습에 의한 캐릭터가 3명이나 된다. 일본의 정치 구조는 세습을 기본으로 하고 있다.

일본에서 가업이 오랫동안 이어지는 것은 그만큼 전통이 있다는 의미로 사회적인 존중을 받는다. 무엇보다도 천황제 자체가 세습제이며 제2차 세계대전 패전 전까지 '만세일계万世一系'의 천황이 통치하는 것으로 명문화되어 있었다. 패전 후에도 국민 대부분은 천황제 존속을 지지하고 있다. 실제적인 정치를 담당하는 정치계 역시 총리를 포함해서 세습 정치인이 많다. 개혁을 통한 새로운 사회 건설이 정치의 기본 원리임에도 불구하고 일본에서는 여전히 세습에 의한 정치가 이루어지고 있으며 가업 세습의 분위기는 경제, 학문, 예술 등 사회 전반에 퍼져 있다.

일본에 여러 대를 거쳐서 가업을 이어받은 기업이나 가게가 많다는 사실은 잘 알려져 있다. 도요타나 미쓰비시와 같은 거대 기업뿐만 아니라 중소기업, 동네의 작은 식당에 이르기까지 폭넓게 분포한다. 도쿄에서 8대에 걸쳐 이쑤시개를 만들고 있는 사루야, 이시카와 현에서 46대를 내려오며 온천 숙박업을 하고 있는 호시료칸, 교토에서 6대에 걸쳐 두부 가게를 운영해온 가모토후킨키 등 전국에 퍼져 있는 오래된 기업과 가게들은 일일이 다 열거할 수 없을 정도이다. 일본 경제가 전 세계를 휩쓸던 70년대~80년대는 일본식 경영이 큰 주목을 받았으며 가업 계승과 종신 고용에 의한 기술 축적이 그 요인으로 꼽아지기도 하였다.

예술 분야에서도 가업 세습 현상은 두드러진다. 화도華道나 다도茶道와 같이 도道라고 불리는 일종의 기능 체계는 세대를 넘어 계승되고 있으며, 가도家道라고 칭해진다. 이케노보池坊 가문은 1462년에 시작하여 현재 46대까지 내려온 화도의 명가이며 오모테센케表千家는 센노 리큐千利休를 시조로 하여 현재 15대까지 내려오는 다도의 명가이다. 센노 리큐는 중세의 전국 시대 차의 세계를 선禪과 접목하여 소박하고 세련된 '와비차'의 경지까지 끌어올린 사람이다. 원래 중국에서 유래된 꽃꽂이 문화와 차 문화가 일본에 전해져서 대표적인 전통문화로 정착하게 된 것은 화도와 다도를 대대로 발전시켜온 가문들의 존재 덕분이라고 할 수 있다.

그 외의 전통문화 분야에서도 세습의 역사는 오래되었다. 전통 가면극 노能는 무로마치 시대 3대 쇼군 아시카가 요시미쓰足利義満의 비호 아래 간아미観阿弥를 거쳐서 아들 제아미世阿弥에 이르러서 완성되었다. 그 후에는 간제観世 가문에서 그 전통을 이어오고 있으며 현재 26대에 이르고 있다. 전통 예능 가부키歌舞伎 역시 에도 시대부터 대대로 명배우를 배출한 이치카와市川 가문이 있으며 현재 11대째이다. 전통 격투기 스모 또한 나라 시대부터 이어져 내려오고 있으며 현재 44개의 스모베야相撲部屋(스모 선수들이 속한 합숙 도장)를 중심으로 그 기술이 전승 중이다. 그중 하나다花田 가문은 다카하나다·와카하나다 형제를 배출해 낸 스모 명문가이다.

우리나라에서 전해준 도자기 제조업 역시 가업 계승으로 현재까지 이어지고 있다. 규슈 지역에는 임진왜란과 정유재란 때 잡혀간 조선인 도공들에 의해서 지금까지 도자기 산업이 발달한 곳이 많다. 가고시마 현 히오키 도자기 마을의 심수관요는 초대 심당길부터 현재 15대 심수관까지 약 400년 동안 가업을 이어왔으며 심당길의 12대 자손 이후부터는 심수관이라는 이름도 세습하고 있다. 사가 현 아리타 도자기 마을 역시 도자기 장인 이삼평을 시조로 추대하며 그 후손들이 다채롭고 호화로운 색상이 특징인 청화백자와 오채자기를 만들어 전 세계에 수출하고 있다.

일본인은 자식에게 가업을 이어가도록 어릴 때부터 기술을 가르쳐서 미래의 종업원, 즉 후계자를 육성한다는 의식이 강하다. 물론 자식에게 직업 선택의 자유는 있으며 가업과는 다른 분야가 적성에 더 맞을 수도 있다. 하지만 직업 선택의 귀로에서 가업을 잇는 쪽으로 선택하게 되는 것은 여러 가지 이점이 있기 때문이다. 우선 어느 분야든 어느 정도의 전문성을 갖기 위해서는 일정한 수준에 올라야 하는데 그런 점에서는 어릴 때부터 익숙한 가업이 훨씬 유리하다. 그리고 대기업은 안정적으로 월급을 받을 수는 있지만 입사하기도 어렵고 또 근무할 수 있는 기간도 한정되어 있다. 대신 가업을 승계하는 경우에는 부모가 하던 것을 물려받기 때문에 초기 자본이 따로 필요치 않으며 단골이라는 소득원도 대물림 받을 수 있다. 또한, 대기업에 들어가서 기계의 부품처럼 자신의 존재감이 묻히는 것보다 자신의 손으로 완성체를 만들어가는 것에 대한 보람이 더 클 수 있다.

직업에 대해서 편견이 적은 사회적 분위기도 일본의 가업 세습에 한몫하고 있다. 일류 대학을 나오고도 집안 대대로 이어진 직물 가게나 화과자 가게를 계승한다는 사람이 종종 있는데 이것은 국가의 관직, 즉 공무원과 같은 행정직에만 치우치지 않고 생활에 필요한 물건을 만드는 장인들, 즉 직인職人들을 존중하고 예우하는 사회 풍토가 있기 때문이다. 가부키나 스모와 같은 전통 예능 종사자 역시 품위와 격식을 갖춘 전통 예술인으로서 사회적으로 존경을 받다 보니 각고의 수행과 정진 과정을 거쳐서라도 가업을 잇고자 하는 경우가 많다.

일본에서의 가업 세습은 혈연적 전승, 특히 장손이나 장남에 의한 남아 중심만 고집하는 것이 아니라서 가능하기도 하다. 모계 세습이나 사위 세습, 양자 세습, 문하생 세습이 장자 승계와 큰 차별 없이 존중된다. 일본에서의 가업 세습은 융통성이 있고 효율성을 중요시한다고 할 수 있다. 권력이나 부富에 의한 경직된 권위주의적 세습이 아니라 조상 대대로 내려오는 기술을 후대에 이어가려는 정신이 강하다는 점 역시 가업 세습을 가능하게 한다.

하지만 가업 세습의 단점도 있다. 바로 계층의 고정화이다. 일본은 오랫동안 세습제를 통하여 안정적인 발전을 거듭해 왔지만 이른바 '잃어버린 20년'과 같은 불황기에서는 오히려 장애물이 되기도 하였다. 직업이 세습으로 고정되다 보니 새로운 시대의 흐름에 대응이 어려운 부분이 있다. 장기적인 경제 불황 속에서 부자는 점점 부자가 되고 가난한 사람은 점점 가난해지는 현상이 심화되었다. 한때 중산층 사회 건설이라는 목표 아래 온 국민이 맡은 바 일에 충실할 수 있었지만, 이제는 노력만 가지고는 빈부 격차를 극복하기 어려운 사회가 되었다.

최근에는 후계자가 없어서 폐업 위기의 기업도 점점 증가하고 있다. 젊은 세대의 가업 세습에 대한 의식이 희박해졌으며 저출산 현상이 겹치면서 후계자 대책이 없는 중소기업이 많아졌다. 일본은 '중소기업의 천국'으로 불릴 정도로 다양한 업종의 전문화된 중소기업들이 경제를 이끌어가는 구조이다. 일본 전체 기업 중의 중소기업 비중은 여전히 99.7%에 달한다. 중소기업 대부분이 지방에 자리 잡고 있다는 점도 후계자 확보에 걸림돌이 되고 있다.

만일 기업 승계가 제대로 이루어지지 않는다면, 수십 년에서 수백 년에 걸쳐서 축적된 기술이 사장될 수 있다. 위기감을 느낀 일본 정부는 가업 승계에 따른 세금(상속세·증여세 등) 우대 정책, 즉 '특례사업승계제도'를 2018년부터 10년간 집중적으로 시행하기로 하였으며 인수합병(M&A) 활성화를 위한 세금 감면과 예산 지원도 병행하기로 하였다. 일본 사회에서 오랫동안 이어져 내려온 가업 세습의 풍토는 경제적 불황기를 겪으면서 새로운 변신이 요구되고 있다.

4 ——— 부자는 OK, 벼슬은 NO

한 가지 기술이나 기능에 전념하여 그것에 정통하려고 노력하는 직업 정신을 장인 정신이라고 한다. 서양에서 장인 정신이 발달한 나라를 꼽자면, 독일과 이탈리아가 있다. 독일은 마이스터 Meister 제도라는 사회적 시스템으로 기능인을 길러내고 있으며 다양한 분야의 장인을 길러내는 직업교육 시스템은 제조업 경쟁력의 중요한 원천이다. 이탈리아는 지역별로 특화된 분야가 있으며 가족 중심으로 기술이 집약되고 세습된다. 독일의 자동차나 전자제품 같은 기계류, 이탈리아의 가방이나 신발 같은 가죽 제품은 최고의 장인 기술을 바탕으로 탄생한 것으로 우리에게는 이른바 명품으로 알려져 있다.

일본 역시 장인 정신의 종주국이라고 할 만큼 기술 집약적인 제품이 많다. 일본의 기술 발달은 오늘날 노벨 과학상 수상자를 다수 배출한 원동력이 된 만큼 세계적으로도 주목받고 있다. 메이지 시대 이후 근대화를 통해서 받아들인 서양의 실용주의와 합리주의 영향도 있지만, 일본은 고대부터 장인, 즉 기능인이 활약하여 오랜 세월 기술 축적이 가능하였다. 중국과 한국에서 유학을 중심으로 사상과 이념이 발달한 것과는 대조적이라고 할 수 있다.

일본에서 기술과 기능의 발달은 고대 국가로 발전하던 6세기 무렵 한반도를 통해서 전래된 불교문화가 융성하면서 시작되었다. 불상 조각이나 사찰 건축은 당시의 기술력이 총동원된 산물이었는데 주변이 숲으로 이루어진 일본에서는 중국이나 한반도처럼 돌을 이용하기보다는 나무를 재료로 하는 목조 기술이 발달하였다. 607년 쇼토쿠 태자가 나라奈良에 건립한 호류지法隆寺의 서원 가람西院伽藍은 현존하는 건축물 중에서 가장 오래된 목조 건축물로, 유네스코 세계문화유산으로도 지정되어 있다. 절 혹은 신사와 같은 사찰 관련 목조 기술은 현대까지도 계승·발전되고 있다.

헤이안 시대는 귀족을 중심으로 문화가 발달하여, 정원을 중심으로 한 주택뿐만 아니라 의복이나 장신구, 소품 등도 정교하고 화려한 것을 추구하였다. 아름다운 무늬의 비단옷을 12겹에서 최대 24겹까지 겹쳐 입는 주니히토에十二單가 유행하는 등 의복은 신분과 교양을 나타내는 미의식의 집합체였다. 귀족 문화의 발달로 전문 기술을 가진 수공업자, 즉 직인職人들은 조정의 부서나 사찰에 예속된 형태로 활동을 이어갔으며 농업과 상업이 융성하면서 그 수요는 점차 늘어났다. 직인들이 도읍지뿐만 아니라 전국 각지에서 활동하게 된 것은 중세 무로마치 시대부터이다.

직인들이 성장하여 사회의 중요한 계층으로 자리 잡은 것은 근세, 즉 에도 시대이다. 에도 시대 막번 정치에 의해서 각 지방에는 다이묘, 즉 영주가 성을 짓고 살고 그 성 주변에 성하 마을城下町이 형성되었다. 성하 마을은 영주의 거점인 성의 방위 시설이자 행정 도시, 상업도시의 역할을 하였다. 다이묘들은 이 성하 마을에 수공업자인 조닌町人('도시 사람'이라는 뜻)들을 유치하여 살게 하면서 자신들이 필요한 물건들을 조달하도록 하였다. 철저한 농업 분리 정책에 의해서 조닌들의 기술은 더욱 전문화되었다.

에도 시대는 사농공상이라는 신분제 사회였으므로 계층 간에는 엄격한 구별이 있었다. 최상위층인 무사 계급은 정치와 행정을 독점한 지배 계층으로 갖가지 특권을 누렸지만, 상급 무사를 제외하고는 생활에 여유가 없었다. 농민은 가장 많은 인구수를 차지하며 막부의 연공미를 내주는 중요한 존재였지만, 정작 그들은 세금 부담이 과중하여 생활이 궁핍하였다. 그에 비해서 성하 마을에 사는 상공업자, 즉 조닌들은 무사나 다이묘들의 쌀을 현금과 물건으로 바꿔 주면서 부를 축적할 수 있었다. 신분상으로는 최하위 계층이었지만, 조닌들은 뛰어난 기술력과 이동력을 바탕으로 점차 풍부한 자금을 확보하고 사회의 중심 계층으로 나서기 시작하였다.

에도 시대는 주자학, 즉 유학을 정치 이념으로 받아들이면서도, 우리 조선 시대의 과거제도와 같이 시험에 의해서 관리를 선발하는 제도가 없었다. 관직을 통한 입신출세의 길이 막혀 있던 조닌들은 자연스럽게 기술을 연마해서 부자가 되는 일에 전념하였다. 그들은 지배층의 보호를 받으며 경제적인 주도권을 장악할 정도로 성장하였으며 도시 문화를 이끌어가는 문화적 주체가 되었다. 유곽 문화와 같은 예능을 활성화하였고 가부키(연극), 우키요에(풍속화), 하이쿠(시) 등의 서민 문화를 발전시켰다. 에도 시대는 현대와 같이 돈, 즉 자본이 중심이 되는 사회였다고 볼 수 있다.

에도 시대 조닌의 상공업을 중심으로 한 경제 체제는 근대화 이후 일본 경제가 발전하는 데 중요한 토대가 되었다. 현재 전통과 역사를 자랑하는 기업이나 가게는 에도 시대에 창업된 경우가 많다. 3대 재벌이라고 칭해지는 미쓰이 그룹은 17세기 후반 교토와 에도에서 창업한 포목점이 시초였으며, 스미토모 그룹은 17세기 초 교토에서 창업한 책방이 시초였다. 일본에서는 에도 시대부터 직인, 즉 장인 우대 정책이 실시되었으며 유교주의적 사회 체계로 관념과 사상을 중시하며 물건을 만들어 소비하는 경제 활동이 억제되었던 중국이나 한국과는 매우 다른 행보가 펼쳐지게 되었다. 장인이 신분적으로 하층에 위치하는 시기는 있었을지언정 그 기술력이 대우받지 못하던 때는 없었다고 할 수 있다.

조닌들의 장인 정신은 근대화 이후 '모노즈쿠리ものづくり 정신'으로 이어져 일본 제조업 기술의 기반이 되었다. 일본은 메이지유신 이후 산업기술 발전을 통해서 세계의 중심부로 진입하고자 하였으며 그 결과 일본의 공업 생산력은 세계적인 규모를 갖추게 되었다. 1980년 일본 자동차 산업은 미국을 제치고 전 세계 자동차 생산량 1위에 올랐다. 다른 나라가 값싼 생산비를 내세워 제품을

팔았다면, 일본은 모노즈쿠리 정신을 기반으로 제품을 고급화시키는 차별화 전략을 썼다. 일본은 메이지유신과 제1차와 제2차 세계대전을 거치면서 화학·기계·소재 분야에서 독자적인 기술을 쌓은 경제 대국이 되었다.

모노즈쿠리 정신은 세습으로 축적된 기술과 함께 현대까지 이어지고 있다. 산업화로 인한 분업화가 진행되면서 물건을 만드는 사람인 직인, 즉 공인工人과 그 물건을 파는 사람인 상인이 분리되기도 하지만, 일본은 여전히 직인과 상인이 같은 경우가 많다. 소상공업자들은 물건(음식 포함)을 만들고 판매까지 하는 것이 기본이다. 중간 유통 과정을 생략함으로써 상품의 질(신선도)을 높이고 가격은 합리적으로 책정한다. 창업 100년이 넘는 일본의 장수 기업 중에서 소상공업을 하는 작은 가게가 차지하는 비율이 높은 것도 이러한 맥락 때문이다.

그럼 일본의 장수 기업은 얼마나 될까? 2018년 기준으로 전 세계에 창업 200년 이상의 기업이 5,600개 정도 있는데 그중에서 과반수인 3,100개가 일본에 집중되어 있다. 이것은 당연히 세계 1위에 해당되며 2위인 독일의 3배가 넘는 숫자이다. 더구나 전 세계에 12개밖에 없는 천년이 넘는 기업 중에서 8개가 일본에 위치한다. 곤고구미金剛組(578년, 목조건축업), 이케노보카도카이池坊華道会 (587년, 화도와 다도의 교습업), 게이운칸西山温泉慶雲館(705년, 료칸업), 고만古まん(717년, 료칸업), 젠고로善吾楼(718년, 료칸업), 다나카이기田中伊雅

(889년, 종교용품 제조업), 사칸佐勘(1000년, 료칸업), 이치몬지야 와스케一文字屋和輔(1000년, 화과자 제조판매업) 등이다.

곤고구미는 사찰과 신사 등의 건축과 문화재 복원 등을 주업으로 하는 곳으로 전 세계 현존한 기업 중에서 가장 오래되었다. 6세기 고분 시대 쇼토쿠 태자에 의해 초청된 백제의 건축 장인 류중광(일본 이름은 곤고 시게미쓰)에 의해 오사카에서 창설되었다. 에도 시대까지 시텐노지四天王寺 전속으로 봉록을 받아오다가 메이지 유신 때 불교 탄압 정책으로 쇠퇴의 길을 걷기도 하였다. 제2차 세계대전 패전 후 전통 사찰 기법에 철근 콘크리트를 조합한 공법으로 부흥에 성공하지만, 90년대부터 시작된 불황기를 극복하지 못하고 2006년 40대 사장에 이르러 파산, 1428년간 내려온 목조건축회사는 다른 건설회사에 인수되었으며 현재는 브랜드만 남아 있는 상태이다.

게이운칸은 8세기 초 아스카 시대 창업하여 세계에서 가장 오래된 숙소로 기네스북에 등재되어 있다. 후지산 서쪽 남알프스 자락에 위치한 니시야마 온천장 료칸으로 수렵 중이던 귀족에 의해서 발견된 것이 그 시초이다. 그 후 병을 낫게 해 주는 치유의 온천수로 알려지면서 귀족들과 무사들에게 인기 온천지가 되었다. 현대에도 유명 인사들의 휴양지로 인기가 높으며 심산유곡의 자연을 만끽할 수 있다는 점이 매력이다. 철저한 장자 계승 원칙에 의해서 현재 53대 사장에 이르고 있으며 일본 전통의 가족주의 경영을 바탕으로 선조의 마음을 이어받아 다음 세대까지 이어가겠다는 각오로 임하고 있다.

'이치와一和'로 불리는 이치몬지야 와스케一文字屋和輔는 음식업으로는 일본에서 가장 오래된 곳이다. 11세기 초 헤이안 시대 교토에서 창업하였으며 이마미야今宮 신사에 역병을 쫓는 음식(아부리모치)을 봉납하던 것이 시초이다. 대나무 꼬치에 꽂은 인절미를 숯불에 살짝 구워서 하얀 된장 소스를 뿌려 먹는 아부리모치는, 콩가루의 고소함과 된장 소스의 달콤함이 절묘하게 어우러진 교토의 대표적인 향토 음식이다. 25대 주인이 옛날 방식 그대로 소박한 전통의 맛을 살려서 일일이 손으로 만들고 있으며, 이마미야 신사에 마쓰리가 있을 때는 긴 줄이 생길 정도로 여전히 인기가 있다.

일본에서는 100년 이상 된 가게를 시니세老舗, 즉 노포라고 하는데 현재 전국적으로 33,069개가 있다. 전 세계 기업(가게)의 평균 수명은 13년 정도이며 설립한 지 30년이 지나면 80%가 사라진다. 일본의 장수 기업을 업종별로 보면 전통주인 청주 제조업이 784개로 가장 많고 온천 료칸이 646개, 과자 제조 판매업체가 514개로 그 뒤를 잇는다. 우리나라에서는 할 만한 것이 딱히 없을 때 음식점이나 한다고 생각하는데 일본에서는 전통과 기술이 가장 축적된 분야가 음식업계라고 할 수 있다. 주인은 선조의 고귀한 뜻을 이어받아서 물건(음식)을 만들고 그 물건(음식)은 고객들의 감동으로 이어져서 오랜 세월 존립할 수 있는 것이다.

일본에서는 가장 대중적인 음식을 파는 국수집도 550년이 넘는 역사를 지니고 있다. 바로 교토에서 1465년 창업하여 메밀국수의 역사를 그대로 보여주는 오와리야尾張屋이다. 국수 맛의 비밀은 철저한 관리 하의 교토 지하수와 최고급 홋카이도 메밀만을 고집하는 데서 시작된다. 사업 확장보다는 품질 유지에 주력하는 경영 방식은 일반 국수집들이 상상을 못 할 정도의 매출로 이어진다. 시대의 변화와 함께 사람들의 입맛도 많이 바뀌었지만 오와리야는 여전히 천황가 사람들과 외국 여행객까지 방문하는 맛집이다. 현재 16대 주인이 '박리다매' 영업 철학으로 최상의 품질은 추구하되 소비자의 가격 부담은 줄이고자 노력하고 있다.

양갱 전문점 도라야虎屋는 500년 동안 국민의 사랑을 독차지해온 노포이다. 무로마치 시대 말기(문헌에 남아 있는 기록으로는 1520년, 비공식적으로는 1241년) 창업 초기부터 황실의 양갱 납품업체로 교토에서 창립하였다. 메이지 시대 천도와 함께 도쿄로 옮겨서 현재 구로카와黑川 가문 17대 주인이 경영하고 있다. 100% 수작업을 고수하며 백화점 입점 요청에도 총 점포수를 80개 이하로 관리하는 것으로 유명하다. 도라야는 전통을 중시하는 한편 끊임없이 변화를 추구한다. 최근 경영혁신을 추진하는 장수 기업들이 자주 인용하는 '전통은 혁신의 연속이다'라는 말은 원래 도라야의 기업 모토이다.

일본에서는 장인 정신을 그린 영화가 드물지 않다. 완벽한 스시를 만들기 위해 고군분투하는 85세 스시 장인의 이야기 〈스시 장인-지로의 꿈〉(2011), 3대(직계 가족은 아니고, 사전 편찬자로서의 3대)가 등장하여 사전 편찬에 대한 장인 정신의 맥을 잇는 〈행복한 사전〉(2013), 할머니가 고수하던 전통 방식으로 사람들의 추억과 사연을 옷으로 탄생시키는 〈미나미 양장점의 비밀〉(2015) 등이 있다. 만들어 내는 것이 눈에 보이는 물건이 아니라 서비스인 경우도 있다. 평생을 바쳐서 시골 역의 철도원으로 살아가는 한 남자의 이야기 〈철도원〉(1999), 고인故人을 정성스럽게 단장해서 보내는 납관사를 그린 〈굿바이〉(2008), 청년 피아노 조율사가 이상적인 피아노 소리를 만들기 위해 한 걸음씩 성장하는 이야기 〈양과 강철의 숲〉(2017) 등은 갈고 닦은 고도의 기술뿐만 아니라 자기 일에 대한 깊은 애정이 고스란히 녹아 있어 깊은 감동을 준다.

일본에 노벨상 수상자가 많은 것도 장인 정신, 즉 '한 우물 파기 정신'의 결과라고 할 수 있다. 현재 일본의 노벨상 수상자는 27명에 달하며 그중에서 노벨과학상 수상자는 24명으로 미국, 영국, 독일, 프랑스에 이어서 5번째로 많다. 2019년 노벨화학상을 수상한 요시노 아키라는 화학기업에 재직 중인 회사원으로 40년 동안 오로지 한 분야의 연구에만 매진하였다. 일본이 노벨과학상 강국이 된 데는 19세기 후반부터 서양의 자연과학을 받아들여 국가적 차원에서 과감한 투자를 해온 점, 연구 활동이 수도권에 집중되지 않고 전국적으로 널리 퍼져 있는 점 등이 거론되지만, 남의 시선을 의식하지 않고 자기가 좋아하는 분야에 매진하는 장인 정신과 이를 존중하는 사회 분위기가 있어서 가능하다고 할 수 있다.

하지만 최근에는 자동차업계·철강업계의 품질 데이터 조작 등으로 일본의 전통적인 장인 정신이 퇴색되는 불상사도 생기고 있다. 장인 정신은 아무리 시간과 비용이 들더라도 최고의 제품을 만들어 내고자 하는 강인한 마음이 기본인데 90년대 초반부터 시작된 경제적 불황과 저출산·고령화 현상으로 점차 원가는 줄이고 단시간에 물건을 만들어 내려는 사람들이 늘고 있다. 또한 일본의 장인 정신에 대해서는 자신의 삶에만 몰두하는 개인주의를 지나치게 발달시키는 측면이 있어서, 정치와 사회에 무관심하고 국가의 부당한 힘에 저항하지 못하는 나약한 국민 형성으로 이어질 수 있다는 시각도 있다.

5 ─────── 두 유 노우 젠 스타일?

일본 공항에서 버스를 타고 도심으로 가다 보면, 모노톤의 수수한 건물들이 눈에 먼저 들어온다. 화려하고 웅장한 고층 아파트보다 단출하고 아담한 개인 주택들이 더 많이 보인다. 빌딩이 늘어선 도심 역시 형형색색의 강렬한 것은 별로 없다. 회색이나 베이지색의 건물들이 전체적으로 조용하고 차분한 분위기를 만들어 낸다. 실내로 들어가도 넓고 호화로운 느낌보다는 아기자기하고 정리가 잘 되어 있다는 인상을 받는다.

길 가는 사람들의 옷차림 역시 장식이 별로 없는 단색의 심플한 옷이 대부분이다. 주로 네이비나 카키, 브라운 등의 안정감 있는 색상으로 유행을 타지 않는 기본형이 많으며 실용성이 큰 옷들이다. 이것은 요즘 우리나라에도 잘 알려진 유니클로나 무인양품, 아메카지, 꼼데가르송 옷들의 특징이기도 하다. 최소한의 디자인으로 절제미와 순수미를 추구하는 일본인의 성향을 가늠할 수 있는 대목이다.

음식 또한 간결하고 강한 양념을 쓰지 않는 것들이 많다. 생선회와 같이 조리 과정을 최소화하여 재료 본연의 맛을 추구한다.

바다에 면한 지역이 많으므로 예로부터 육류보다는 담백한 해산물 요리가 발달하였으며 사계절이 뚜렷하여 다양한 제철 음식들이 있다. 그릇에 가득 담아서 푸짐하게 내기보다는 공간적인 여유를 두어 소량의 음식을 정갈하게 담아내는 것이 일본 요리 특징 중의 하나이다.

의식주 기본 생활에서 일본인이 추구하는 미의식은 단순함과 안정감이라고 할 수 있는데 그것은 바로 자연주의적 사상에서 나온 것이다. 고대부터 자연을 숭배하는 사상이 발달하였고 인간의 삶도 그 안에서 이루어져야 한다는 인식이 강하였다. 인간 역시 자연의 일부라는 생각에서 인간이 만든 집이나 옷, 음식이 주변의 자연환경에서 지나치게 튀어서 자연과 이질적으로 되는 것을 피하고자 하였다. 일본은 기후적으로 습도가 높아서 나뭇잎 색깔이 녹색보다 어두운 카키색에 가깝고 흙 색깔도 화산 현무암 토양이라서 진한 고동색을 띤다. 요즘 우리나라에서도 유행하는 어스 컬러Earth Color이며, 일본은 전통적으로 자연과의 조화로움을 최고의 가치로 추구하였다.

그럼, 일본인들은 언제부터 자연의 형상과 색깔을 닮은 단순하고 은은한 멋을 추구해온 것일까? 문화 전반에서 자연주의 사상이 양식화된 것은 무사들이 정권을 잡은 가마쿠라 시대, 즉 13세기부터였다. 바로 현대적으로 재해석되어 전 세계에 널리 퍼진 '젠 스타일'의 시작이다. 젠Zen은 불교 용어인 선禪을 일본식으로 발음한 것으로 사유수思惟修 즉 조용히 생각하는 것을 뜻한다. 젠 스타일Zen Style이란 불교의 한 종파인 선종 사상에서 형성된 일본식 문화를 말하며 쉽게 말하면 일본식 미니멀리즘이라고 할 수 있다.

불교는 6세기에 일본에 전해졌지만, 한동안 독립된 종교나 신앙으로 받아들여지지 않았다. 자연신과 조상신을 믿는 신도 즉 토속신앙이 워낙 강하게 뿌리내리고 있었기 때문이다. 헤이안 귀족들은 질병이나 사망과 같은 재앙이 있을 때 주로 귀신 퇴치용으로 불교를 활용하였다. 12세기 말 무사 시대가 되면서 끊임없는 전란으로 사회가 불안정해지자 불교가 민중들 사이에 퍼져 나갔으며 여러 종파 중에서 특히 선종은 막부의 비호를 받으며 일본 특유의 불교로 크게 발전하였다.

원래 선종은 남인도에서 중국으로 건너간 달마達摩 대사가 시조이며, 좌선이 기본 수행법이다. 달마 대사는 9년 동안 벽을 보고 좌선을 해서 발과 손이 다 썩어 떨어졌다고 한다. 일본의 전통 공예 달마 인형이 손발이 없고 잡귀를 쫓는 붉은 옷을 입고 있는 이유이다. 가마쿠라 시대 선종은 에이사이米西에 의해서 임제종臨濟宗이, 도겐道元에 의해서 조동종曹洞宗이 창시되면서 일본 불교로 정착되었다. 중국의 경우 선종은 당송 시대에 크게 발전하여 송나라 때 일본에 전해졌지만, 명 시대에 들어서는 쇠퇴하고 만다. 선종이 유독 일본에 들어와서 발전하고 독자적인 사상과 문화로 전 세계에 널리 알려지게 된 배경은 무엇일까?

일본에서는 불교의 종파에 대해서 '천태종은 천황가, 진언종은 귀족가, 선종은 무가, 정토종은 평민가'라는 말이 있다. 천태종과 진언종은 의식주의儀式主義를 주장하여 화려하고 호사스런 세련미를 추구하는 계급의 기호에 잘 맞았으며, 정토종은 교의가 단순해서 평민의 요구에 잘 맞았다. 그리고 선종은 궁극적인 신앙의 세계에 도달하기 위해서 가장 직접적인 방법을 추구한다는 점, 그것을 수행하기 위해서는 극한의 정신적인 수양이 필요하다는 점에서 무사 정신과 잘 맞아떨어졌다.

선종에서는 수행자를 꼼짝달싹 못 하게 하거나 생기 넘치게 하는 선승禪僧의 예리한 역량을 칼에 비유해서 활인검活人劍(사람을 살상하는 데 쓰이는 칼도 쓰는 방법에 따라서는 사람을 살리는 칼이 될 수 있음)이나 살인도殺人刀(사람을 죽이기 위해 쓰는 칼)라는 표현을 쓴다. 무사들이 칼을 통해서 추구하는 정신과 매우 비슷하다. 선종은 무사도뿐만 아니라 검도, 유도, 궁도, 다도, 서도, 화도 등 일본에서 '도道'라는 이름이 붙는 전통문화 대부분에 영향을 미쳤다. 마음을 고요히 하고 겸허하게 하여 자신을 높은 경지로 끌어올리는 것이 바로 선종의 기본 정신이 된다.

선종은 일본에 들어온 때부터 무사 계급과 밀접한 관계가 있었다. 선종은 도덕과 철학, 두 가지 측면에서 무사들을 지원하는 논리 기반이 되었다. 도덕적 측면이란 한번 진로를 결정하면 두 번 다시 뒤를 돌아보지 않는다는 교리를 말하며 철학적 측면이란 생과 사를 무차별적으로 취급하는 교리를 말한다. 철학적인 견지에서 선종은 지성주의를 배격하고 직각直覺을 중요시한다. 직각이 진리에 도달하는 가장 직접적인 길이라고 인식했기 때문이다. 무사의 기본 정신은 비교적 단순해서 철학적으로 깊이 빠져드는 일이 없으며 그들은 직각을 기본으로 하는 선종에서 그와 비슷한 정신을 발견하였다. 선종은 무사들에게 매우 매력적이었다.

선을 수행하기 위해서는 단순, 직재, 자긍, 극기 정신 등이 필요한데 이러한 계율 역시 무사들의 전투 정신과 일치했다. 전투에 임하는 사람은 항상 싸워야 할 상대에게 마음을 향하고 있어야 하므로 뒤를 돌아보거나 옆을 봐서는 안 된다. 적을 무찌르기 위해서는 똑바로 전진하는 것만이 필요하다. 물질적, 정애적情愛的, 지적知的인 어느 방면에서도 방해가 있어서는 안 된다. 만일 전투자의 마음에 지적인 의혹이 조금이라도 있게 되면 그것은 진투에 큰 방해가 된다. 갖가지 정애와 물질적인 소유물 역시 전진과 퇴각에 큰 혼란을 야기한다. 훌륭한 무사는 금욕적인 수행자 아니면 자숙적인 수도자로서 강철과 같은 의지를 갖고 있지 않으면 안 된다. 선종은 무사들이 전투에 필요한 논리를 그대로 가지고 있었다.

선종과 무사 계급은 역사적으로도 긴밀한 관계가 있었다. 선종을 일본에 처음 소개한 승려 에이사이는 활동이 교토에 한정되어 있어서 천태종·진언종과 어느 정도 타협해서 조화로운 태도를 취하지 않으면 안 되었다. 그러나 호조北条 씨가 중심 세력이었던 동쪽의 가마쿠라는 무사 계급의 본거지였다. 호조 씨는 엄격한 검약 정신과 도덕적인 수양으로 그리고 강력한 행정적, 군사적 정비로 분투하고 있었다. 그러한 가마쿠라의 지도자들은 선종의 교리를 지침으로 삼아서 종교로 받아들였다. 이후 선종은 아시카가 시대를 거쳐서 에도의 도쿠가와 시대까지 무사 시대를 뒷받침하는 기본 정신이 되었으며 문화생활 전반에도 많은 영향을 미쳤다.

선종의 정신은 심오한 고찰에 의해 얻어지는 것이 아니라 일종의 직각적인 이해 방법으로 얻어지므로 어떤 철학이나 도덕론에도 자유자재로 응용할 수 있는 탄력성이 있었다. 무정부주의나 파시즘, 공산주의나 민주주의, 무신론이나 유심론 등 어떤 정치적, 경제적 교설과도 연결될 수 있다. 즉, 선종은 항시적으로 혁신적인 정신을 고취하는 매개체가 될 수 있으며 과격한 반역자가 되기도 하고 철저한 보수파가 되기도 한다. 위기에 처했을 때는 본래의 예리한 끝을 드러내고 현상을 타파하는 혁신적인 원동력이 된다는 점에서 선종의 남성적인 정신은 가마쿠라의 시대정신에 크게 부합하였다.

일본의 전통문화를 대표하는 정원 문화, 즉 무로마치 시대에 유행한 돌정원石庭이나 가레산스이枯山水식 정원도 뜰을 바라보며 정신을 집중시키고 한층 높은 것을 추구하기 위한 수행의 하나로 행해진 것이었다. 유네스코 세계문화유산으로 지정된 교토의 료안지龍安寺 정원에는 가로 25m, 세로 10m의 하얀 모래 위에 15개의 크고 작은 돌이 놓여 있는데 어느 각도에서 봐도 한 개는 보이지 않는 구조로 만들어져 있다. 이것은 15라는 숫자가 동양에서는 완전함을 나타내는 숫자이며 돌 한 개가 보이지 않도록 한 것은 '자기 자신이 부족한 것을 직시하고 현재의 자신에게 감사하라'는 의미가 들어 있다.

다도 역시 중국에서 들어온 차茶를 선종 사원에서 약용으로 마시는 것에서 시작, 전국적으로 퍼져 나가면서 형성된 문화이다. 선종의 헌다獻茶 의식을 통해서 발달한 다도는 무사들 사이에서 수행의 일종으로 크게 유행하였다. 다도는 무로마치 시대 선승 무라타 주코村田珠光에 의해서 형성되었고 아즈치·모모야마 시대의 무장 오다 노부나가와 도요토미 히데요시의 다두茶頭(절에서 차를 끓이는 소임을 맡은 승려)로 활약한 센노 리큐에 의해서 완성되었다. 이로써 속세로부터 떨어진 삶의 방식을 이상적인 모습으로 하는 '와비차' 양식이 확립되었다.

다도와 함께 발달한 음식 역시 오늘날까지 이어져서 일본의 전통 음식을 대표하고 있다. 가이세키 요리는 차를 마시기 전 적당히 배를 채울 수 있도록 간단하게 먹는 음식을 말한다. 선종의 율법에 하루에 두 끼 식사만 허용되었으므로 배고픔을 참기 위한 방책으로 뜨거운 돌을 안고 잤다고 하여 가이세키懷石, 즉 품속의 돌이라는 말이 생겼다. 현재는 작은 그릇에 다양한 음식이 순차적으로 담겨 나오는 연회용 코스 요리를 말한다. 쇼진精進 요리도 선종

사원에서 정진하면서 먹는 음식, 즉 육류나 어류, 난류를 제외하고 곡류와 채소 중심의 사찰 요리를 말한다. 이때 두부나 낫토, 된장, 간장과 같은 콩 요리와 소면, 우동과 같은 면 요리도 같이 발달하였다.

일본의 선종 사상은 다양한 문화와 함께 오랜 무사 시대를 거쳐 정립되고 발전하여 메이지유신 이후까지 이어졌다. 메이지 시대는 서양의 문물을 받아들이면서 한편으로는 일본의 문화가 서양에 알려지기 시작한 시기이다. 선종은 지극히 일본적인 사상과 문화로 서양인의 흥미를 끌었는데 거기에는 일본의 불교학자이자 역사학자 스즈키 다이세쓰鈴木大拙, 1870~1966의 공이 컸다.

19세기 후반 일본은 서양의 물질주의 문명을 공략하는 동시에 아시아의 우월성을 드러내고 일본의 문화·예술·종교를 대변하기 위해서 선종 사상을 기본 이념으로 삼았다. 스즈키는 서양의 이분법적 사고를 비판하고 동양의 정신적·영적·명상적·직관적·종합적인 사고방식을 설파하면서 동양의 탁월함을 주장하였다. 또한, 일본의 선종 정원Zen Garden을 비롯하여 역사적으로 선禪의 문맥에서 명확하게 고증이 되지 않은 문화예술을 재해석하여 가시화된 예술로 제시하였다.

스즈키가 주장한 선의 문화적·정치적 맥락은 큰 성공으로 이어져 미국과 일본이 서로 적이었던 제2차 세계대전이 끝난 지 10년도 되지 않은 시점에서 미국에서는 일본 붐과 젠 붐이 일어났다. 스즈키는 1949년 반일정서가 팽배한 미국으로 건너가 하와이 대학을 시발점으로 점차 보수적인 동부로 이동하면서 수많은 지식인과 예술가들에게 서양 물질문화의 폐해에 대한 대안으로 선불교와 일본 문화를 전파하였다. 그는 저술과 강연, TV와 시사 주간지 『타임』 등의 언론을 통해서 인지도를 높였으며, 일본의 선은 점차 미국의 대중들에게 친근하게 인식되었다.

스즈키는 선불교에서 '불교'보다는 '선'의 속성에 중점을 두고 선을 보편화하였다. 그는 선을 특정 종교, 교리, 사상을 초월해서 모든 것에 적용될 수 있는 문화적 코드로 만들었다. 특정 선종파에 근거한 스즈키의 선은 일본 국내에서는 국가주의에 동조하며 일본의 민족성과 시대적 사명감을 강조하던 사상이었지만, 국외에서는 역설적이게도 모든 종교, 사회, 인종들이 무수한 영역에서 적용할 수 있는 보편적인 선이 되었다.

또한, 스즈키는 13세기 무렵에서야 일본으로 유입된 선종을 확대해서 그 이전의 일본 고유 문화 예술과 접목하였으며, 그것을 일본 정신문화의 원천으로 주장하면서 선의 미학적 측면을 강조하였다. 그리고 현대 서양인의 필요와 구미에 맞춰서 다양한 문화 콘텐츠로 제시하였다. 그 결과 19세기와 20세기에 걸쳐서 국제 사회에 확산이 된 일본의 군국주의적 호전국 이미지에도 불구하고 일본 선불교는 거부감 없이 수용되었다.

애플 창업자 스티브 잡스도 젊은 시절 일본의 선사상에 심취하여 일본 선승을 평생 멘토로 삼아서 명상 수행을 즐겼다. 그의 예리한 통찰력과 창조적 아이디어의 많은 부분은 동양적 깨달음과 체험에서 얻은 것이다. 유명한 다큐멘터리 영화 감독 마이클 무어, 오라클의 최고경영자 랠리 엘리슨 등도 일본의 선사상에 영향을 받은 것으로 알려져 있다. 현대 서구 사회에서는 일본의 선사상 중에서 특히 절제의 미학이 과한 물질문명의 반작용으로 인한 폐해를 줄여줄 수 있으며 정신적 다이어트로 주목받는 미니멀리즘의 기본 사상이 될 수 있다고 생각하고 있다.

일반적으로 미니멀리즘Minimalism이란 단순함과 간결함을 추구하는 예술과 문화적인 흐름을 말하며 제2차 세계대전을 전후하여 미국을 중심으로 일어나서 전 세계로 확대되었다. 그리고 20세기 후반부터는 미니멀리즘이 일본 선사상의 자연주의와 합해져서 디자인의 한 트렌드로 젠 스타일이 생겨났다. 서구사회에서 대중화된 선은 한국의 '선'이나 중국의 '찬'이 아닌, 일본의 '젠'으로 통용된다. 마치 두부가 한국의 'Doobu'나 중국의 'Doufu'가 아닌 일본의 'Tofu'로 발음되는 것과 마찬가지 맥락이다.

젠이 선의 일본식 발음으로 국제적으로 통용되는 것처럼, 오늘날 일본의 선은 국제사회에서 일상적인 개념이 되었다. 도심의 거리와 쇼핑센터에는 선을 상품화한 물품들이 넘쳐나고 온갖 젠 스타일의 가구, 패션, 음식, 일용품 등을 흔하게 접할 수 있다. 일반 가정에서나 예술 혹은 사이버 공간에서도 가시화되고 물질화된 선이 각지에 존재한다. 일본 브랜드 무인양품은 디자인하지 않은 듯한 깔끔함으로 일본 정신을 보여주며 국제적 감각까지 잃지 않는다. 일본식 사상에 전통적 디자인 철학을 버무린 생활용품은 지역색과 글로벌 감각이 적절하게 조화되어 큰 성공을 거두고 있다.

전 세계에서 주목받는 일본식 미니멀리즘 젠 스타일은 단순한 선을 기본으로 하고 있다는 점에서는 서양식 미니멀리즘과 일맥상통하지만, 보다 자연친화적이고 따뜻한 인간의 감성을 표현한다는 점에서 편안함과 안정감을 더해준다. 참선을 의미하는 젠은 조용한 상태, 편안하고 고요하다는 느낌의 총체적 이미지로 인위적 장식이 아닌 자연스럽고 부드러운 여백의 미를 추구하기 때문이다. 젠 스타일은 정결하고 고요한 느낌, 절제미, 그리고 심플함을 추구하며 동양적인 여백의 미를 중시한다. 앞으로도 산업화와 현대화에 따른 복잡함, 화려함, 과장됨, 소란함 등에 지친 사람들에게 깊숙이 파고들어 생활 곳곳에 자리 잡을 것으로 보인다.

6 ——————— 개성 만점 소도시

일본 하면 도쿄, 오사카, 후쿠오카 등의 대도시가 먼저 떠오르지만, 사실 대도시에서는 고즈넉한 멋과 낭만을 찾기 어렵다. 높은 빌딩과 화려한 네온사인, 수많은 인파와 같은 현대적인 도시 풍경은 한두 번 가고 나면 너무 뻔하게 느껴진다. 소도시는 일본의 전통적인 정취가 살아 있을 뿐만 아니라 도시마다 개성이 넘친다. 대도시에서는 찾아보기 어려운 고풍스러운 목조 건물과 옛 이야기가 담긴 마을 속 작은 상점들이 여행의 소소한 멋을 한껏 끌어올린다.

일본의 소도시가 매력적인 이유는 크게 세 가지 요소가 갖추어져 있기 때문이다. 다른 곳에서는 볼 수 없는 독특한 볼거리와 먹거리 등 즐길 거리가 많고, 때 묻지 않은 아름다운 자연이 있으며, 편리한 교통과 쾌적한 숙소가 갖춰져 있어서 여행에 불편함이 없다. 이 세 가지 요소가 고루 충족된 소도시들은 일본 국내뿐만 아니라 외국에도 알려져서 해마다 관광객들이 계속 늘어나고 있는 추세이다. 일본이 프랑스, 이탈리아, 스페인과 같이 연간 5천만 명이상의 관광객을 유치하는 관광 대국의 길로 접어든 이면에는 지방 소도시들의 눈부신 활약이 숨어 있다.

일본의 지방 소도시에 독자적인 지역문화가 형성된 역사적 배경은 고대로 거슬러 올라간다. 일본은 지형적으로 산과 바다로 각 지역이 나뉘어져 있어서 씨족국가 시대에는 서로 교류가 거의 없는 고립 상태였다. 지역마다 환경과 특산물은 서로 다를 수밖에 없었고 신화, 전설 등의 문화적 요소도 제각각이었다. 4세기 일본의 각 지역을 통합하고 최초의 통일정권을 세운 야마토 조정은 각 지역의 특성을 반영하여 전체가 조화를 이루는 정책을 폈다. 그리고 고대 국가 체제가 확립된 8세기 초 『풍토기』라는 지리서 편찬을 통해서 지방의 문화풍토, 지세 등을 파악하고 상세히 기록하였다. 일본의 지방분권적인 정치는 이미 이때부터 시작되었으며 각 지역을 구니國라고 칭했던 만큼 전체를 하나로 보기보다는 지역을 독립된 것으로 보는 경향이 강했다.

중세 전란의 시대에도 각 지방의 무사나 호족(다이묘)들을 중심으로 지방 분권화 정책이 계속되어 선불교와 관련된 다도와 화도, 그리고 사찰 음식, 도자기 등의 문화도 각 지역에 따라서 다르게 발전하였다. 그리고 서민문화가 발달한 17세기 초 에도 시대에 오늘날과 같은 형태의 지방 문화로 발전·확립되었다. 전국을 통일하고 새로운 시대를 연 도쿠가와 막부는 중앙과 지방을 막부와 번으로 통치하는 막번 체제를 확립하였는데 이것은 지방 번藩의 분권적 존재를 인정하는 시스템이었다. 지방의 번주, 즉 영주들은 중앙 정부인 막부에 충성을 다하는 대신 독자적인 자율권을 보장받고 조닌이라는 상공업자들을 통해서 지역적 특색을 살린 산업과 상업, 그리고 문화를 발전시키는 데 주력하였다.

일본의 소도시에는 지금도 에도 시대부터 성장한 상공업자들의 기술을 이어받은 장인들이 여전히 활약 중이며 그들이 만든 최고급 품질의 상품을 파는 가게들이 있다. 풍부한 볼거리와 먹거리, 즐길거리와 살거리는 그 장인들의 손에서 탄생한 결과물이 된다. 특히 각 지역마다 독특하게 발달한 공예품은 마치 정교하고 화려한 예술 작품 같아서 보기만 해도 눈이 즐거워진다. 예를 들면, 에도 시대 5대 도시로 번성했던 가나자와金澤는 지명처럼 금이 많이 나는 곳으로 수백 년 내려온 금박 공예가 고풍스러운 골목을 장식하고 있으며, 천년 도읍지 교토는 다양한 전통 문화가 발달한 곳으로 특히 기모노 옷감인 니시진오리 비단은 호화로움의 극치를 보여준다.

교토 남쪽에 위치한 우지宇治 역시 독특한 차茶문화가 있는 곳이다. 우지는 가마쿠라 시대 초기 선승 에이사이가 송나라에서 가지고 온 차의 씨를 처음 심은 곳으로 차의 명가들이 그 전통을 이어오고 있다. 진한 녹색의 단맛이 강한 일본 말차가 탄생한 곳으로, 다도의 완성자 센노 리큐가 만든 다실이 문화재 형태로 마을 곳곳에 남아 있다. 시즈오카, 사이타마와 함께 일본 3대 녹차 명산지로 골목마다 수백 년 전통을 지켜온 아담하고 고풍스러운 찻집들이 즐비하다. 녹차파르페, 녹차소바 등 녹차를 사용한 다양한 상품들을 판매하는 현대적인 카페도 우지 역에서 가깝다. 세계적인 연애소설『겐지 이야기』(11세기) 제3부의 무대가 된 곳으로 10엔짜리 일본 동전에도 새겨져 있는 뵤도인平等院(11세기 후지와라 가문의 별장을 불교 사원으로 개축한 것으로 1994년 유네스코 세계문화유산으로 지정) 봉황당 건물 등 헤이안 귀족들의 발자취도 느낄 수 있다.

특별한 향토 음식이 있는 소도시라고 하면, 가가와 현의 다카마쓰를 빼놓을 수 없다. 우동은 헤이안 시대 홍법대사인 구카이가 중국에서 들여온 것이 시초이며 중세 시대 선불교와 함께 각광을 받은 사찰 음식 중의 하나이다. 사누키 지방, 즉 지금의 가가와 현은 우동 재료인 밀농사에 적합한 기후와 토양으로 에도 시대부터 우동 장인들의 활약으로 우동의 고장으로 자리 잡았다. 우동학교가 있어서 반죽을 발로 밟아 우동 을 직접 만들고 시식까지 한 뒤 우동학교 수료증을 받을 수 있다. 우동택시와 우동버스가 있어서 맛집 안내는 물론 우동에 대한 자세한 해설도 들을 수 있다. 다카마쓰 항구에서 배를 타고 1시간 정도 가면, 세계적인 건축가 안도 다다오, 이우환 등의 수준 높은 작품들이 가득한 예술의 섬 나오시마가 있다.

아름다운 자연 경치로 여행객을 설레게 하는 소도시도 있다. 일본은 남북으로 긴 열도라서 지역마다 기후에 따른 자연 경치가 다르고 또 그 자연을 잘 보존하고 있다. 일본에는 고대부터 자연

신을 숭배하는 애니미즘·토테미즘의 발달로 자연을 신성시했기 때문에 사람의 인적이 거의 닿지 않은 원시 상태에 가까운 곳이 많다. 희귀한 동물이나 식물이 잘 보존되어 유네스코 세계자연유산으로 지정된 지역이 현재 4곳이 있다. 가고시마 현의 야쿠시마 섬(1993년 지정), 아오모리 현과 아키타 현에 걸쳐 있는 시라카미 산지(1993년 지정), 홋카이도 아이누족 언어로 '땅 끝'이라는 뜻의 시레토코(2005년 지정), 도쿄에서 남쪽으로 1,000km 떨어진 오가사와라 제도(2011년 지정) 등이다.

일본 최초 유네스코 세계자연유산으로 지정된 야쿠시마는 태초의 모습을 그대로 간직한 곳으로 애니메이션 〈모노노케 히메〉(1997)의 실제 배경지로도 유명하다. 가고시마 남단에서 60km 떨어진 섬으로, 온대와 열대가 공존하면서 1,000m 이상의 화강암 봉우리가 40개가 넘으며 동식물들의 다양한 서식지가 분포해 있다. 2,000그루 이상 되는 천년 수령의 삼나무 숲속에는 사슴 2만 마리, 원숭이 2만 마리가 살고 있으며 7,200년 수령의 조몬스기와 하트 모양의 윌슨 그루터기를 볼 수 있는 트래킹이 특히 인기 있다. 야쿠시마에서 가까운 이부스키는 최남단 철도역이 있는 곳으로 우라시마 다로의 용궁 전설을 모티브로 한 관광열차 '이부스키 다마테바코'와 현무암이 부서져 만들어진 검은 모래찜질 온천 등이 유명하다.

때 묻지 않은 자연환경과 함께 그 속에서 살아온 사람들의 모

습이 주목을 받는 경우도 있다. 2019년 기준 총 19개 유네스코 세계문화유산 등재지 중에서 1995년 세 번째로 이름을 올린 기후 현 시라카와고는 오랜 세월 외부와 단절된 산악지대에 위치한 전통 역사 마을이다. 이곳을 대표하는 상징물은 갓쇼즈쿠리^{合掌造り}(합장 주택)로 겨울철 폭설을 견디기 위해 만든 지붕 모양이 마치 양손을 합장한 것처럼 생겼다. 지붕의 재료는 근처에서 채취한 가야^茅(띠)로 30~40년 만에 한 번씩 갈아준다. 흰 눈이 쌓이는 초겨울 가파른 초가지붕 아래 하나둘 불이 켜지면 그곳은 마치 헨델과 그레텔이 살고 있는 동화 속 마을이 된다. 현대 문명을 비껴간 덕분에 다른 곳에서는 볼 수 없는 독특한 환경을 유지할 수 있었으며 이곳을 배경으로 한 게임 〈쓰르라미 울 적에〉(2002)를 통해서 더욱 유명해졌다.

문화 콘텐츠의 인기에 힘입어 소도시가 더욱 활성화되기도 한다. 만화, 애니메이션, TV 드라마, 영화의 촬영지가 되면서 화제가 되어 유명세를 타는 것이다. 규슈 오이타 현 분고타카다는 에도 시대부터 쇼와 30년대까지 번성한 마을로 당시 건물들을 보호하여 1955년대 일본 지방 도시의 모습을 그대로 간직하고 있다. 히가시노 게이고의 추리소설 『나미야 잡화점의 기적』(2012)을 원작으로 한 영화가 개봉되면서 이곳은 일본 국내는 물론이고 한국에도 유명 관광지가 되었다. 쇼와 시대에 대한 일본인의 향수를 자극하고 소설과 영화 속 무대를 직접 느껴볼 수 있는 곳으로 매년 200만 명의 여행객이 찾고 있다.

기후 현 다카야마는 400년 전 에도 시대의 전통 가옥이 그대로 보존된 곳으로 양조장, 종이 공예 공방, 전통 양초 전문점 등 일본의 옛 정취를 간직한 곳이 많다. 신카이 마코토 감독의 애니메이션 〈너의 이름은〉(2016)이 선풍적인 인기를 끌면서 그 배경지가 된 이곳도 순식간에 인기 관광지가 되었다. 애니메이션에 등장한 히다후루카와 지역 역시 전년 동기 대비 방문객이 40% 넘게 늘었다. 개성 넘치는 분위기로 많은 사람들이 찾는 돗토리 현 사카이미나토는 만화 〈게게게의 기타로〉(1965)의 작가 미즈키 시게루의 고향 마을로, 177개의 요괴 동상과 요괴 열차, 요괴 스탬프 랠리 등 다양한 요괴물로 가득하다. 같은 현 유라 역시 만화 〈명탐정 코난〉(1994)의 작가 아오야마 고쇼의 고향 마을로, JR유라 역에서 코난 박물관에 이르는 1.4km 구간의 코난 로드에 코난 동상, 코난대교, 코난 그림 액자, 그리고 코난 빵집, 레스토랑 등이 보는 재미를 더한다.

일본의 소도시들이 발달한 것은 일찍부터 내국인의 국내 여행(인트라바운드)이 활성화되었기 때문이다. 근대화 이후 일본 정부와 지방자치단체는 일관성 있고 효율적인 관광 정책으로 지역 살리기에 부단한 노력을 기울여 왔다. 어떤 총리나 지역장이 선출되어도 관광 정책의 기조는 변하지 않는다. 그리고 1990년대부터는 장기 불황 속에서 국내 여행 인프라를 활용, 외국인 관광객을 유치하기 시작하였다. 2003년 자민당 고이즈미 총리가 선언한 관광입국 정책은, 2009년 민주당 하토야마 총리 집권 시에도 그대로 추진되었다. 2012년 '관광입국 추진 각료회의'를 구성한 아베 총리는 2011년 동일본 대지진 이후 성장 동력으로서 관광산업을 정착시키는 데 힘썼다.

국내외의 관광산업 발달은 편리한 교통망 덕분이기도 하다. 일본은 남북으로 긴 나라이므로 육로로는 이동 시간이 오래 걸리는 경우가 많아서 일찍부터 항공 교통이 발달하였다. 현재 일본의 공항은 98개에 이르며 그중 26개가 국제공항으로 외국인 관광객에게 특히 접근성이 뛰어나다. 또한, 1964년 세계 최초의 상업용 고속철도 신칸센이 개통된 이래 다양한 종류의 열차가 빠르고 정확하게 각 지역을 연결할 뿐만 아니라 마을 구석구석까지 다 돌아볼 수 있도록 하였다. 아담하고 예쁘게 꾸며진 기차역과 독특한 모양의 테마 열차는 소도시 여행의 또 다른 즐거움을 선사한다. 열차와 버스가 연계된 다양한 종류의 할인 승차권도 마련되어 있다.

일본에서의 여행을 한층 특별하게 해 주는 것은 일본식 숙소 료칸이다. 역사와 전통을 자랑하는 료칸은 보통 산과 바다에 인접한 온천지에 위치하므로 대도시에서 멀리 떨어진 소도시로 갈수록 개성 넘치는 료칸들이 많다. 화산섬으로 이루어진 일본은 북쪽 홋카이도부터 남쪽 오키나와까지 온천장이 무려 3,000개를 넘으며 그곳에 50,000개 이상의 료칸이 영업 중이다. 료칸에서는 천

연 온천수의 노천탕뿐만 아니라 그 지역의 신선한 재료로 만들어
진 가이세키 요리까지 즐길 수 있다. 지역별로 각기 다른 특색을
지닌 온천 료칸은 일본의 전통문화 체험은 물론 도시 생활에 찌든
몸과 마음을 말끔하게 정화할 수 있는 색다른 기회를 제공한다.

최근에는 일본의 지방 소도시들도 어려운 문제에 봉착해 있다.
저출산·고령화 현상으로 인구 감소 문제가 심각한데다가, 대도
시로의 인구 집중은 지방 도시의 순인구 유출을 더욱 가속화하고
있다. 특히 수도권으로의 과도한 집중은 국토 불균형을 초래하고
지방 소도시의 경제를 무너뜨리며 존립을 더욱 어렵게 하고 있다.
대도시권 집중 비율을 보면, 뉴욕과 베를린은 10%, 런던과 파리
는 15% 정도인데 비해 도쿄는 일본 전체 인구의 30%가 집중되
어 있다. 참고로 우리나라 서울 주변 수도권 집중 비율은 50%를
넘는다.

급격한 저출산·고령화 현상으로 일본은 최근 1년 사이에 인구
가 30만 명 이상 줄면서 여러 가지 사회적 문제가 발생하고 있다.
특히 점점 늘어나는 빈집은 경관을 해칠 뿐만 아니라 화재, 붕괴
위험 등에도 쉽게 노출되며 사고가 발생하면 주변 집들까지 피해
를 본다. 이러한 빈집 문제를 해결하기 위해 대부분의 지자체에서
는 '아키야뱅크'를 운영 중인데 이것은 빈집 정보를 웹사이트에
게재해서 매수를 도와주는 서비스이다. 일본 정부 역시 2014년
빈집대책특별조치법을 제정하고 2015년 마을·사람·일자리 활

성화 종합 전략을 개정하는 등 지방 살리기를 국가적 차원에서 추진 중이다.

한편 늘어나는 빈집과 쇠퇴한 마을을 예술적으로 재구성하여 관광 상품으로 만든 지역이 있다. 바로 구사마 야요이의 '붉은 호박'과 '노란 호박' 조형물로 유명한 예술섬 나오시마이다. 가가와 현 다카마쓰 항구에서 1시간 정도 배를 타고 들어가는 나오시마는 중심 산업이 바뀌면서 낙후된 섬이 되었지만, 장기간 개발을 거듭하여 오늘날 개성 만점의 관광지가 되었다. 나오시마의 대표적인 이에家 프로젝트는 오래된 마을을 예술로 살리는 아트 프로젝트로, 7개의 낡은 빈집을 보수하여 집이라는 공간 자체를 예술 작품으로 만들었다. 어떤 집은 시간을 전시하고, 어떤 집은 방 안에 동백 꽃송이가 깔려 있고, 어떤 집은 건축가 안도 다다오 박물관이고, 어떤 집은 절을 개조한 미술관이다. 나오시마는 단순히 미술관이나 전시장이라는 말로는 표현되지 않는 독특한 예술 공간들로 가득해서 전 세계의 쇠락한 마을에 큰 자극을 주면서 마을 재생 사업의 선구적인 존재가 되었다.

인구 42만 명의 소도시 도야마 역시 급격한 인구 감소에 대응하여 2000년대 중반 '콤팩트 시티' 정책을 펼쳐서 매력적인 소도시로 거듭났다. '콤팩트 시티' 정책이란 대중교통 시설을 축으로 도심에 도시 기능을 최대한 집중시키는 것으로, 노면전차(트램)와 경전철 노선을 중심으로 상업, 문화와 복지시설을 모아놓아서 생활과 관광의 편의성을 보장한다. 특히 JR도야마 역에서 가까운 간스이環水 공원은 후간 운하를 감싸고 있는 도시공원으로 두 개의 전망 탑을 잇는 빨간색 천문교와 2008년 '세상에서 가장 아름다운 스타벅스'로 선정된 건물로 유명하다. 그 외에도 세계적인 건축가 구마 겐고隈研吾 설계로 지어진 도야마 유리 미술관은 도야마산 널빤지로 디자인 되어 있는 건물 내부에 정교한 유리 세공 작품들이 마치 보석 같은 자태로 전시되어 있다. 놀이기구 같은 버스와 열차를 갈아타며 해발 3,000m 산맥을 횡단하는 다테야마 구로베 알펜루트도 근처에 있어서 도야마의 매력을 더한다.

바쁜 현대인에게 삶의 쉼표가 필요한 순간이 점점 많아지다 보니, 최근에는 여행의 목적도 학습이나 교육이 아닌 휴식으로 변화하고 있다. 많은 사람으로 북적이는 유명 관광지보다 지역 감성을 그대로 가지고 있는 소도시 여행이 오히려 트렌드가 되었다. 여행의 형태 역시 모르는 사람들과 같이 다니며 보고 듣기만 하는 여행보다는 혼자 혹은 소규모로 다니며 다양한 체험을 즐기고 사색에 잠겨 보는 방식이 인기이다. 일본의 개성 만점 소도시들은 나만의 취향을 만족시켜줄 여행지로 계속 부상 중에 있다.

7 평생직장은 옛말, 일도 내 방식대로

제2차 세계대전 패전 후에 일본이 빠른 경제 발전을 이룰 수 있었던 요인은 무엇일까? 여러 가지 사회적 요인 중에 과거에는 종신고용제를 꼽는 경우가 많았다. 특별한 잘못이나 실수를 범하지 않는 한 정년까지 그 회사에서의 근무가 보장되는 제도로, 고용 안정화에 의해 생산력 향상이라는 장점이 있었다. 일본인에게는 평생직장이라는 개념이 정착되었고 대학이나 고등학교 졸업 후에 들어간 회사에서 평생을 바쳐서 일하는 것이 당연시되었다. 1980년대까지도 일본 기업들은 평생 고용 체제를 유지하며 경제성장을 이어나갔다.

그런데 1990년대 초반부터 거품 경제 붕괴로 불황이 시작되고 오랫동안 일본 산업을 지탱해왔던 평생직장이라는 개념이 흔들리기 시작했다. 장기 불황과 함께 기업이 구조 조정을 하여 중간에 직장을 잃는 사람이 생기고 점차 사원 채용에서 정규직 고용을 피하면서 안정된 직장에 들어가는 것이 힘들어졌다. 심각한 취업난 속에서 젊은 세대에서는 많은 것을 감내하고 희생해야 하는 정규직보다 비정규직이나 임시직에 만족하는 경우가 점차 늘게 되었다.

일본에서 비정규직이나 임시직으로 일하는 사람을 칭하는 용어로 두 가지가 있다. 프리랜서와 프리터이다. 프리랜서는 영어 'freelance'를 그대로 발음하여 '프리란스'라고 하는데, 특정한 기업이나 조직, 단체 등에 소속되지 않고 독립적으로 일하는 경우를 말한다. 고객과 계약을 맺고 업무를 받아서 수행하며 그 업무에 대해서만 단가가 발생한다. 프리랜서가 많은 분야는 정보기술(IT) 기술자와 웹디자이너와 같은 컴퓨터 관련 직종, 일러스트레이터, 작가, 방송인 등의 크리에이터 직종이다. 그에 비해 프리터는 '프리free+아르바이터Arbeiter'의 합성어로 정사원과는 다른 고용 형태, 특히 아르바이트로 생계를 이어가는 경우를 말한다. 학생이나 주부는 포함되지 않으며, 일반적으로 15~34세까지의 젊은 층을 일컫는다. 주로 단순노동에 임시로 종사하는 경우가 많고 고용불안을 겪는 일도 있다. 프리랜서보다 전문성이 약한 편이다.

일반적으로 선진국들은 직업군 내에서 전문 분야가 세분화되어 프리랜서가 일찍부터 발달하였다. 직장인들도 부업 개념으로 프리랜서를 할 수 있도록 국가 차원에서 적극적으로 지원하고 있으며 일본도 그중의 하나이다. 일본은 프리랜서의 천국으로 알려져 있다. 일본 후생노동성은 매년 초 직장인 대상 부업 촉진 가이드라인을 발표하고 이들이 소속 회사의 일 외에도 프리랜서로 활동할 수 있도록 독려하고 있다. 가이드라인에 따르면, 일부 금지 사항을 제외하고 모든 부업을 허용하는 '네거티브 규제 방식'을 채택하여 점차 업종의 폭을 넓혀가고 있다. 일부 사기업은 사원들의 부업을 전폭적으로 허용한다고 밝히기도 하였다.

일본 내에서 특정 회사에 속하지 않고 자신의 능력을 무기로 자유롭게 일하는 프리랜서의 인구는 2017년 1,122만 명에 달했다. 이 수치는 전년 조사보다 5% 늘어난 수치로 전체 상용근로자 6명 중 1명에 해당한다. 부업 형태를 제외한 순수 프리랜서만 해도 700만 명에 육박한다. 사실상 완전고용 상태인 일본에서 프리랜서가 증가하는 것은 바로 심각한 인력난 때문이다. 후생노동성은 2017년 구직자 대비 구인자 비율(유효구인배율)이 1.55배가 되어 43년 만에 가장 높은 수준이라고 발표하였다. 구직자 1명당 일자리가 적어도 1.5개 이상은 있다는 뜻이므로 그만큼 근로자들은 일자리 선택 폭이 넓어졌다. 장시간 근로와 수직적 상하 관계로 대표되는 직장에 더 이상 구애를 받지 않아도 되는 것이다. 개인의 삶을 적극적으로 즐기고자 하는 경향이 점점 강해지고 있다.

일본의 프리랜서 인구 증가에는 업무 중개 사이트 확산도 한몫했다. 프리랜서에게는 때맞춰서 일거리를 구하는 것이 가장 큰 난관이다. 한 대형 사이트는 141개의 직종에 걸쳐서 수만 개의 일자리를 알선하고 있다. 일거리가 필요한 사람은 중개 사이트에서 업무 내용과 조건 등을 확인 후 위탁을 받아서 처리하게 된다. 프리랜서는 일하는 시간과 장소에 구애받지 않으며 고용계약이나 면접을 볼 필요도 없다. 보수도 시급제·일당제·완료제 등 다양한 선택을 할 수 있어서 개인이 처한 상황에 따라서 고를 수 있다. 그리고 이러한 구직·구인 정보는 스마트폰 하나로 모두 해결된다. 프리랜서의 증가는 자유롭게 일하고 싶은 근로자와 비용을 아끼고자 하는 기업의 요구가 맞아떨어지면서 절정에 이르렀다.

실제로 대도시에 위치한 한 정보기술(IT) 벤처기업은 정규 사원이 100명 넘게 있어도 업무의 상당 부분을 프리랜서에게 의뢰해서 처리하고 있다. 고객 방문이나 신규 사업 개발 등 매출에 직결되는 중요한 업무는 정규 사원이 처리하지만, 그 외에는 프리랜서에게 위탁해서 유동성 있게 운영한다. 기업으로서는 직원들이 원래의 업무 외에 과도한 초과 근무를 하지 않아도 되기 때문에 직장 생활에 대한 만족도가 높아지고, 새로운 직원을 채용할 때 발생하는 비용이나 직원 교육, 유지 관리 등에 필요한 비용이 줄어서 흑자 경영으로 이어지는 경우가 많다.

아베 정부가 '일하는 방식 개혁'을 목표로 노동 방식의 다양화를 촉진하는 정책 역시 프리랜서를 보호하는 것과 연결된다. 2019년부터 초과 근무 시간이 연 720시간을 넘지 못하게 하는 정책 또한 기업들의 프리랜서 활용을 더욱 늘어나게 할 것이다. 그리고 후생노동성에서는 프리랜서가 일하는 과정에서 손해나 피해를 받지 않도록 여러 가지 보호책을 찾고 있다. 프리랜서는 기업과 고용 관계에 있지 않기 때문에 노동기준법이나 노동조합법, 최저임금법 같은 노동법 보호 대상이 아니다. 하루 8시간의 법정노동시간이나 최저임금도 적용되지 않는다. 기업이 프리랜서와 계약할 때는 구두가 아니라 서류로 할 것을 권고하고 있으며 업무의 구체적인 내용과 보수 지급 문제를 명확하게 제시하도록 하고 있다.

최근 일본 공정거래위원회는 기업이 프리랜서에게 보수 조건을 명시하지 않거나 경쟁사의 일을 하지 못하게 하면 독점거래금지법을 적용할 수 있다는 지침을 발표하였다. 구체적으로는 기업이 프리랜서를 대상으로 경쟁사로부터 일감을 받지 못하도록 하는 행위, 실제보다 보수를 부풀리는 행위, 비밀 보호를 이유로 다른 일감을 맡지 못하게 하는 행위 등을 하게 되면 그것은 독점거래금지법에 위반된다는 취지이다. 또한, 작업별로 최소한의 보수를 정해서 프리랜서를 위한 일종의 최저임금제를 마련하려고 계획 중이다.

한편 프리랜서의 절반 이상이 사회보장 즉 의료보험과 연금 등의 문제를 겪고 있는 상황에서 프리랜서를 위한 보험도 생겼다. 2017년 발족한 '일반 사단법인 전문가 및 커리어 프리랜서 협회'는 연회비 1만 엔에 복리 후생 서비스와 배상 책임보험을 들어준다. 한 일본 대형 손해보험사는 30세 이상의 프리랜서들에게 월 1,500엔 수준의 보험료로 질병이나 부상으로 일을 할 수 없게 되었을 때 월 20만 엔을 보상해 주는 상품을 출시하였다. 프리랜서 시장이 커지면서 이를 위한 협회와 기업의 상품이 등장하고 있으며 이것이 프리랜서의 고민을 덜어주며 시장은 계속 커지는 식의 선순환 구조가 만들어지고 있다.

프리랜서 시장이 점점 커지자 최근 일본에서는 일하는 공간을 빌려주는 일명 셰어오피스가 연이어 문을 열고 있다. 셰어오피스는 원래 프리랜서나 창업자가 일시적으로 빌려서 일하는 장소였는데 이제는 대기업도 이곳을 찾는 경우가 늘어나고 있다. 특히 2018년은 셰어오피스 확대 원년으로 불릴 정도로 크게 활성화되었으며, 이것은 근무 시간과 장소에 구애받지 않고 좀 더 유연하게 근무하는 것을 허용하는 대기업이 점차 많아지고 있다는 것을 뜻한다. 우수한 인력을 확보하고 생산성을 높이려는 기업들의 새로운 풍경이라고 할 수 있다.

그에 비해 프리터라는 계층은 1980년대 후반부터 취직보다는 아르바이트로 생활하는 청년층이 등장하면서 나타난 현상이다. 거품 경제 붕괴 이전에는 자유로운 시간을 확보하면서 생활을 유지할 수 있다는 점에서 새로운 생활방식으로 주목을 받기도 하였다. 1990년대 거품 경제가 붕괴되고 경제 전체가 장기 침체에 들어가면서 일본의 고용 형태는 근본적으로 변화하기 시작하였다. 1990년대 후반에는 대학을 졸업해도 일자리를 찾기 힘든 이른바 취업 빙하기가 찾아왔고 청년층(20~24세) 실업률은 10% 가까이 치솟았다. 프리터는 정규직을 얻기 힘든 상황에서 주로 편의점이나 음식점 등에서 단기 혹은 중장기 아르바이트로 생계를 이어가는 형태를 뜻하게 되었다. 이 시기에 아르바이트로 먹고사는 프리터 족과 일할 의지조차 없는 청년 무직자 '니트NEET' 족 역시 급격하게 늘어났다.

프리터가 정규직으로 취업을 안 하는 이유는 자발적 이유와 비자발적 이유로 나눌 수 있다. 전자는 진짜 자신이 하고 싶은 일을 찾기까지의 중간적 단계이거나 삶을 좀 더 즐기고 싶다는 이유이며 후자는 불경기 등으로 정규직을 얻기 어렵다는 이유이다. 프리터는 정규 직원에 비하면 근무 시간이 적고 주민세, 연금, 보험료 등을 떼이지 않아서 단기적으로 보면 장점이 많을 수도 있다. 2001년에는 15~34세 인구의 20%를 넘을 정도로 급증하였으며 2003년에는 217만 명으로 최고치를 기록하기도 하였다. 프리터들의 삶의 모습을 현실감 있게 보여주는 다큐멘터리 영화〈조난 프리터〉(2009), 열심히 노력해서 집을 장만하는 프리터의 모습을 그린 TV 드라마〈프리터, 집을 사다〉(2010) 등이 인기를 끌었다.

하지만 프리터의 증가는 장기적·사회적으로 보면 국가 세금이 감소하고 국민연금 운영이 어려워지며 결혼을 하지 않아서 출산율이 떨어진다. 청년층 프리터뿐만 아니라 중년층 프리터의 증가는 문제를 더욱 심각하게 하고 있다. 해마다 증가하는 프리터의 문제점 해결을 위해서 일본 정부에서는 각종 대책을 세웠다. 학교 교육과 직업 교육을 병행하는 듀얼 시스템, 프리터 채용 기업에 장려금을 제공하며 일정 기간 임시로 고용한 후 최종 고용 여부를 결정하는 트라이얼 고용제도, 정부가 발행한 개인직무경력 기록지를 통해서 기업이 구직자의 직무능력을 확인할 수 있도록 하는 잡카드Job Card 제도 등을 시행, 프리터의 정규직 취업을 장려하고 있다. 또한, 다큐멘터리와 포스터 등을 통해서 청년들의 프리터화를 막는 콘텐츠도 계속 제작 중에 있다.

그나마 2017년에는 약 152만 명으로 추산되는 등 현재는 프리터 인구가 감소 추세에 있다. 노동 인구 전체가 감소하면서 이전보다 정규직 취업이 쉬워졌기 때문이다. 그리고 프리터의 존재 자체가 사회 문제가 되면서 프리터는 '취직이 되지 않는 사람의 최종적인 근로 방식'이라는 부정적인 인식이 강해진 이유도 있다. 하지만 한편으로 고용 안정화가 되면서 정규직 임금 인상률이 비정규직보다 상대적으로 적다는 이유 혹은 자유롭게 일하고 싶다는 이유 등으로 프리터를 스스로 선택하는 자발적 프리터 인구는 늘고 있다.

프리랜서와 프리터의 증가 현상과 맞물려서 주목받는 경제 정책이 바로 최저임금제이다. 프리랜서와 프리터는 시간제 근로자이기 때문에 그들의 생존이나 생활은 최저임금의 영향을 많이 받는다. 일본은 지역별·산업별 최저임금제도를 시행하고 있는 나라이다. 일본의 최저임금은 정부의 중앙최저임금심의회가 가이드라인을 제시하면, 광역단체들이 노사협의를 통해서 인상 폭을 최종적으로 결정한다. 2019년 전국 47개 도·도·부·현(광역자

치단체)의 시급 인상액은 전년 대비 3.1%인 평균 27엔이었다. 지방마다 물가가 달라서 대도시의 최저 시급은 도쿄 도 1,013엔, 오사카 부 964엔, 아이치 현 926엔 등으로 높고 시마네 현·사가 현·구마모토 현 등의 소도시는 790엔으로 낮다.

일각에서는 일본에서 프리터가 양산되는 이유를 높은 최저임금에서 찾기도 한다. 1990년대 이전 경제 호황기에는 프리터들이 먹고사는 데 지장이 없었으며 장기 불황이 시작된 이후에는 최저임금 인상률이 점점 높아졌다. 일본의 최저임금은 2000년대 초반 연평균 0.4% 증가하는 데 그쳤지만, 2008~2017년 중에는 평균 1.8% 늘어나면서 증가 폭이 커졌다. 당시는 최저임금 인상이 취업난을 해결하고 침체에 빠진 경기를 활성화할 수 있다고 생각했기 때문이다.

최근 일본 정부는 물가 상승률을 끌어올리고 정규직과 비정규직의 임금 격차를 줄이기 위해 2016년부터 최저임금 인상률을 3%로 추진하고 있다. 참고로 우리나라의 경우 최저임금 인상률이 2018년에는 16.4%, 2019년에는 10.9%였다. 최저임금 인상률 3%가 부담스럽다며 반발하는 중소기업들의 목소리도 있지만, 일본의 최저임금은 경제 수준에 비해서 낮은 편이며 최저임금 인상으로 자영업 폐업이 속출하는 경우는 별로 없다. 자영업자에게 최저임금 인상에 대한 부담이 적은 이유는 최저임금 인상률 자체가 상대적으로 낮은 편이기도 하지만, 상가 임대료를 올릴 경우에는 반드시 임차인 동의가 필요해서 상가 임대료가 턱없이 인상되는 일은 거의 없기 때문이다.

일본의 '평생직장 신화'는 최근 이직자의 증가로도 깨지고 있다. 2017년 이직자는 311만 명에 이르며 경력직 이직자 역시 꾸준히 증가 추세를 보인다. 직장인들은 평생 같은 회사에 몸을 담는다는 생각보다는 높은 연봉과 적은 근로시간, 일과 생활의 균형 등 다양한 이유로 얼마든지 직장을 옮길 수 있다고 생각하게 되었다. 더구나 최근 지속적인 경제 성장에도 불구하고 고령화, 저출산 등으로 생산 인구가 감소해서 일본의 기업들은 인력난을 겪고 있다. 근로자 확보를 위한 경쟁이 치열해지면서 일본 직장인들은 이직을 더는 꺼리지 않게 되었다.

하지만 이직자 비율은 여전히 일본 전체 직장인의 5% 미만에 머물고 있으며, 다른 선진국에 비해서는 낮은 편이다. 일본 노동자의 평균 근속 기간은 12년이며 영국의 8.6년, 미국 4.2년보다 길다. 참고로 한국은 4.5년이다. 일본에서는 20년 이상 한 직장에서 계속 일을 하면 급여가 2배 이상으로 늘어난다. 직장을 옮겨서 새로 계약서를 쓰는 것이 연봉을 올리는 가장 빠른 방법인 서구권과는 대조적이다.

현대 사회에서 직장인들은 자유롭게 일을 하면서 돈을 벌고 싶어 하고 기업 쪽에서는 필요에 따라서 임시로 계약을 맺고 일거리를 해결하고 싶어 한다. 이와 같은 형태의 경제 방식을 긱Gig 경제라고 하는데 전 세계적으로 새로운 패러다임이 되고 있다. 독립계약이나 임시직, 시간제 등의 근로 비중이 점차 높아지고 있으며 전문적인 기술이나 능력이 적용되어서 새로운 일자리 창출이 가능한 시대가 되었다. 종신고용 제도로 한때 경제 대국을 이루었던 일본조차도 경제 불황기를 겪으면서 프리랜서와 프리터가 증가하는 사회가 되었으며 정부 또한 그에 대한 정책을 수립하고 있다. 다각도로 변화하는 사회에서 바람직한 노동 형태는 무엇인지 그리고 노동의 의미는 무엇인지 다시 한 번 생각해볼 필요가 있다.

8 ───── 지금은 '새로운 어른' 시대

일본에서는 1950년 이후 65세 이상의 고령자가 계속 증가해서 2012년에는 3,000만 명을 넘어섰으며 2018년에는 3,557만명으로 고령화율이 28.1%에 올랐다. 고령화율이 20%를 넘어서 초고령화 사회에 들어선 일본에서는 현재 3명 중 1명이 고령자이다. 앞으로 고령화율은 더욱 높아져서 2065년에는 38.4%에 달하고 국민의 2.6명 중 1명이 65세 이상의 고령자가 될 것으로 예측한다.

일본인의 평균 수명 역시 2018년 남성이 81.25세, 여성이 87.32세이지만 점차 늘어나서 2065년에는 남성이 84.95세, 여성이 91.35세가 될 것으로 보인다. 그에 비해서 출생률은 2018년 1.48명이지만 점점 감소해서 앞으로 현재의 반으로 떨어질 것으로 보고 있다. 2018년 일본의 총인구는 1억 2천만 명 정도이며 그중에서 20세 이상의 성인은 약 1억 명, 50세 이상의 인구는 5,800만 명이다. 성인 2명 중 1명은 50대 이상으로 앞으로도 더욱 늘어날 것이다.

이제까지 일본 사회는 20대와 30대가 주류였다. 생산부터 소비까지 대부분의 사회 활동은 젊은 세대, 즉 20대와 30대가 담당하였다. 하지만 앞으로는 성인成人, 즉 어른이라고 하면 보통 50대 이상, 적어도 40대 이상이 될 것이다. 고령화라고 하면 대부분 할머니·할아버지가 증가한다고 생각하기 쉽지만, 사실은 사회 전체가 성인화되어 가는 현상을 말한다. 일본은 현재 인구 구조 변화에 따른 사회 구조의 큰 변화에 직면해 있다고 할 수 있다.

현재 일본에서는 2000년 이후 저출산 현상이 심화하면서 사회의 새로운 주류로 떠오르고 있는 50대와 60대, 70대 인구에 주목하고 있다. 이들을 보통 '새로운 어른新しい大人' 세대라고 칭하는데 이 세대는 주로 단카이 세대團塊世代(제2차 세계대전 직후인 1947~1949년에 태어난 일본의 베이비부머 세대. 현재의 70대), 포스트 단카이 세대(1952~1958년에 태어난 세대. 현재의 60대), 신인류 세대(1961~1970년에 태어난 세대. 현재의 50대)를 아우르는 말이다. 세대를 칭하는 말에 '새로운'이 들어간 이유는 기존의 50대·60대·70대와 성향이 판이하기 때문이며 '어른'이 들어간 이유는 당사자들이 고령자, 노인, 어르신 혹은 실버, 시니어 등의 기존의 명칭을 싫어하기 때문이다.

미국의 유명한 은퇴자 커뮤니티 '선시티Sun City'의 안내문에는 은퇴자를 'Active Adult'라고 지칭하고 있다. 은퇴자의 라이프스타일을 적극적으로 모색하는 미국 사람들도 시니어라는 말은 싫어하기 때문에 'adult'라는 말을 사용한다. 'adult' 즉 '어른'은 지식과 경험이 풍부한 사람이라는 긍정적인 의미를 담고 있어서 당사자들은 시니어라는 말 대신 어른이라는 말을 선호한다.

고령화 사회에 들어서면서 일본에서도 기존의 시니어라는 명칭 대신 새로운 명칭을 개발하려는 움직임이 있었다. 그랜드 제너레이션, 프리미어 에이지, 액티브 시니어 등의 명칭이 출현했지만 '새로운 어른'이라는 말이 점점 확산되는 추세이다. 자기 일에 책임을 질 수 있는 성숙한 사람이라는 뜻의 어른이지만 기존의 어른과는 확연히 다른 모습이므로 '새로운 어른'이 되는 것이다.

'새로운 어른' 세대가 기존의 어른 세대와 다른 특징은 몸가짐과 마음가짐에 있다. 50대가 되면 자식이 독립하고 퇴직도 가까워진다. 사회의 일선에서 멀어지고 체력도 점점 떨어져서 건강에 대한 불안감이 증가한다. 과거의 50대는 그런 신체적인 노쇠에 맞게 행동해야 한다고 생각하고 자신의 앞으로의 삶에 대해서 수동적이고 체념하는 자세였다. 하지만 지금의 50대는 의료 기술과 화장품의 발달로 체력적인 면뿐만 아니라 외모에서도 건강과 젊음을 유지하게 되었다. 또한 스스로 나이가 들었다는 의식도 별로 갖고 있지 않으며 긍정적이고 적극적인 마음으로 이후의 인생을 살아간다.

지금의 '새로운 어른' 세대는 처음으로 젊은이 문화를 만든 세대이기도 하다. 단카이 세대가 청춘 시절을 보낼 무렵 처음으로 남성의 장발과 청바지, 미니스커트가 등장하였으며 포크송과 비틀

즈 같은 외국 문화가 들어왔다. 인구수가 많았던 단카이 세대는 단 번에 젊은이 패션이라는 새로운 유행을 창출하였다. 그리고 포스트 단카이 세대는 경제 호황 속에서 대학에 진학하여 캠퍼스에서 꿈과 낭만을 키우는 '낙원(낭만) 캠퍼스' 개념을 처음으로 만들었다. 이들은 여성용 *JJ*[(1975)]와 남성용 『뽀빠이』[(1976)] 패션잡지 창간과 함께 스스로 꾸미고 멋을 추구하였으며 그룹사운드 서던 올스타즈와 유민의 노래를 틀어놓고 자동차로 드라이브를 즐겼다.

'새로운 어른' 세대는 '나다움'을 중요하게 생각하는 최초의 세대이기도 하다. 단카이 세대 이전 세대는 나라와 회사를 위해서 봉사하고 가족을 위해서 고생을 한 사람들로 '나'라는 개인의 의식이 약했다. 하지만 '새로운 어른' 세대는 기존의 사회 질서에 순종적으로 따라가지 않고 스스로 시대와 문화를 만들어가야 한다고 생각한다. 과거에는 자녀가 독립하면 사회의 주역 자리에서 물러나서 노인답게 살아가는 것이 일반적이었다. 하지만 '새로운 어른' 세대는 은퇴 후 여유 시간을 즐기려는 의식이 높고 자신만의 세계를 추구하는 경향이 강하다. 50세를 지나면 이전에는 '인생 내리막길'이라고 생각했지만, 이제는 '인생은 지금부터'라는 의식으로 바뀌어 새로운 라이프 스타일을 추구한다.

그러므로 '새로운 어른'들은 소비 스타일도 과거와는 다르다. 무엇을 좋아하는지 스스로 잘 알고 있으며 풍부한 인생 경험과 높은 수준의 취향을 갖고 있으므로 값이 나가더라도 질 좋은 것, 취향에 맞는 것을 손에 넣으려고 한다. 값싼 맥주를 많이 마시기보다는 프리미엄 맥주를 고급요리와 함께 맛보는 것을 좋아한다. 이른바 어른 문화는 유럽이나 미국에는 있었지만, 일본에는 없었다. 유럽에서는 스포츠카가 부유한 어른들이 타는 차이며 고가의 클래식 콘서트 역시 어른들끼리 간다. 젊은이는 못 가는 고급 레스토랑도 많으며 호화로운 크루즈 여행은 은퇴한 어른들이 가는 것으로 되어 있다. 유럽이나 미국에서 문화를 만드는 것은 다름 아닌 어른들이다. 앞으로는 일본에서도 '새로운 어른'의 등장으로 멋있는 어른들만의 소비 스타일이 정착할 것이다.

주거 스타일도 자신만의 개성을 살려서 주체적으로 만들어간다. 자녀가 독립해서 공간이 생기고 경제적인 여유가 생기므로 평소에 동경하던 생활을 실현하는 것이 가능해진다. 자녀의 학교나 직장에 상관없이 살고 싶은 곳에 살 수 있으며 하고 싶은 일을 할 수 있다. 정년퇴임을 계기로 집을 리폼하거나 이사를 해서 집을 바꾸기도 하고 지방에 살고 있어도 도쿄의 긴자나 신주쿠에 가기 위해서 도심의 맨션을 빌리기도 한다. 아니면 도심에 거주하면서 나가노 현의 가루이자와 같이 경치 좋은 곳에 별장을 마련하여 아내와 남편이 각자 좋아하는 것을 즐기기도 한다. 집을 여러 명이 공동 매입하거나 임대한 뒤 필요에 따라서 주週나 일日 단위로 돌아가면서 사용하는 것을 타임셰어형 주택이라고 하는데 최근 오키나와와 교토에서 인기가 있다. 여행과 거주의 중간을 즐기고 시골과 도시를 번갈아서 사는 사람이 늘어나면서 타임셰어형 주택의 수요는 점점 늘어날 것이다.

이들은 자신의 부모를 보살필 뿐만 아니라 손자도 돌봐주는 적극성을 가지고 있다. 스스로 주체적으로 움직이고 경제적인 지원을 하며 그만큼 간섭도 한다. 지금까지의 50대 이상 세대는 자녀에게 보살핌을 받아야 하는 노인 세대였지만, '새로운 어른 세대'는 오히려 보살핌을 제공한다. 간호나 요양을 받을 필요가 없을 정도로 스스로 건강관리를 잘하며 가족과의 교류에도 적극적이다. 바쁜 자녀 부부를 대신해서 손자를 돌보고 차를 운전해서 놀이공원에 데리고 가기도 한다.

50대부터는 인간관계 또한 본인 중심으로 바뀌어 삶의 만족도가 높아진다. 그전까지는 직장 업무나 집안일과 같이 가족을 위해서 '의무로 하던 노동'이 내부분이었으며 인간관계도 일과 관련된 사람들과 맺어지는 경우가 많았다. 하지만 정년퇴임 후에는 자신이 좋아하고 필요로 하는 사람들과 사귀고 교류할 수 있게 된다. 요리나 여행과 같이 자신이 원하는 취미 생활을 하면서 자연스럽게 새로운 인간관계를 형성하고 그 안에서 행복감을 느낀다.

최근 몇 년 동안 발행된 잡지들을 보면 일련의 상징적인 변화를 발견할 수 있다. 50대 이상이 되면 여성의 경우에는 육아 중심의 생활에서 해방되어 한 사람의 여성으로 돌아간다. 이전에는 일반적인 주부 잡지나 젊은 미시 잡지가 많았다고 한다면, 최근에는 *éclat*[(2007)], *HERS*[(2008)], 『어른의 멋쟁이 수첩』[(2012)] 등 중년 이후 여성의 라이프 스타일 잡지가 대세이다. 남성의 경우는 *LEON*[(2001)]과 같은 패션잡지도 있지만, *pen*[(1998)], 『어른의 주말』[(2001)]과 같이 취미 잡지가 중심이다. 남성들이 정년퇴임 후에 생긴 여가 시간에 자신의 취미를 찾는 현상을 그대로 반영했다고 볼 수 있다.

그런데 이와 같은 잡지들은 단순히 정보나 지식만을 전달하는 역할만 하는 것이 아니다. 독자들을 서로 연결시켜 주는 커뮤니케이션의 장으로도 활용되고 있다. 50대 이상 여성 잡지의 선두 주자인 *HALMEK*[(1996)]은 독자가 직접 만든 수제품을 가지고 모이는 '이키이키 수제 페스타' 등의 이벤트를 열어서 취향이나 취미가 같은 동료를 사귈 수 있도록 지원하고 있다. 커뮤니케이션이 소비의 시작이 되기 때문이다.

일본의 노년마케팅은 그런 점에서 주목할 만하다. 현재 일본에서 주목받는 '시니어 시프트'가 있다. 시니어 시프트란 정치, 경제, 사회, 문화 등의 중심이 고령층으로 이동하는 현상을 말한다. 고령자는 대부분 절약하는 경향이 높다. 돌다리도 두드려 보고 건너듯이 시니어 마켓의 도전은 신중한 것이 좋다. 실패 경험이 축적된 일본에서 시니어 시프트 아이디어와 마케팅이 힘을 얻는 이유이기도 하다. 『시니어 비즈니스』[(2004)], 『시니어 시프트의 충격』[(2012)] 등의 저서로 유명한 시니어 마케팅 전문가 무라타 히로유키村田裕之

가 제시하는 10가지 성공 원칙은 다음과 같다.

첫째, '삼불三不'의 해소이다. 포화 시장이라고 해도 모든 것이 완벽하지는 않다. 어디에선가 불편·불안·불만이 존재한다. 소비 욕구를 저해하는 삼불을 없애야 한다. 이를 구체화한 상품이나 서비스야말로 새로운 사업의 기회이다. 기존의 사업을 하다가 고객의 새로운 불만 사항을 발견하고 관련 아이템으로 확대하는 경우도 종종 있다.

둘째, '소리 없는 소리'에 공감해야 한다. 고객이 원하는 바가 무엇인지 알았더라도 선택지가 너무 많으면 헷갈린다. 이럴 때는 고객의 잠재적인 수요에 공감하는 테마숍 형태로 고객의 욕구에 맞춰서 상품을 편집한다. 예를 들면, 독거노인의 대화 욕구에 맞춰서 직원이 일상생활 지원 서비스까지 함께하는 식이다. 우선 고객의 소리 없는 소리를 귀 기울여 듣는 것이 중요하며 공감 없이는 어렵다.

셋째, 자신의 부모를 웃게 할 수 있는 메뉴 개발이 필요하다. 신체 기능 저하에 따라서 단순한 기능을 제공하는 것은 크게 환영받지 못한다. 예를 들면, 지팡이를 내놓더라도 단순한 보행 지원이 아니라 멋진 액세서리와 같은 연출 수단으로 승화시킨다. 고령층의 체력과 심리를 세심하게 배려할 수 있는 아이디어가 나오려면 기획자의 깊은 애정 없이는 불가능하다.

넷째, 직접 찾아가는 '출장'을 통해 소비를 창출한다. 노인은 집 안에서의 생활 비중이 높으므로 고객의 방문을 기다리기보다는 직접 고객을 찾아가는 적극적인 서비스가 필요하다. 관건은 비용이지만 반복 구매가 발생하고 연계 수요가 많다면 출장은 유력한 판매 경로가 될 수 있다. 또한, 신뢰가 쌓이게 되면 연계 모델로 진화하는 것도 가능하다. 노인이 고객일 경우 신뢰와 확신은 상상을 초월하는 잠재적 기회를 제공한다.

다섯째, '신기술'의 접목이다. 이것은 나이가 들어서 혼자 살아도 누군가에게 일상생활에 대한 지원을 받고자 하는 사람에게 해당한다. '개인 안내원private concierge'으로 불리는 집사 서비스로 독거 생활을 세세하게 지원하는 높은 수준의 서비스 제공을 말한다. 즉, 고도로 훈련된 직원이 대량의 고객에게 양질의 서비스를 제공할 수 있도록 정보기술(IT) 시스템을 채택하는 방식이다. 하이테크는 비용 절감과 감성 배양의 능률을 최대한 발휘할 수 있는 유용한 도구이다.

여섯째, 제3의 장소에서 '샤워 효과'를 창출해야 한다. 은퇴는 출퇴근의 상실을 뜻하므로 고령자들이 직장처럼 매일 다닐 곳이 필요하다. 카페는 사람을 연결하는 시설로 제격이며 단골손님이 필요한 것을 제공하는 사업 모델로도 확대가 가능하다. 평생 학습 기관이라면 학습 테마와 여행 수요를 같이 엮어낼 수 있다. 은퇴한 사람이 반복해서 모이는 장소라면 신규 수요가 발생할 가능성은 높다.

일곱째, 지적 교류의 장려이다. 단순한 레저로는 노년기를 버

텨내기 어렵다. 즐기면서 배우는 기회를 제공하는 것이 바람직하다. 공감대 형성이 잘 되고 문제의식이 비슷한 사람들끼리 같이 모여서 의견을 교환하며 의기투합을 하는 기회를 제공해야 한다. 교단 강의뿐만 아니라 체험 가능한 야외 실습 형태로 제공되면 참가자의 지적 흥미를 자극할 수 있다. 평생교육 분야가 유망하다는 점에서 멤버·기간·주제 등을 다양하게 개발해볼 수 있다.

여덟째, 노인의 배경 지식을 활용하는 방법이다. 노인은 소비뿐만 아니라 생산 주체이기도 하다. 은퇴했다고 해도 노동 의욕이 없어진 것은 아니다. 배경 지식과 아이디어가 있어도 직접적인 창업이 어려우므로 이를 연결해 준다. 노년 인구의 네트워크를 영업 주체로 활용하는 것이다. 회원제 비즈니스라면 회원 한 사람 한 사람을 영업 채널로 돌려서 고정비용을 줄이고 영역을 확대한다. 말하자면 영업 대행 서비스의 창출이다.

아홉째, '거주'와 '학습'을 연결 짓는다. 은퇴 이후에는 뭔가를 배우려는 지적 호기심이 활발해진다. 직장에 다닐 때는 포기할 수밖에 없었지만, 노년기에는 가능하다. 가령 대학 자원인 칼리지 형태의 고령자 주택이 있다. 그리고 주변 대학과 연계해서 학습 과정을 거주민에게 제공하고 거주 노인이 대학 시설을 학생이나 교직원처럼 이용하도록 연계한다. 인간으로서 최고의 지적 오락인 학습이라는 항목을 거주 공간의 핵심에 두게 되면 치매 방지 효과도 거둘 수 있다.

마지막으로 개인의 욕구와 집단의 장점을 적절히 혼합해야 한다. 혼자서는 불안하고 함께하면 불편하고 힘들 수 있다. 동거보다는 근거近居의 느슨한 대가족이 요즘의 실버 트렌드이다. 만일 가족이나 친지가 없다면 비슷한 처지의 노년 인구가 함께 사는 것도 방법이다. 그리고 원활한 인간관계로 자리 잡으려면 개인의 욕구와 집단 기능의 적절한 통합이 필요하다. 예를 들면, 전용 공간과 공유 공간을 분리시킨다. 거주민을 조직화해서 공동체의 운영 원칙, 관여 정도, 지역 연대 등의 수요를 결정한다. 개별적 자립 욕구는 존중하되 필요할 때는 상호 의지할 수 있도록 해야 한다.

일본에서는 현재 '액티브 시니어'라고도 불리는 '새로운 어른' 시대를 맞이하여 다양한 변화의 물결이 일고 있다. 일본의 단카이 세대가 정년퇴임을 하면서 형성되기 시작한 문화라고 할 수 있으며 우리나라의 베이비부머 세대(1953년 한국전쟁 후 폭발적으로 태어난 전후 세대로 그중 1958년생 개띠가 대표적임)와 비슷하다. 특징은 평생 현역을 지향하며, 활기차고 일과 취미에도 의욕적이고 자기 나름대로의 가치관과 라이프 스타일 등을 가지고 소비 의욕도 높다는 점이다. 앞으로의 사회 구조에 큰 변화를 가져올 세대로서 다양한 측면에서 주목받고 있다.

9 ———————— 편의점 vs 드럭스토어

일본은 2018년 기준으로 전국에서 58,340개의 편의점이 운영되고 있는 편의점 왕국이다. 가격대비 품질이 좋다 보니 일본인뿐만 아니라 외국 관광객도 꼭 들르는 필수 코스가 되었다. 특히 편의점 음식은 인기가 높아서 여행객이 오전에 싹 쓸어 가면 오후에는 물건이 품절되는 경우도 종종 있을 정도이고, 편의점 음식으로 끼니를 해결해도 무방할 만큼 만족도가 높다. 종류가 많고 다양해서 일본을 처음 방문하는 사람은 무엇을 골라야 할지 행복한 고민에 빠지게 된다.

편의점은 '콤비니', 즉 편리함convenience을 개념으로 도입된 소형 소매점포store를 말한다. 여기서 편리함이란 철저하게 소비자 입장을 고려한 표현으로 연중무휴, 조기·심야 영업, 주거지 근처에 위치, 10~100평의 중형 점포, 식료품과 일용잡화를 중심으로 2,500개 내외의 다양한 상품 취급 등을 특징으로 한다.

그동안 일본 편의점은 단순히 물건을 파는 공간이라는 개념을 넘어서서 누구에게나 빼놓을 수 없는 생활의 일부가 되었다. 국내외적으로 인기가 높아진 편의점은 2001년 일본 내 백화점이나 할인점 등을 제치고 소매업 1위로 올라섰으며 2016년 일본 최고 권위의 아쿠타가와 문학상 수상작은 『편의점 인간』이라는 소설이었다. 대학 졸업 후 18년간 편의점 아르바이트로 생활해 온 작가 무라타 사야카는 시상식 날에도 "편의점에서 알바 끝내고 왔다"고 말해서 웃음을 주었다.

최초의 편의점은 1927년 미국 텍사스 주 댈러스 지방의 작은 제빵회사 사우스랜드가 시작한 세븐일레븐이다. 당시 소매점들이 문을 닫는 오전 7시부터 오후 11시까지 영업한다는 것이 전략이었다. 그리고 1960년대부터 일본 경제가 폭발적으로 성장하면서 일본의 유통 회사들이 편의점을 도입했는데(일본 편의점 1호는 여러 설이 있음), 이때 처음 등장한 편의점이 Super7 즉 지금의 세븐일레븐이다. 일본에서의 첫 번째 편의점 세븐일레븐은 2005년 미국 쪽 지분을 전량 매입해서 완전한 일본계 회사가 되었으며 '가깝고 편리'라는 슬로건처럼 택배 서비스 도입 등으로 발전을 거듭해서 2008년부터는 맥도날드를 제치고 전 세계에서 점포수가 가장 많은 체인점이 되었다.

로손 역시 1939년 미국의 오하이오 주에서 시작되었는데, 1974년 일본 자본이 인수해서 일본 기업이 되었다. 국내 점포 수 14,500개의 일본 2위의 편의점이며 슬로건은 '마을의 건강 스테이션'인 만큼 병원이나 약국과 관련이 깊다. 가장 많이 볼 수 있는 푸른색 간판의 일반적인 점포 로손과 신선 식품도 같이 취급하며 다이소 성격을 띠는 로손 스토어 100, 여성 소비자를 주요 소비층으로 하며 저칼로리 도시락, 유기농 식품 등을 취급하고 있는 내추럴 로손 등이 있다.

패밀리마트는 세븐일레븐이나 로손과는 달리 첫출발부터 일본 기업이었다. 1973년 세이부 철도 계열사인 세이유 그룹의 소규모 점포로 출발해서 분리와 독립을 거치고 흡수, 합병을 통해서 현재 3위의 편의점 체인이 되었다. 패밀리마트는 'Fun&Fresh'라는 슬로건처럼 다양한 시도를 보여주고 있으며 지역 특색을 살리거나 노래방과 함께 운영을 시도하는 등 다른 편의점에 비해 색다르고 유연한 것이 특징이다. 최근에는 대형 할인점 돈키호테와 제휴하여 상품을 공급받기도 한다.

빅3의 편의점 외에도 일본에는 다양한 편의점 브랜드가 있다. 미니스톱, 산쿠스, 데일리 야마자키, 에이엠피엠 등 20개가 넘는다. 그중에는 혼슈의 서쪽 주고쿠中國 지역의 포플러, 아이치 현 지역의 써클K, 군마 현 지역의 세이브 온, 홋카이도 지역의 세이코마트 등과 같이 어느 특정 지역에만 있는 것도 있다. JR 철도역 안에 있는 편의점도 철도회사에 따라서 고유한 브랜드가 있어서 JR 히가시니혼의 뉴데이즈, JR 니시니혼의 하트인, JR 도카이의 벨마트 등이 이에 해당한다. 인구 밀도가 낮은 지방에서는 차를 타고 편의점에 가는 경우도 간혹 있지만, 대부분의 지역에서는 걸어서 5분 내의 가까운 거리에 편의점이 위치해 있다.

일본 전국 곳곳에 퍼져 있는 편의점은 가성비와 접근성이라는 장점 덕분에 1990년대 이후 장기 불황기에 오히려 잘나갔다. 1980년대 이미 주택가를 꽉 채운 편의점은 백화점과 동네 슈퍼마켓이 어려움을 겪기 시작한 1990년대 도심과 역세권에 진입하였으며 2000년대 이후에는 병원과 공공건물에도 들어갔다. 전국 점포수가 2006년 40,000개, 2012년 45,000개, 2014년 50,000개, 2017년 55,000개를 넘었으며 한 해 매출액이 2015년부터는 10조 엔 이상이 되었다.

일본 편의점이 성공한 것은 저출산·고령화 현상에 따른 1인 가구 증가 및 여성 취업률 상승, 외식 증가 등의 사회적 요구에 발 빠르게 대응하고 다양한 상품의 구색을 갖췄기 때문이었다. 혼자 사는 사람이 늘어나자 전자레인지에 2~3분 데워서 먹는 도시락을 판매하였고, 밤늦게 돈이 필요한 사람을 위해서 현금인출기를 들여놓았다. 공과금과 택배도 편의점에서 해결해주었다. 빵 코너도 단팥빵이나 식빵 같은 기본 항목이 최소 네다섯 종류씩은 있으며 다이어트족을 위한 저당 단팥빵부터 '작은 사치'를 누릴 수 있는 금箔 식빵까지 실로 다양하다. 빼빼로 과자만 해도 계절마다 동네마다 조금씩 풍미를 바꿔서 시즌 한정 상품과 리미티드 에디션을 내놓는다.

그런데 그런 편의점도 현재 문제점을 안고 있다. 일본 사회는 소매업종의 팽창이 더는 불가능한 한계점에 와 있기 때문이다. 세븐일레븐, 로손, 패밀리마트 등 주요 업체들이 경쟁적으로 신규 점포를 늘려서 매출액 자체는 늘고 있지만, 자세히 들여다보면 고객 수는 점점 감소하고 있으며 신규 확장도 더 이상은 어려운 포화상태이다. 일본은 이미 편의점 수가 우체국(23,000개)의 두 배가 넘고, 총선 투표소 숫자(48,000개)보다도 많다.

일본의 편의점이 갈수록 치열하게 아이디어 경쟁을 벌이는 것도 바로 이 때문이다. 일본 최대의 편의점 세븐일레븐은 최근 2년간 전국 곳곳에 '자전거를 빌려주는 편의점' 100개를 만들었다. 자전거가 생활화되어 있는 일본에서는 유용한 서비스가 될 수 있으며 편의점 측에서도 요즘 대세인 공유 경제라는 개념을 내세워서 홍보하고 있다. 하지만 목적은 자전거를 빌리러 온 손님을 통한 매출 증대이다. 세븐일레븐 측은 실제로 자전거를 빌려주는 서비스를 시작하고 나서 점포의 손님이 2% 늘었다고 밝혔다.

그러자 업계 2위의 로손은 간병 서비스 상담 창구가 있는 편의점을 만들겠다고 선언했으며 업계 3위의 패밀리마트는 헬스클럽과 코인 빨래방이 있는 편의점을 늘리겠다고 출사표를 던졌다. 이제는 일본 편의점이 하나의 히트 상품을 만들어 내는 단계를 넘어서 고객의 건강과 집안일까지 해결해주는 복합 공간으로 재탄생하게 되었다.

한편 저출산·고령화 추세로 인한 일본의 일손 부족 현상은 심각한 수준이다. 편의점과 슈퍼마켓 종업원 등의 유효구인배율은

2018년 2.58배에 달했다. 종업원의 시급도 올라서 도쿄 수도권, 관서 지방, 도카이 지방 등 3대 도시권의 편의점 직원의 평균 시급은 1,000엔에 육박한다. 만성적인 일손 부족에 시달리는 일본에서는 편리함을 유지하기 위해서 편의점이 또 다른 방법을 강구하지 않으면 안 되는 상황이다.

그동안 편의점의 24시간 영업 방식은 세븐일레븐이 1975년에 시작해서 1980년대에 일본 전역에 퍼졌다. 소비자의 편리성을 높일 뿐만 아니라 점포 측도 판매 기회 손실을 방지할 수 있기 때문이다. 하지만 이제는 인력 부족과 인건비 상승, 수익성 저하를 막기 위해서 편의점의 영업시간 단축을 시작하였다. 또한, 일부 편의점은 일본의 대표적인 통신·전기 회사인 NEC와 공동으로 무인 계산대 시스템을 개발, 계산대에 종업원을 두지 않고 손님이 얼굴인증 시스템을 통해서 직접 돈을 내는 방식으로 바꿨다. 편의점이 4차 산업혁명 변화 물결에 발맞춰서 최첨단 기술이 모두 집약된 '스마트 편의점'을 시도하게 된 것이다.

일본의 편의점은 현재 여러 가지로 변신을 시도하고 있으며 그 덕분으로 유통 산업에서 여전히 강세를 보이고 있다. 처음에 미국에서 시작된 편의점은 일본에 들어와서 획기적인 발전을 거듭하면서 현대 소매업의 대표적인 형태로 정착하였다. 편의점은 작지만 양질의 물건 구매에 최적화된 공간으로서 일본인의 성향에 잘 맞았다. 그동안 위기를 기회로 만들어 온 일본 편의점의 전략은 상품과 서비스의 다양화와 효율성의 극대화에 있다고 할 수 있다.

편의점과 함께 일본에서 비약적인 성장을 이룬 것이 바로 드럭스토어이다. 드럭스토어는 편의점 기능에 약국과 미용 용품점 등의 기능을 합한 복합 소매업종으로 최초의 드럭스토어는 1901년 오픈한 미국 시카고의 월그린으로 되어 있다. 일본에는 경제 발전과 함께 의약품 붐이 일어나던 1970년대 초에 들어왔으며 1990년대 TV 광고를 내는 점포가 등장하는 등 여성을 중심으로 드럭스토어 붐이 일었다. 일본에서는 드럭스토어가 대형화와 가격할인 경쟁을 거치면서 일반의약품 외에도 식품, 일용품, 화장품 등을 판매하여 동네의 할인마트 같은 성격으로 정착하였다.

드럭스토어의 시장 규모는 최근 6조 엔을 넘어섰으며 10조 엔 이상인 편의점에 비해서는 적은 편이지만 성장률은 훨씬 높다. 드럭스토어는 편의점이나 슈퍼마켓과는 다르게 일률적인 형태로 운영되는 것이 아니라 기업에 따라서 다양한 비즈니스 모델이 있다. 마쓰모토키요시는 수도권을 중심으로 확장하여 외국인 관광객을 끌어들이고 있으며 스기약국은 나고야를 중심으로 한 주부中部 지방에 많이 퍼져 있다. 코스모스약품은 규슈를 중심으로 교외형 대규모 점포를 늘려가는 등 슈퍼마켓을 강하게 의식한 전략을 쓰고 있다. 그러므로 드럭스토어는 교외형의 경우에는 슈퍼마켓과, 그리고 도시형의 경우에는 편의점과 직접적인 경합을 벌이게 된다.

초고령화 사회인 일본에서 드럭스토어가 성장 가도를 달리는 이유, 즉 일본 소비자들이 드럭스토어를 찾는 데는 몇 가지 이유가 있다. 우선 일본에서는 병원 진료를 받으려면 오래 기다려야 하는 불편함이 있다. 심각한 통증이나 질환이 아니라면 사람들 대부분은 드럭스토어에서 문제를 해결하려고 한다. 또한, 일본의 드럭스토어에서는 약사 외에 의약품판매관리사가 있어서 소비자의 제품 구매를 돕고 있으며 소비자들이 직접 보고 쉽게 선택할 수 있는 카테고리 매니지먼트도 그 효율성을 높이고 있다. 일본에서 드럭스토어를 많이 찾는 이유는 스스로 건강을 관리하는 셀프 메디케이션이 생활화되어 있기 때문이다.

일본에서 드럭스토어가 발달하게 된 배경은 또 있다. 일본의 경우 의약계 분업율이 높아지면서 약사의 전문적인 역량을 발휘할 수 있는 조제 전문 약국이 많아졌으며 일반의약품은 점차 드럭스토어에서 취급하게 되었다. 물론 조제 전문 약국이 병설인 경우도 있지만 일본의 경우 현행법상 의약품판매관리사가 있는 경우에는 제2류와 제3류 일반의약품을 판매할 수 있으며 의약품판매관리사가 없는 경우에도 제3류 일반의약품을 판매할 수 있다. 일본형 드럭스토어는 약효가 좋은 일반의약품을 더 싼 가격으로 판매하면서 발전하기 시작했고 거기에 1980년대부터 시작된 뷰티 열풍이 크게 영향을 미친 것으로 보고 있다. 그리고 일본을 방문하는 해외 관광객이 늘어나면서 면세효과의 특수까지 누릴 수 있게 되었다.

소비자들이 드럭스토어를 많이 찾는 가장 큰 이유는 역시 탁월한 접근성 때문이다. 현재 일본에는 전국적으로 50여 개의 크고 작은 드럭스토어 체인이 있으며 상위 몇 개 회사는 전국에 1,000개 이상의 지점을 운영하고 있다. 일본 최고의 관광지 오사카의 도톤보리나 신사이바시에서는 하룻밤 자고 일어나면 드럭스토어가 하나씩 생긴다는 말이 있을 정도이다. 필요할 때 바로 방문할 수 있는 편리함은 편의점뿐만 아니라 드럭스토어에서도 중요한 요소가 된다.

저렴한 가격도 드럭스토어의 편리함을 높여주는 요소 중의 하나이다. 일본의 드럭스토어는 브랜드마다 매장 구성이 다르고 같은 브랜드라고 해도 지역과 위치에 따라 크고 작은 차이를 보인다. 예를 들면, 신주쿠에 있는 동일 브랜드의 드럭스토어라고 할지라도 같은 상품의 가격이 매장마다 다르다. 대부분 직영점 형태로 운영되지만, 점장의 재량으로 가격을 높이거나 낮출 수 있는 오픈 프라이스 방식이라서 소비자가 매장을 선택해서 더 싼 곳에서 구매할 수 있다.

드럭스토어의 편리함은 매장 내에서도 발휘된다. 일본 드럭스토어 매장은 동선 디자인과 제품 진열은 물론이고, POP(Point of Purchase, 판매 시점 판촉) 광고에 의한 배치와 POG(Plan-O-Gram, 표준진열배치도) 제작 등도 모두 본사에서 정한 매뉴얼대로 이뤄진다. 매장별 특징에 맞춰 변경이나 조정을 할 수 있는 매니저의 권한도 있지만, 기본적으로는 본사에서 정한 매뉴얼대로 모든 제품이 제자리에 존재한다. 어느 매장이든 누가 언제 진열하든 통일된 방침대로 동일 서비스를 제공하기 때문에 소비자는 헤매지 않아도 된다.

드럭스토어 매장의 중심은 의약품이지만 매장 규모가 커지면서 의약품 외에도 식품과 화장품, 의약외품의 비중이 점차 커지고 있으며, 우리가 언뜻 약국 판매 용품으로 생각할 수 없는 안경이나 지팡이, 보청기, 만보기 등의 항목도 늘어나고 있다. 건강이나 헬스 케어와 관련된 거의 모든 제품을 취급하면서 소비자는 선택의 폭이 더욱 넓어졌다. 또한, 도시락 판매 매장을 확대하는 등 드럭스토어는 식품판매도 늘려가며 슈퍼마켓이나 편의점과 경쟁을 벌이고 있다.

드럭스토어가 식품판매를 늘리는 이유는 약제사가 반드시 있어야 하는 조제 약국 병설보다 운영비가 적게 들기 때문이다. 그리고 약값은 떨어지기는 해도 오르는 경우가 거의 없다. 특히 코스모스약품은 식품판매에 주력하여 식품 매출이 전체 매출의 50% 이상을 차지하고 있으며 마치 할인 매장형 슈퍼마켓이 화장품과 의약품을 취급하고 있는 듯한 모양새이다. 식품 강화 전략으로 성장한 코스모스약품은 규슈를 기반으로 최근에는 시코쿠 지방과 관서 지방을 거쳐서 도쿄에까지 진출하였다.

일본의 드럭스토어 중에는 화장품 판매에 주력하는 곳도 있다.

마쓰모토키요시는 전체 매출의 40% 이상을 화장품이 차지한다. 최근 백화점의 대량 폐쇄로 갈 곳을 잃은 화장품 브랜드가 드럭스토어로 옮겨가고 있기 때문이다. 마쓰모토키요시는 화장품 판매 전략을 강화해서 최근에는 도쿄 긴자에 새 매장을 열었다. 지하 6층~지상 13층의 총면적 47,000㎡ 규모의 초호화 쇼핑몰 긴자 식스Ginza Six 안에 일하는 여성들을 대상으로 지하 1층~지상 2층 규모의 드럭스토어가 오픈하였다. 시간에 쫓기는 바쁜 여성들을 위해서 '10분 뷰티'라는 프로그램으로 눈썹 다듬기, 간단한 메이크업, 네일 아트 등을 매장에서 선보이고 있다.

드럭스토어는 또한 최근의 초고령화 추세에 맞춰서 개호介護(간병이나 요양) 시장에 뛰어들었다. 고령화와 저성장 현상이 가속화되어 건강보험 재정이 악화되고 고령자에 대한 지역 단위 의료 서비스 수요가 커지고 있는 것이다. 따라서 드럭스토어 산업의 성장은 기업의 이익과 사회 전체의 공익 증가라는 두 가지 명분에 충실한 형태로 앞으로도 지속적인 변화가 있을 것으로 전망된다.

10 ——————— B급 문화의 역습

일본에서는 사물이나 사람을 평가할 때 보통 '갑·을·병'이나 '송·죽·매', '상·중·하' 등으로 나타낸다. '○급'이라는 표현 역시 이러한 단계 평가에서 주로 사용되며 A급을 상위로 하고 그 아래에 B급, C급 등이 있다. B급은 그 위에 A급이 존재하며 상질의 A급과 비교하면 질이 떨어진다. 물론 B급 아래의 등급도 있지만, B급이 가장 높은 단계가 아닌 것은 분명하다.

하지만 실제 생활에서 보면 A급과 같은 특상품만 선택받는 것이 아니다. A급이 높은 품질로 평가를 받는다면 B급은 기발함, 저렴함, 편안함 등으로 인정을 받는다. B급이라고 하면 일등급에 못 미친다는 비하의 의미도 있지만, 고품질에 고가인 A급에 비해서 비용 대비 효과나 기능이 뛰어나다는 의미도 있다. 크게 감탄을 할 정도는 아니지만, 자꾸 의식하게 되는 개성적인 특징을 갖는 경우에 보통 사용된다.

B급으로 칭해지는 것에는 대부분 열광적인 애호가가 존재하게 되는데 그것은 관점을 바꿔서 말하면 어떤 특징적인 성향이 강해서 오히려 보편적인 지지를 받지 못하는 경우라고 할 수 있다. B

급에 대한 애호가들은 이전에는 잡지 등에 투고하거나 팬으로서의 활동 형태로 자신이 좋아하는 것을 드러냈지만, 인터넷 보급과 함께 이제는 특정한 B급 사물만을 취급하는 홈페이지나 그 정보를 모은 웹사이트, 혹은 블로그 등의 형태로 정보를 발신하고 있다. 이와 같은 가치 표현이나 평가는 개성과 가치관이 다양해짐에 따라서 점차 증가하는 추세이다.

B급이라는 말이 처음 등장한 것은 1930년대 대공황으로 어려움을 겪던 미국 할리우드 영화계에서였다. 영화 산업이 불황의 늪에 빠져서 헤어 나오지 못하자 할리우드 영화계에서는 저예산으로 단기간에 영화를 제작한 후 정교하고 완성도 있게 만든 A급 영화에 끼워서 파는 전략으로 고객 유치에 나섰다. 질은 떨어지지만 저렴하게 만든 영화를 B급으로 분류한 것이다. 이후 대중들은 이 말을 일종의 야유와 칭찬을 섞은 표현으로 사용하였다.

할리우드식 성공 공식을 따라가는 A급 영화에 비해 B급 영화는 그에 얽매이지 않고 다양한 시도를 하며 재미를 주었다. 최근 할리우드 B급 영화의 대표작은 〈킹스맨〉(2015) 시리즈, 〈데드풀〉(2016) 시리즈 등이 있고 100년의 한국 영화사상 최고의 영화로 꼽히는 봉준호 감독의 〈기생충〉(2019) 역시 B급 감성이 녹아 있다. 일본에서는 스즈키 세이준 감독의 〈오페레타 너구리 저택〉(2005)이나 쓰카모토 렌페이 감독의 〈레온〉(2018) 등이 B급 영화의 대표작이다. 전자는 동서양의 다양한 요소를 담아내며 풍부한 감각적 자극으로 관객을 즐겁게 하고 후자는 만화를 원작으로 하여 처음부터 끝까지 B급 유머로 가득 차 있다.

B급 문화란 영화 산업에서 출발한 B급이라는 말이 하나의 문화적 코드를 지칭하는 용어로 그 의미가 확대된 경우이다. 특히 20·30대의 젊은 계층은 유치함과 허무함, 찌질함으로 대변되는 B급 문화에 열광한다. 보통 주류 문화에서 벗어난 하위문화이며 사회 기득권에 대한 저항과 풍자의 성격을 지니면서 재미와 황당함을 중요시한다. 촌스럽고 때로는 과격하며 유치하고 어설프고 조잡하기까지 하다. 직설적이고 유머러스한 가사와 다소 보기 민망한 막춤으로 전 세계를 강타한 싸이의 〈강남스타일〉(2012)과 〈젠틀맨〉(2013)은 대표적인 B급 음악이며, 최근 우리 사회에 열풍을 일으키고 있는 트로트 역시 '뽕짝'으로 중장년층 전용의 B급 음악이었다. 일본의 만화, 게임, 애니메이션 등의 서브컬처는 B급 문화가 극도의 세련미를 추구하며 예술적 수준으로 승화된 경우라고 할 수 있다.

에도 시대부터 내려오는 문화에도 B급 문화가 있다. 서민들이 생활 속에서 즐기던 화투, 불꽃놀이, 사탕 공예, 종이접기, 샤미센 등이 그에 해당한다. 이러한 놀이 문화는 생활 밀착형으로, 숭고한 예술적 가치는 적지만 손쉽게 접근할 수 있는 친숙하고 편안한 것들이다. 도쿄의 우에노, 아사쿠사, 그리고 간다 거리는 지금도 장인의 기술에 의해 만들어진 B급 문화를 어렵지 않게 볼 수 있다. 이 지역은 에도 시대 높은 지대의 야마노테山の手에 형성된 무사들의 주거지와는 달리 아랫마을이라는 뜻으로 시타마치下町라고 불렸으며, 막부와 다이묘가 필요로 하는 물자나 노역을 조달하는 서민들의 주거지였다. 특히 아사쿠사의 센소지浅草寺 앞 나카미세仲見世는 에도 시대부터 100년 이상의 역사를 자랑하며 서민들이 생활 속에서 즐겼던 각종 전통 공예품으로 외국인한테도 인기가 많다.

일본에는 B급 영화나 B급 문화 외에 B급 구루메Gourmet라는 말이 있다. 음식 중에서 컬트적인 인기를 가지면서 품질은 상질이라고 보기 어려운 것을 가리킨다. B급 구루메는 1980년대 중반 잡지 기사를 중심으로 쓰이기 시작한 용어 혹은 개념으로서 이른바 서민의 맛을 뜻한다. 즉, 싸고 맛있는 음식을 말하며 '맛있다'라는 부분에 포인트가 있다. 고급 식재료나 일류 서비스를 받는 A급 요리가 아니라 일상적으로 먹는 싸고 맛있는 서민적인 요리를 말한다.

2000년대 들어서 B급 구루메란 말은 지역성이 강한 의미로 사용되기 시작하였다. 지역 주민들에게 친숙해진 독자적인 식문화가 향토 음식 구루메로 재인식되면서 지역 활성화 사업의 중요한 일부가 되었다. 'B급 향토 음식 구루메'라는 용어도 생겨났으며 미디어를 비롯한 식품 가공 회사, 관광협회, 지자체 등이 모두 협력하면서 각 지역을 일대 변화시키는 중심 요소로 자리 잡았다. 그와 동시에 전문 요리사에 의한 고급요리라는 범주에서 벗어난 평범한 가정요리를 가리키는 경우도 생겨났다.

B급 구루메의 시작은 서양이나 아시아 등의 식문화가 일본에 들어와서 오랜 기간에 걸쳐 서로 섞이고 서민들의 생활 속에 정착한 것에서 비롯된 경우가 많다. 그러므로 요리 자체의 맛뿐만 아니라 식당의 분위기나 식당 주인의 인품, 식당의 독자적이고 창의적인 아이디어 등이 같이 어우러져서 B급 구루메의 전체적인 맛이 결정된다. 그중에는 지역의 기간산업에서 일하는 사람들의 간편식이었던 음식이 점차 그 지역의 식재료와 맛을 살린 향토음식으로 뿌리내린 것도 있다. 전국 각지에서 B급 구루메를 모은 이벤트가 개최되면서 B급 향토 음식 구루메의 최강자를 가리는 'B-1 그랑프리'가 2006년 아오모리 현 하치노헤에서 처음 열린 이후 매년 성황리에 개최되고 있다. 2015년에는 우리나라에서도 한국관광공사 주최로 일본인을 대상으로 한 한국의 B급 구루메 콘테스트가 열렸다.

전국적으로 유명한 B급 향토 음식 구루메를 꼽아보면, 도치기 현 우쓰노미야의 만두, 히로시마의 오코노미야키, 가가와 현의 사누키 우동, 가나가와 현 요코스카의 해군 카레라이스, 삿포로의 된장 라멘 등 일일이 셀 수 없을 정도로 많다. 다른 지역에서는 먹을 수 없는 음식이라서 맛있다는 소문이 나면 먼 곳에서도 사람들이 찾아온다. B급 구루메는 싼 가격으로 현지의 특화된 맛을 즐기고 음식 속에 들어 있는 이야기를 들을 수 있다는 점에서 훌륭한 관광자원이 된다. 사실 관광객들은 그 지역의 B급 구루메를 찾아서 여행을 떠난다고 해도 과언이 아니다.

B급 구루메에 해당하는 음식은 라멘, 카레라이스, 쇠고기덮밥, 야키소바, 만두, 우동, 메밀국수 등이다. 그중에서 야키소바는 밀가루로 만든 중화면에 돼지고기와 양배추, 당근, 숙주, 양파 등을 넣고 우스타소스를 넣고 볶은 면 요리이다. 철판만 있으면 만드는 것이 가능해서 신사 앞이나 축제장 등 사람이 몰리는 곳이면 어디든지 포장마차에서 팔고 있다. 야키소바는 제2차 세계대전 직후 배고픔을 달래기 위해서 미국으로부터 원조 받은 밀가루로 만들어 먹던 음식이었는데 지금은 누구나 좋아하는 국민 간식이 되었다. 우리나라의 떡볶이 같은 음식이라고 할 수 있다.

B급 구루메의 대부분은 값싼 패스트푸드이므로 정통의 고급 식문화를 선호하는 미식가들은 하찮은 것으로 생각할 수도 있다. 하지만 에도 시대의 서민들 그리고 바쁜 현대인들에게 있어서 B급 구루메는 거의 매일 먹는 음식이므로 결코 무시할 수 없다. 1인 가구가 늘어 혼밥과 혼술이 많아진 요즘 B급 구루메는 '집밥'의 의미가 되기도 한다. 더구나 오늘날 일본을 대표하는 요리 중에는 B급 구루메에서 출발한 것이 의외로 많다.

초밥은 외국에서도 고급 요리로 호평을 받는 일본의 고유 음식이지만 원래는 에도 시대 포장마차에서 팔리던 B급 구루메였다. 에도 막부의 보호를 받아 경제 활동에 몰두할 수 있었던 상인들은 이동이 많아서 항상 시간에 쫓겨야만 했다. 바쁜 상인들이 가볍게 길거리에서 먹던 음식이 바로 초에 재운 생선을 올린 밥, 즉 초밥이었다. 16세기 포르투갈 음식이 들어와서 일본식 튀김이 된 덴푸라 역시 에도 시대 포장마차에서 팔리던 서민 음식이었으며 간단하게 후루룩 후루룩 먹을 수 있는 메밀국수도 길거리 음식이었다. 에도 시대 서민들은 포장마차에서 가볍게 먹던 간편식이 일본을 대표하는 요리가 되리라고는 상상도 못 했을 것이다.

사실 현대의 B급 구루메의 인기는 경제적인 장기 불황과 관계가 깊다. 극심한 취업난으로 프리터가 늘어나고 '사토리 세대'(1986~2000년대 초반에 태어나서 거품 경제가 붕괴한 시기와 겹치는 세대)가 등장하면서 싱글족이 증가하였다. 1인 가구에서는 거창하고 고급스러운 음식보다는 간단하게 맛낼 수 있는 음식을 만들어 먹게 된다. 그리고 음식을 사 먹더라도 저렴한 가격으로 손쉽게 먹을 수 있는 것을 고른다. B급 구루메가 편의점으로 연결된 배경이기도 하다. 일본의 편의점들은 음식을 둘러싸고 치열한 경쟁을 벌이면서 적당한 가격에 훌륭한 맛을 내는 식도락의 중심이 되었다.

일본에는 B급 스폿(플레이스)이라는 말도 있다. 진기한 장소라는 뜻으로 관광지이지만 풍광이 뛰어난 것도 아니고 역사적인 사적지도 아니며 멋있는 건물이 들어선 곳도 아닌 뭐라고 설명을 해야 할지 모르는 것이 포인트이다. 시즈오카 현 히호칸秘宝館과 같은 진기한 테마파크, 도쿄 아사쿠사에 있는 아사히맥주 본사의 황금색 조형물 등도 그 중의 하나이다. 우리나라에서도 최근 서울 압구정동이나 청담동과 같이 고급스럽고 세련된 거리보다 익선동이나 이태원 경리단길과 같이 서민적이고 다양한 문화가 섞여 있는 거리가 주목받는 것과 비슷한 맥락이다.

일본에서는 우리보다 좀 더 일찍부터 B급 문화가 확산되었는데 획일적인 것보다 개성 있는 문화를 선호하는 경향이 강하기 때문이다. B급 문화의 확산과 더불어 새롭게 등장한 소매점이 바로 돈키호테이다. 창고를 연상케 하는 디스플레이 때문에 마치 보물찾기를 하듯이 매장 안을 둘러볼 수 있는 잡화 할인 매장이다. 같은 물품이 다른 곳에 비해서 저렴하고, 밤늦은 시간까지 문을 열어서 시간이 부족한 여행자들에게 반가운 곳이다. 엽기적인 의상부터 인테리어 용품, 문구류, 식품류까지 값싸고 다양한 물건들이 매장을 가득히 메우고 있다.

버블경제 붕괴 이후 장기 불황이 지속된 일본이지만 한 해도 빠지지 않고 매년 성장을 거듭하고 있는 유통 괴물이 바로 돈키호테이다. 돈키호테는 1989년 창업 이후 단 한 해도 매출이 줄어든 적이 없는 일본 유통업계의 강자이다. '잃어버린 20년' 동안에도 매출이 700배, 경상이익은 3,600배 늘었으며 현재 시가총액은 일본 최대 백화점인 미쓰코시 이세탄 홀딩스보다 1,000억 엔 이상 높다. 일본 국내뿐만 아니라 전 세계의 유통업계에서 돈키호테를 주목하고 있는 이유이다.

돈키호테만의 특이한 영업 전략은 일반적인 상식과는 정반대로 하는 것이다. 대형 기업과는 달리 잘 팔리는 상품을 중심으로 하지 않으며 다른 기업에서 안 팔린 재고를 싸게 사들인 후 되파는 식이다. 진열도 정돈된 형태로 하지 않는다. 쇼핑객이 최대한 깨끗한 매장에서 효율적으로 물건을 살 수 있도록 고심하던 유통업계에서 돈키호테는 창업 당시 비웃음거리가 되었다. 하지만 돈키호테는 쇼핑을 목적으로 한 고객을 주요 고객층으로 하지 않는다. 세상에는 쇼핑객이 아닌 손님도 있다. 처음부터 물건을 사러 들어가는 것이 아니라 시간을 보내기 위해서 들어가는 사람들이다.

우리나라에서도 2018년 일본의 돈키호테를 벤치마킹한 새로운 유통매장 삐에로쑈핑이 오픈하였다. 실제로 상품 진열이나 고객 동선 처리 방식 등이 돈키호테 매장과 매우 비슷하다. 매장 직원이 '저도 그게 어딨는지 모릅니다'라는 문구가 새겨진 티셔츠를 입은 것처럼 삐에로쑈핑 매장 안에는 곳곳에 유머 코드가 녹아 있다. 서울 강남구 영동대로 스타필드 코엑스몰 지하 1층의 삐에로쑈핑은 개점 후 하루 평균 1만 명이 방문하며 한때 강남의 핫플레이스로 급부상하기도 하였다.

전 세계적으로 확산되고 있는 B급 문화는 하류화下流化라는 문화적인 용어와 비슷한 맥락을 이룬다. 일본에서 하류라는 말이 유행하기 시작한 것은 마케팅 전문가 미우라 아쓰시三浦展의 『하류 사회』(2005)라는 책이 인기를 끌면서부터인데 하류화 현상이 사회 전반에 급속도로 퍼진 것은 1990년대 장기적인 불황기에 들어가면 서부터이다. 하류라는 말은 단순히 소득이 낮은 계층이 아닌 일, 생활, 학습, 소통 등 삶의 전반에서 의욕이 낮은 사람을 가리키기도 한다. 아르바이트로 생계를 이어가는 프리터족, 학교 교육이나 구직 훈련을 받지 않는 니트족 등이 이 하류 계층에 속한다. 하류화 현상과 함께 실속 있고 실용적인 것을 중시하는 풍토가 형성되고 제품 가격 대비 성능을 꼼꼼히 따지는 '코스퍼(cost perform-ance, 가성비)'라는 용어도 생겼다.

물질적 소유에 무관심하고 적게 벌어 적게 쓰는 생활을 선호하는 청년들에게 체념과 깨달음을 얻은 '사토리 세대'라는 이름이 붙여졌다. 우리나라도 일본이 지난 20여 년간 겪은 변화를 압축적으로 경험하면서 'N포 세대'라는 말이 생겼다. 과거에는 잘 쓰지 않던 가성비라는 단어가 지금은 10대와 20대 소비자들은 물론이고 중장년층에서도 일상적으로 쓰이고 있다. 실패를 여러 번 경험한 탓에 웬만한 희망적인 메시지나 마케팅 자극에는 반응을 하지 않는 이른바 달관 세대가 등장하였다.

현대의 하류화 현상을 소비 시장의 새로운 메가트렌드로 인식하고 전략적으로 대응해서 성공한 글로벌 기업이 있다. 제품 본질에 충실하면서도 개성을 갖춘 시계 브랜드 스와치SWATCH와 가구 브랜드 이케아IKEA는 저가 브랜드로도 소비자의 사랑을 꾸준히 받을 수 있다는 것을 입증하였다. 일본 기업 유니클로 역시 저가 전략으로 단일 의류 브랜드 최초로 연 매출 1천억 엔의 신화를 쓰고 2018년에는 세계 매출 1조 3,732억 엔, 영업이익 2,344억 엔을 달성하였다. 버블경제 붕괴 이후 절약이 생활화된 소비자들을 상대로 천 엔 청바지 마케팅을 펼쳐서 폭발적인 반응을 얻었으며 그 후에도 저렴한 가격과 좋은 품질을 바탕으로 쇠락해가던 일본의 섬유산업을 되살리는 역할을 하였다.

세계적으로 경제 불황은 반복될 것이고 그에 따라 하류화 현상도 가속화될 것이다. B급 문화는 가성비 측면에서 더욱 확산되고 각광받을 것으로 보인다. 일본에서 B급 문화는 현대에 와서 갑자기 형성된 것이 아니고 에도 시대의 서민 문화를 계승한 측면이 크다. 고급스럽지는 않지만, 개성과 재미가 있으면서 매력적인 문화이다. B급 문화는 단순히 질이 떨어지고 가격이 낮은 문화가 아니라 고유의 정체성은 유지하되 불필요한 혜택과 거품을 제거한 절제와 단순함이 핵심이다. 우리나라에도 재미와 개성을 전면에 내세우며 유머 코드와 풍자가 있는 B급 감성의 문화가 더욱 유행할 것으로 보인다.

1 ———— 돈가스의 탄생

'일본인의 키는 왜 작을까?'라는 생각을 해본 적이 있을 것이다. 일반적으로 키는 인종과 국가, 시대 등의 요인에 영향을 받는데 여러 면에서 비슷한 우리나라와 비교해 봐도 일본인의 키는 작은 편이다. 2016년 기준으로 일본인 남자와 여자의 평균 키는 각각 170.7㎝와 157.8㎝이며 한국인의 경우에는 174.9㎝와 162.3㎝이다. 그나마 근대 이후에는 그 차이가 줄어든 것으로 에도 시대 성인의 평균 신장은 조선인보다 6㎝ 이상 작았으며 그 이전에는 차이가 더 컸던 것으로 보인다. 고대부터 일본인은 몸이 왜소하다는 의미로 주변국들에게 왜인(矮人)이라고 칭해졌다. 일본인의 키가 작은 것에는 역사적인 배경이 있다.

현대 의학계에서는 유전이 신장에 미치는 영향을 70% 가량으로 보고 있는데 유전적인 요인 역시 오랜 세월 환경적인 요인에 의해 형성되는 경우가 많다. 환경적인 요인은 영양 섭취, 특히 양질의 동물성 단백질을 충분히 먹었느냐에 따라서 달라질 수 있는데 일본인은 7세기 중반부터 육식금지령에 의해서 고기를 먹지 않았다. 메이지 시대 서양의 근대 문물을 받아들이면서 쇠고기를 비롯한 육식을 시작하였다. 오랫동안 곡류 외에 제한된 양의 생선과 콩에 의지하여 단백질을 섭취하는 식으로 지내왔기 때문에 신체적인 발육이 부진하였고 현대까지 평균 신장이 작은 것으로 볼 수 있다.

원래 일본인은 신석기 시대, 즉 조몬 시대 수렵 채집 생활을 시작하면서 멧돼지나 사슴을 잡아먹었다. 벼농사가 시작된 야요이 시대와 고대 국가 체제가 형성된 7세기 초까지도 육식은 계속되었다. 그런데 675년 제40대 덴무天武 천황에 의해서 돌연 육식 금지령이 내려지고 고기를 먹으면 먼 섬으로 귀양을 가는 등 처벌이 내려졌다. 제39대 덴치 천황의 장남을 몰아내고 천황의 자리에 오른 덴무 천황은 정치계를 쇄신하고 중앙집권제를 강화할 필요가 있었다. 그 전 시대까지 정치계를 이끈 세력은 중국 대륙의 선진 문물을 전해준 도래인渡來人(5~6세기 일본으로 건너간 한반도 사람)이었다. 덴무 천황은 불교 교리를 정치 이념으로 내세우며 육식을 금지하고 목축문화를 억압함으로써 도래인 세력을 몰아냈다. 육식 금지령은 소와 말, 개, 닭, 원숭이 등의 네발 달린 포유류를 중심으로 이루어졌으므로 이때부터 일본인은 원칙적으로 육식을 하지 않게 되었다.

중세 무사 시대에는 전란으로 인해 불안감이 커지자 불교 사상이 민간에 널리 퍼지게 되고 육식은 더욱 죄악시되었다. 도축은 더러운 피로 부정을 타는 행위이므로 짐승을 먹으면 신(부처)의 노여움을 산다고 믿었다. 그와 같은 의식은 인간에 가까운 동물일수록 강했다. 윤회 사상에 의해 조상이 소와 말, 닭과 같은 가축으로 다시 태어난다고 믿었기 때문이다. 특히 육식 금지는 선종의 영향을 강하게 받으면서 절제와 수양의 기본 덕목이 되었다. 육식 대신 채식을 기본으로 하는 쇼진精進요리, 즉 사찰음식이 유행하여 일본의 대표적인 전통 요리가 되었다. 한·중·일 동북아 삼국이 모두 불교를 받아들이고 이를 국교로 삼은 적이 있지만, 이 정도로 육식을 제한한 경우는 일본밖에 없다.

고기를 못 먹게 되자 일본인은 생선을 통해서 생존에 필수인 단백질을 섭취했다. 이웃나라인 우리나라에서 농우農牛를 보호하기 위해서 소를 죽이지 못하게 한 적이 있던 것과는 달리 일본에서는 사상적·종교적 이유로 고기를 먹을 수 없었다. 일본인의 채식주의(페스코 베지테리언) 역사는 에도 시대까지 계속되었으며 19세기 중반에 이르러서야 메이지유신을 통하여 서양의 육식 문화가 들어오게 되었다. 한편 근대화 이후 일본의 전통적인 채식주의 식습관은 서양에 소개되어 건강과 장수를 위한 식이요법으로 각광을 받았다. 의학자 니시 가쓰조西勝造, 1884~1959는 자연식이 요법을 개발하고 정립하여 전 세계에 일본 전통 식사법의 우수성을 알렸다. 니시 식이요법은 금육소어다채禁肉小魚多菜가 기본이며 조식을 뺀 하루 2식을 권장한다.

일본어에는 맛있는 음식과 음식의 소중함을 표현하는 우미사치 야마사치海幸山幸라는 말이 있다. 바다가 준 보물과 산에서 얻는 보물이라는 뜻으로 우미사치는 생선과 어패류, 해조류를, 야마사치는 산나물과 버섯, 채소류를 각각 가리킨다. 우리말로 옮기면 산해진미가 되겠지만, 일본어 우미사치 야마사치에는 소나 돼지, 닭과 같은 육류는 들어 있지 않다. 일본의 산해진미에는 물속의 고기만 있을 뿐 육지의 고기는 포함되지 않는다. 일본의 신화서 『고사기』와 『일본서기』에는 우미사치와 야마사치라는 형제 신에 대한 설화가 전해 내려오며 현재도 미야자키 현에 가면 남부 해안가를 달리는 관광열차 이름이 우미사치 야마사치로 되어 있다. 일본 출판계에서 최고 판매 부수를 기록하고 기네스북에도 올라 있는 구로야나기 데쓰코의 소설 『창가의 토토』(1981)에서도 주인공 토토가 손꼽아 기다리는 점심시간을 산과 바다에서 나는 보물 즉 우미사치와 야마사치를 먹을 수 있는 시간으로 표현하고 있다.

일본인의 식생활에서는 현재까지도 육류보다는 생선이 더 친숙하다고 할 수 있는데 그것은 역사적으로 생선을 먹어 온 기간이 훨씬 길기 때문이다. 7세기 중엽 이후로 육류를 안 먹다가 메이지유신 즉 19세기 중반에 다시 먹게 되었으므로 일본인은 1,200년 동안 고기를 먹지 않은 셈이다. 서구의 근대국가를 모델로 하여 근대 문물을 대대적으로 받아들인 메이지유신은 오랜 기간 지속된 육식 금지를 해금하는 음식 혁명이기도 하였다. 서양인의 체격을 따라잡고 근대 문명의 수용을 위해서 메이지 천황은 1872년 오랜 세월 금지해온 육식을 허용하는 칙령을 내리고 몸소 신하들과 쇠고기를 먹었다.

하지만 역사가 하루아침에 바뀌기는 어려운 법, 천황의 솔선수범에도 불구하고 일본인은 육식을 곧바로 받아들일 수 없었다. 천황이 쇠고기를 먹은 후 얼마 안 있어 천황 거처에 자객이 난입하는 사건이 벌어졌다. 천황이 외세에 굴복하고 쇠고기를 먹어서 그동안 지켜온 선조들의 정신을 더럽히고 있다는 것이 그 이유였다. 서양의 문화를 적극적으로 받아들이고 부국강병을 해야 한다는 개혁주의자들과는 달리 일본의 보수주의자들은 여전히 육식을 불경함과 신성모독의 행위로 보고 있던 것이다.

육식 해금령의 여파는 그뿐만이 아니었다. 채소와 어류에 완전히 익숙해진 상태에서 냄새나는 고기를 갑자기 먹기란 쉬운 일이 아니었다. 당시 문헌에 의하면, 서양의 낯선 고기 요리를 먹다가 나이프와 포크로 입안을 찔러 피투성이가 되었으며 우유를 마시면서 마치 동물의 생피와 같은 역겨움을 느낀 것으로 표현하고 있다. 쇠고기 가공처리시설도 부정 탄다고 여겨서 인적이 드문 산기슭에 설치하였다. 정부에서는 서민들의 육식에 대한 저항감을 완화하기 위해서 새로운 음식을 개발하고 다양한 육식접근법을 시도하는 등 갖은 노력을 기울이게 되었다.

첫 번째로 고안된 음식이 쇠고기 전골이다. 큰 냄비에 고기와 채소를 넣고 끓이면서 서양의 향신료 대신 일본에서 전통적으로

써오던 된장과 간장 등의 양념으로 맛을 냈다. 그리고 파, 쑥갓, 곤약, 두부와 같은 친숙한 재료를 넣어서 쇠고기 특유의 누린내를 없앴다. 전골을 먹을 때도 개인용 냄비와 화로를 각각 사용하는 일본식 식사법을 적용하였다. 얼마 지나지 않아서 쇠고기 전골은 도시뿐만 아니라 산간벽지까지 퍼져서 서민들의 음식으로 자리 잡게 되었다.

다음으로 등장한 것이 쇠고기 스키야키이다. 스키야키는 원래 고래 고기를 양념에 재웠다가 팬에 옮겨 살짝 굽다가 조려 먹던 것인데 점차 고래 고기 대신 쇠고기를 사용하게 되었다. 스키야키 역시 쇠고기 전골과 마찬가지로 일본인에게 친숙한 재료인 파, 양파, 표고버섯, 쑥갓, 곤약, 두부 등을 같이 넣고 간장으로 양념하였다. 그리고 쇠고기를 써는 방법도 생선살과 같이 얇게 저며서 육류의 질긴 식감에 대한 거부감을 줄였다.

그 결과 메이지 시대가 반쯤 지난 1886년 무렵에는 전국 각지에서 쇠고기를 먹는 모임이 개최되었으며 배달서비스가 생겨날 정도로 육류 소비가 활발해졌다. 로쿠메이칸鹿鳴館을 중심으로 한 상류층의 양식 연회뿐만 아니라 서민들이 즐길 수 있는 쇠고기 밥집까지 생겨났다. 정부에서는 풍부한 영양분으로 원기회복에 좋다는 점을 내세워서 쇠고기를 대대적으로 권장하였으며 통조림과 육포와 같은 군대 양식으로도 고안되었다.

쇠고기가 서민들 사이에 서서히 퍼지면서 육식에 대한 저항감이 옆어지자 이번에는 돼지고기로 만든 돈가스가 탄생하게 되었다. 돈가스는 서양의 커틀릿을 일본식으로 재탄생시킨 것으로 돼지고기에 대한 거부감을 없애는 것이 주안점이었다. 입자가 굵은 빵가루를 입혀 튀겨서 바삭함과 고소함을 더했으며 입안에 남는 텁텁함을 덜어내기 위해서 생채소를 곁들였다. 그리고 혹시 모를 사고를 방지하기 위해서 포크와 나이프 대신 젓가락을 쓰도록 하였다. 돈가스는 외래문화와 전통문화를 적절하게 혼합해서 만들어 낸 하나의 음식 발명품이라고 할 수 있다.

돈가스라는 말의 어원은 영어의 '커틀릿cutlet'에서 왔다. 커틀릿은 소, 돼지, 닭 따위의 고기를 납작하게 썰거나 다져서 그 위에 빵가루를 묻혀 기름에 튀긴 요리를 말한다. 일본에서는 초기에 커틀릿을 카츠레츠라고 발음하였으며 줄여서 카츠라고 부르고 거기에 돼지고기를 뜻하는 돈豚을 앞에 붙였다. '카츠'는 '(싸움에) 이기다'라는 뜻의 일본어 '카츠勝つ'와 발음이 같아서 좋은 의미를 지닌다. 현재까지도 수험생들은 시험 전날 돈가스를 먹고 시험에 합격하기를 기원한다. '카츠'는 우리나라에 건너오면서 '가스'로 발음되어 '돈가스'가 되었다.

돈가스는 원래 서양 음식이다. 뿌리를 더듬어 올라가면 16세기 이탈리아 요리사들이 빵가루를 입혀서 만든 튀김 요리가 그 시초가 되며 그것이 19세기 중반 오스트리아에 전해지면서 슈니첼schnitzel로 완성되었다. 송아지 고기에 밀가루 튀김옷을 입혀서 얇게 튀겨낸 비엔나 슈니첼이 특히 유명하다. 이 슈니첼이 유럽의 각국으로 퍼져 나가면서 영미권에서는 쇠고기 대신 돼지고기를 사용하게 되었으며 슈니첼을 포크커틀릿이라고 불렀다.

커틀릿 만드는 법이 일본에 처음 소개된 것은 서양 문물을 받아들여 근대화를 시작하던 메이지 시대 초기였다. 이때 전해진 것은 기본에 충실한 커틀릿이었다. 뼈에 붙은 송아지 고기나 양고기에 소금과 후추를 뿌린 후 밀가루, 계란 노른자, 빵가루를 입혀서 프라이팬에서 버터로 양면을 노릇노릇하게 구워 먹는 방식이었다. 같이 먹는 채소도 물에 데치거나 기름에 볶은 완두콩, 푸른 잎채소, 당근 등이었다.

오늘날 우리가 먹는 돈가스의 형태는 1929년 도쿄에서 처음 등장하였다. 주재료인 송아지 고기는 뼈 없는 돼지고기로 바뀌었고, 조리법도 단시간에 기름에 튀겨서 바삭바삭하고 고기 속까지 잘 익도록 하여 고기의 누린내가 나지 않도록 하는 방식이 되었다. 일본의 전통 음식 덴푸라와 같이 딥프라잉 방식을 택한 것이다. 같이 곁들이는 채소도 생 양배추 채로 하여 돈가스를 먹은 후 입안에 남는 느끼함을 없애도록 하였다. 돈가스를 처음 만든 사람은 도쿄 우에노 오카치마치에 있는 폰치켄의 시다마 신지로島田信二郎라고 전해지고 있다.

돈가스는 1872년 육식이 해금된 지 60년 만에 서민들 손에 의해서 독자적으로 만들어진 일본 음식이라는 점에서 의미를 지닌다. 고기에 대한 저항감을 줄이기 위해서 고안된 요리법이 일본인 누구나 좋아하는 국민 음식으로 거듭나게 한 것이다. 외국에 갔을 때 가장 생각나는 음식을 꼽으라면, 일본인의 대부분은 돈가스라고 한다. 일본에는 돈가스를 좋아하는 사람들이 워낙 많다 보니, 돈가스 도시락은 물론이고 돈가스 덮밥, 돈가스 샌드위치, 돈가스 카레, 돈가스 메밀국수 등 돈가스에서 파생된 음식들이 식당은 물론이고 편의점에서도 꾸준히 인기를 끌고 있다. 우리가 짜장면을 좋아해서 짜장밥, 짜장 떡볶이, 짜장 치킨, 짜장 라면에 최근에는 영화 〈기생충〉(2019)의 영향으로 짜파구리에 이르기까지 짜장 들어간 음식이 다양하게 개발되는 것과 마찬가지이다.

일본 근대화 과정에서 주목할 만한 또 하나의 음식이 단팥빵이다.

일본인의 식생활은 전통적으로 밥을 기본으로 하고 채소와 생선 등을 반찬으로 곁들이는 형태이다. 지금으로부터 2,000~3,000년 전 벼농사가 시작된 후로 일본에서는 밥을 비롯하여 쌀로 만든 다양한 음식 문화가 형성되었다. 쌀은 재배법이 용이하고 밀처럼 가루로 만들 필요가 없으며 영양가가 뛰어나고 맛도 좋아서 주식으로 장점이 많다. 떡, 술, 된장, 과자 등 다양한 가공품도 가능하다. 일본인의 식생활은 쌀에서부터 시작되었다고 해도 과언이 아니다.

일본은 온난한 기후와 풍부한 강수량으로 벼농사에 적합하여 예로부터 '서수瑞穂, 미즈호('싱싱한 벼이삭'이라는 뜻으로 지명, 은행 이름, 신칸센 이름, 인명 등으로 널리 쓰이고 있음)의 나라'로 칭해져 왔다. 벼

농사 즉 쌀에 대한 각별한 마음은 자연 신앙을 낳았으며, 신도라는 토속 신앙의 기반이 되었다. 지금도 신사에 가면 지푸라기를 꼬아서 만든 거대한 새끼줄인 금줄이 걸려 있으며 쌀과 쌀로 만든 떡이나 술은 일본인의 모든 생활양식과 농경의식, 종교의례 등에 주역으로 등장한다. 식사하는 행위를 '밥을 먹다^{ご飯を食べる}'라고 표현하며 아침에 빵을 먹어도 '아침밥^{朝御飯}'이라고 칭한다. 일본인에게 쌀은 주식인 동시에 기호품이며 나아가서 정신적 신념이기도 하다.

오랫동안 밥 문화에 익숙한 일본인에게 서양식 빵이 전해진 것은 중세 시대 후기였다. 1543년 폭풍우를 만난 포르투갈 선박이 규슈 가고시마 남쪽 다네가시마로 떠밀려오면서 일본인은 빵이라는 음식의 존재를 처음 알게 되었다. 또한 1549년 포루투갈 선교사는 포교에 필요하다며 빵과 와인을 가지고 들어왔다. 빵은 일본어로 '팡^{パン}'이라고 하는데, 이는 포르투갈어 'pão'가 그대로 정착한 것이다. 'pão'는 '빠오'라고 발음하지 않고 코에서 나오는 소리를 섞어서 '빠옹'이라고 발음한다.

서양 세력에 위기의식을 느낀 막부가 1587년 선교사 추방령을 내리고 기독교 금지와 무역 통제를 하면서 빵도 잠시 모습을 감추지만, 17세기 에도 시대가 시작되고 제한적으로 네덜란드와의 교역이 허용되자 나가사키 데지마에서는 네덜란드 사람들이 빵을 먹었다. 서양인이 먹는 음식으로만 생각하던 빵을 일본인이 먹기 시작한 것은 아편전쟁⁽¹⁸⁴⁰⁾ 이후 서양의 군사력에 대한 위기의식이 고조되면서부터였다. 빵은 밥과 다르게 휴대하기 편리하고 장기간 저장이 가능해서 군사 식량으로 적합하다는 것을 알게 된 것이다.

후에 일본 빵의 아버지로 불린 에가와 다로자에몬^{江川太郎左衛門}은 1842년 막부의 명령에 따라서 군사 식량으로 빵을 만들기 시작하였다. 나가사키의 네덜란드인 저택에서 요리사로 일한 사람에게 제빵 기술을 배운 에가와는 시즈오카 현 니라야마에 있는 자신의 집안에 빵 굽는 가마를 설치하고 빵 개발과 연구에 힘을 쏟았다. 당시의 빵은 딱딱하고 거무스름한 비스킷의 형태였지만, 이동과 보존에 편리할 뿐만 아니라 쌀밥을 먹어서 걸린 각기병을 치료하는 데도 그 효능을 인정받게 되었다.

그럼에도 불구하고 오랫동안 쌀밥을 주식으로 해 온 일반인에게 빵은 쉽게 받아들여지지 않았다. 빵 특유의 발효 냄새와 퍽퍽한 식감 때문에 서민들은 여전히 쌀밥을 선호하였다. 편리함과 효능만으로 기존의 음식을 새로운 음식으로 바꾸기는 어렵다. 일본인의 주식으로 빵을 받아들이는 것은 불가능해 보였다. 그때 빵의 단점을 해결하고 주식이 아닌 간식으로 빵 제조에 관심을 가진 사람이 있었다. 바로 단팥빵을 개발한 기무라 야스베^{木村安兵衛}이다.

그는 1869년 빵집 기무라야^{木村屋}를 창업하고 효모 냄새에 익숙하지 않은 일본인 입맛을 고려해서 효모 대신 전통적인 술누룩을 이용하는 방법을 고안하였다. 그리고 술누룩의 약한 발효력은 시간과 설탕의 양을 늘려서 보완하였다. 또한 전통 화과자를 만드는 것처럼 밀가루 반죽 안에는 단팥소를 넣어서 맛을 냈다. 1874년 완성된 단팥빵은 쌀밥을 포기할 수 없었던 일본인에게 획기적인 간식거리가 되었으며 이후 서양에는 없는 간식빵의 탄생으로 이어졌다.

촉촉하고 부드러운 식감에 달콤한 팥소가 듬뿍 들어간 단팥빵은 순식간에 유명해져서 하루에 15,000개가 팔리는 인기 품목이 되었다. 1875년 4월에는 나라奈良 요시노산吉野山의 벚꽃잎을 얹은 단팥빵이 처음으로 천황에게 헌상되었으며, 이후 시판용 벚꽃 단팥빵으로도 출시되었다. 단팥빵에 사용한 벚꽃잎은 후지산과 사이코 호수 주변에서 채취한 것으로 현재까지도 벚꽃 단팥빵은 가운데가 움푹 들어간 후지산 모양이다. 흰 우유와 함께 먹는 단팥빵은 어린 시절부터 먹던 추억의 맛으로 현대의 바쁜 직장인들에게도 여전히 애용되고 있다. 1969년 단팥빵을 모티브로 탄생한 앙팡맨(호빵맨) 역시 어린이들의 폭발적인 사랑을 받아서 인기 만화 캐릭터가 되었다.

일본의 식문화는 오랫동안 쌀을 주식으로 하면서 생선과 채소를 부식으로 해 왔지만, 근대화 과정에서 영양과 편의성이 뛰어난 서양의 음식을 받아들이는 데도 적극적이었다. 1,200년 동안 금기시했던 육류에 대한 저항감을 줄이기 위해서 바삭하고 고소한

튀김으로 개발한 돈가스, 빵 특유의 발효 냄새와 딱딱한 식감을 극복하기 위해서 부드럽고 달콤한 간식으로 개발한 단팥빵은 언제부터인가 일본인뿐만 아니라 전 세계인이 맛있게 먹는 음식이 되었다.

2 ———————————— 인류는 면류

일본인의 주식은 쌀, 즉 밥이다. 하지만 일본인은 우스갯소리로 '인류는 면류'라고 할 만큼 중국인이나 이탈리아인에 견줄 정도로 면을 좋아한다. 면 요리는 우동, 소바(메밀국수), 소면과 같이 옛날부터 일본인이 먹어온 것부터 라멘, 파스타, 쌀국수와 같이 외국에서 들어온 것까지 이제는 일본의 음식 문화에서 빼놓을 수 없는 것이 되었다. 전체 국민의 99% 이상이 면을 좋아한다고 답할 정도로 일본인은 면을 좋아한다.

일본인은 왜 이렇게 면을 좋아하게 된 것일까? 일본은 내륙이 산악 지대인 경우가 많아서 지형적으로 벼농사에 적합하지 않거나, 벼농사가 가능하다고 해도 충분한 쌀을 수확하기 힘든 지역이 있다. 일본에는 '서쪽의 우동, 동쪽의 소바'라는 말이 있다. 기후가 온난해서 논에서 벼를 수확한 후 이모작으로 밀을 재배할 수 있는 서일본에서는 우동을 선호하고, 밭작물 지대가 많은 동일본에서는 소바를 선호한다는 뜻이다. 그 외의 지역에서도 지형에 맞는 독특한 면 요리가 개발되어 향토 음식으로 발달해왔다. 나고야의 기시멘, 야마나시의 호토(수제비), 나가사키의 짬뽕, 구마모토의 타이피엔멘(太平麺) 등이 대표적이다.

일본인이 면을 좋아하는 이유는 식사 방법에서도 찾을 수 있다. 유럽에서는 대화하며 식사를 해서 식사 시간이 보통 1시간 정도 되는데 일본에서는 길어야 30분이고 10분 내로 다 먹는 사람도 많다. 상인들의 사회였던 에도 시대부터 바쁘게 일하는 사람한테 는 단시간에 먹을 수 있는 면 요리가 환영받았다. 서민의 음식인 면요리가 최근에는 식도락의 하나로 자리 잡아 전국의 맛집을 찾아 다니는 투어를 하는 사람도 많아졌다. 가가와 현의 사누키 우동 투 어는 소설가 무라카미 하루키의 에세이 『하루키의 여행법』(1998)을 통해서 더욱 유명해졌다.

일본에서는 면을 먹을 때 보통 소리를 낸다. 면을 먹는 소리가 맛을 더 배가시킨다고 생각하기 때문이다. 최근에는 면을 소리 내 면서 먹는 일본인의 습관이 외국인에게 불쾌감을 주므로 자제하 자는 의견이 제시되기도 하였다. 하지만 일본인 대부분은 그런 시 선을 면희롱(누들 해러스먼트)이라고 하면서 고유의 음식 문화를 침해하는 것으로 무시하고 있다. 서양에서는 소리 내면서 음식을 먹으면 예의가 없다고 생각하지만, 일본에서는 다른 것은 몰라도 면만큼은 후루룩 후루룩 하고 소리를 내면서 먹어야 한다고 생각 한다.

2018년 기준으로 일본인이 가장 좋아하는 면 종류는 1위가 라 멘, 2위가 우동, 3위가 소바, 4위가 파스타, 5위가 야키소바이다.

1위에서 3위까지는 순위가 종종 뒤바뀌는 것처럼, 인기 면에서 보면 큰 차이가 없다. 4위인 파스타는 원래의 이탈리아식보다는 명란 파스타와 같이 소스를 일본식으로 개발한 것이 인기이다. 5위인 야키소바는 철판에 우스터소스를 뿌려가며 채소와 함께 볶은 면으로 가정식이나 외식 메뉴로뿐만 아니라 마쓰리와 같은 축제 때 포장마차에서 많이 먹는 면 요리이다.

1위인 라멘은 생면과 고기나 말린 생선 육수를 기본으로 한 것으로 간식이나 야식이 아니라 한 끼 식사로 먹는다. 줄 서서 먹는 라멘집이 곧잘 화제에 오르는 것처럼, 각 지역마다 유명한 맛집이 많다. 술을 마신 뒤 마무리로 전철 역 앞 포장마차에서 라멘을 먹는 경우도 있다. 술을 마시면 알코올 분해를 위해서 체내의 당분이 사용되고 혈당치가 내려가므로 몸에서 탄수화물(당질)을 원하게 된다. 더구나 오랜 시간을 들여 만든 라멘 국물은 시원하고 담백해서 속풀이에 제격이다.

라멘은 현재 가장 인기 있는 면 요리이지만, 일본에서의 역사는 다른 면에 비해서 길지 않다. 중국의 라미엔拉麵이 일본으로 들어와서 발전한 것으로 제면 기법은 1,400년 전에 중국으로부터 전해졌지만, 지금과 같은 라멘 제조법은 메이지유신 이후에 무역항 주변의 음식점에서 처음 만들어진 것으로 보고 있다. 그 전에는 육식을 금기시했기 때문에 돼지고기를 쓰는 중국 음식에 관심을 기울이지 않았다. 일본 최초의 라멘 전문점은 1910년 개점한 도쿄 아사쿠사의 라이라이켄来来軒이며 그 후에는 1916년 도치기 현 사노의 호라이켄宝来軒, 1923년 삿포로의 다케야쇼쿠도竹家食堂, 1925년 후쿠시마 현 기타카타의 겐라이켄源来軒, 1932년 오사카 우메다 한큐 백화점의 시나쇼쿠도支那食堂('중국식당'이라는 뜻) 등이 문을 열었다. 이들 라멘 전문점들은 주로 러일전쟁(1904) 이후 생겨났으며 오늘날까지 각 지역 명물 라멘의 원조가 되었다.

이후 닛신식품日清食品의 창업자 안도 모모후쿠安藤百福는 1958년 세계 최초의 인스턴트 라면인 치킨라멘을 개발했다. 이어서 서양 사람들이 라면을 컵 안에 넣고 포크로 부숴 먹는 것을 보고 1971년에는 최초의 컵라면도 만들었다. 인스턴트 라면의 개발은 생명 유지를 위한 음식이라는 차원을 넘어서 편리하고 시간 절약이 가능한 음식 탄생이라는 점에서 획기적이었다. 치킨라멘은 당시 시나소바支那そば라고 불렸으며 점차 중화소바中華そば 또는 라멘이라는 이름으로 불리며 전국적으로 알려졌다. 꼬불꼬불한 인스턴트 라면의 아버지 안도 모모후쿠는 하루에 한 끼는 반드시 라멘을 먹었으며 96세까지 장수하였다. 그리고 라멘은 건강을 유지하는 데 비결이 된다며 '인류는 면류'라는 유명한 말을 남겼다.

인스턴트 라면이 개발되면서 라멘의 인기는 더욱 높아져서 일본의 대표 음식으로 자리 잡게 되었다. 라멘은 지역에 따라서 육수, 조미료, 면의 굵기, 고명 재료 등을 다르게 사용해서 고유의 특색을 낸다. 먼저 육수를 기준으로 보면 가다랑어포, 다시마, 멸치 등으로 우려낸 해산물 육수와 닭과 돼지 잡뼈를 오랜 시간 끓여 만든 사골 육수로 나뉜다. 육수의 간에 사용되는 조미료를 기준으로 보면 소금 맛, 간장 맛, 된장 맛으로 분류되며 이와 같은 육수는 라멘의 맛을 결정하는 중요한 요소가 된다. 그 밖에 면의 굵기를 기준으로 보면 굵은 면, 가는 면으로 나뉘며 반듯한 면, 꼬불꼬불한 면 등 면의 모양을 기준으로 한 분류도 있다. 면 위에 얹는 고명, 즉 차슈(돼지고기 통구이), 멘마(염장죽순), 달걀 장조림, 대파, 김 등에 따라서도 라멘의 종류가 구분된다. 지역별로도 라멘의 종류가 나뉘는데 삿포로 라멘, 하카타 라멘, 기타카타 라멘이 일본 3대 라멘으로 알려져 있다.

영화 〈우리가족 - 라멘샵〉(2018)은 일본 음식이 된 라멘이 싱가포르의 바쿠테와 만나서 새로운 퓨전 음식이 탄생하는 과정을 통해서 문화적 정체성을 가진 음식의 교류를 보여준다. 가족의 끈끈한 사랑과 정성을 담아서 깊은 맛을 내는 음식이 전쟁의 상흔과 갈등까지 치유하는 힘을 발휘한다는 점에서 음식의 힘이 재조명된다. 국제결혼이 많아지고 다문화 가정을 주변에서 흔하게 볼 수 있는 요즘, 새로운 측면에서 화합과 공존의 의미를 되새길 수 있다.

인기 면 요리 2위인 우동은 통통한 밀가루 면을 익혀서 다양한 고명을 올려 먹는 음식으로 라멘에 비해서 담백하고 소화가 잘 되는 건강식이라는 이미지가 있다. 밥 대용의 대표적인 면 요리로 특히 쫀득쫀득한 식감이 일품이다. 감기 등으로 몸 상태가 안 좋고 입맛이 없을 때 일본인은 주로 우동을 먹는다. 밀가루를 반죽해서 길게 뽑은 국수의 일종이지만, 소면과는 다르게 굵은 면을 말한다.

우동饂飩의 역사는 9세기 초 헤이안 시대 견당사(구카이)에 의해서 전해진 곤통混飩(안에 팥소가 든 밀가루 경단)에서 시작되었다. 곤통에 따뜻한 국물을 부어 먹게 되면서 온통温飩으로 바뀌고 그 발음이 운통으로 그리고 우동으로 변한 것으로 보고 있다. 우동은 무로마치 시대 밀가루를 제분하는 기술과 밀반죽을 자르는 기술이 보급되면서 급속도로 발달하여 대중적인 음식으로 자리 잡았다. 에도 시대에는 '서쪽의 우동, 동쪽의 소바'라는 말이 무색할 정도로 에도(도쿄)에서도 우동의 인기는 높았다.

밀이 생산되는 지역적 조건에 맞춰서 우동의 생산지가 정해졌는데 제조공정이나 면의 모양과 맛, 그리고 국물 맛에 의해서 각 지역의 독특한 색이 나타난다. 쫄깃하고 탱탱한 면발의 사누키 우동(가가와 현), 목 넘김이 좋기로 유명한 이나니와 우동(아키타 현), 맑은 약수로 만들어진 500년 전통의 미즈사와 우동(군마 현)은 일본의 3대 우동으로 꼽힌다. 여기에 나가사키 현의 고토 우동, 아이치 현 나고야의 기시멘을 추가하면 일본의 5대 우동이 된다.

만드는 방법과 먹는 방법에 따라서도 여러 종류의 우동이 있다. 국물에 면을 말아주는 가케 우동, 채반에 국물 없이 받친 자루 우동, 가케 우동 위에 간장에 조린 유부를 얹은 기쓰네(여우) 우동,

가케 우동에 튀김 부스러기를 얹어주는 다누키(너구리) 우동, 육수 국물에 카레 가루와 전분 가루를 넣어 걸쭉하게 만든 카레 우동, 가케 우동에 채소튀김을 얹은 덴푸라 우동, 간장과 설탕으로 양념한 쇠고기나 닭고기, 돼지고기 등을 볶아서 고명으로 올린 니쿠(고기) 우동, 가케 우동에 떡을 넣은 지카라(힘) 우동, 나고야의 전통 된장으로 조린 미소니코미(된장조림) 우동, 채소와 고기를 넣고 소스에 볶은 야키(볶음) 우동, 삶은 우동에 다양한 고명을 얹고 국물을 끼얹은 붓가케(자작한 국물) 우동 등이다.

영화 〈우동〉(2006)은 옛 지명이 사누키였던 가가와 현을 배경으로 펼쳐지는 우동 이야기이다. 다카마쓰의 우동집 아들 코스케는 코미디언으로 출세하겠다는 꿈을 안고 뉴욕으로 가지만 빚까지 떠안고 6년 만에 고향으로 돌아온다. 한 잡지사에 취직하게 되고 그 지역 소울 푸드인 우동의 맛집을 소개하면서 대박이 나지만, 결국 잡지사는 파산하고 어릴 때부터 아버지와의 추억이 깃든 우동을 만들기로 결심한다. 우동은 가볍게 먹는 면 요리에 불과하지만, 사누키 지방에서는 가족과의 유대감을 되새겨 주는 소중하면서도 특별한 음식으로 그려진다.

메밀국수를 뜻하는 소비蕎麦는 원래 소바키리蕎麦切り(메밀을 재료로 만든 반죽을 얇게 펴서 자른 것)의 준말로, '소바'라는 말은 곡물인 메밀을 뜻한다. 중국 티베트가 원산지로 추정되는 메밀은 조몬 시대에 일본에 전해진 것으로 보이며, 흉년 때 먹는 구황작물로 쓰

이다가 에도 시대에 국수 형태로 만들어져서 대중적인 음식이 되었다. 소바는 우동에 비하면 역사가 긴 편은 아니지만, 일본에서 독자적으로 탄생했다는 점에서 큰 의미를 지닌다. 일본어에서는 소바라는 말의 의미가 확대되어 '국수'라는 뜻으로 사용되는 경우도 있으며 예를 들면 라멘을 중화 소바라고도 한다.

에도 시대 일본은 관서 지방과 관동 지방으로 나뉘어 있었으며 두 도시권을 중심으로 각각 식문화가 발달하였다. 당시 수도가 교토였으며 천황을 중심으로 했기 때문에 격식을 갖추는 가이세키 요리나 쇼진 요리 등은 관서 지방을 중심으로 발달하였다. 에도를 중심으로 한 관동 지방은 새롭게 성장하는 신도시였으며 막부가 있는 사무라이의 도시였기 때문에 실용적인 음식이 인기였다. 관서 지방의 음식이 격식을 중요시하고 화려함을 자랑하였다면, 관동 지방은 간단하면서도 편리한 것을 추구하였다.

당시 에도 지역에는 새로운 일거리를 찾아서 지방에서 올라온 남자들이 많았는데 이들은 매일 저녁 한 끼 식사를 해결하기 위해 고심하였다. 이러한 사람들을 위해서 탄생한 것이 바로 야타이(포장마차)였다. 비교적 저렴한 비용으로 든든한 한 끼를 책임졌던 야타이 음식들은 이 시기에 모두 탄생하였다. 소바 뿐만 아니라 스시(초밥), 덴푸라(튀김), 돈부리(덮밥) 등 다양한 종류의 음식들이 생겨났으며 많은 사람의 입을 거치면서 세련된 맛으로 발전, 지금까지 내려오고 있다.

소바는 에도를 중심으로 한 관동 지방에서 발달한 음식으로, 현재 도쿄에는 에도 시대부터 성업 중인 사라시나更科와 스나바砂場, 야부藪 등 이른바 3대 노포 소바집이 있다. 물론 관서 지방에서도 점차 소바는 인기 면 요리로 자리 잡았으며, 교토에는 1465년 창업한 550년 역사의 오와리야尾張屋가 있다. 일반적으로 관동 지방의 국물은 가다랭이포와 고등어포를 함께 넣어서 우려낸 육수에 간장을 넣어서 맛을 내므로 전체적으로 맛이 진하고 강하다. 관서 지방의 국물은 가다랭이포와 다시마를 넣고 육수를 우려내는 방식으로 맛이 담백하고 깔끔하다.

면은 메밀가루만으로는 끈기가 잘 생기지 않아서 밀가루나 마, 달걀, 곤약 등을 섞어서 만들기도 한다. 메밀가루 100%로 만든 것을 주와리 소바十割蕎麦라고 하며 메밀가루 80%와 밀가루 20%로 만든 것을 니하치 소바二八蕎麦라고 한다. 먹는 방법에 따라서 소바를 차갑게 하여 말린 생선 장국인 쓰유에 찍어 먹는 자루 소바(모리 소바라고도 함)와 뜨거운 육수 국물에 여러 가지 건더기를 넣어 먹는 가케 소바가 있다.

소바 또한 각 지방에 따라서 독특한 음식 문화를 형성하였는데 일본 3대 소바라고 하면 나가노 현의 도가쿠시 소바, 시마네 현의 이즈모 소바, 이와테 현의 완코소바 등을 말한다. 도가쿠시 소바는 헤이안 시대 그 지역 수행승이 만든 소바가 기원이 되었으며 동그란 채반에 물을 빼지 않은 면을 긴 타원형을 그리듯이 담아내는 것이 특징이다. 이즈모 소바는 메밀을 껍질째 갈아서 색깔이 검고 풍미가 있으며 장국인 쓰유에 면을 찍어 먹는 일반적인 방법과는 달리 쓰유를 면에 부어서 먹는다. 완코 소바는 한 입만큼의 면을 작은 그릇에 담아서 먹는데 다 먹을 때까지 옆에서 계속 면을 담아주는 것이 특징이다.

구리 료헤이栗良平의 실화를 바탕으로 한 단편소설『소바 한 그릇』(1989)은 당시 전국을 눈물바다로 만든 화제작으로 후에 영화로도 제작되었다. 12월 31일 홋카이도의 북해정北海亭이라는 소바집에 허름한 차림의 어머니와 두 아들이 들어왔는데 소바 1인분을 주문한다. 이를 딱하게 여긴 식당 주인은 그 모자가 모르게 1.5인분의 소바를 삶아서 내놓았고, 세 사람은 맛있게 나눠 먹었다. 남편(아버지)이 사고로 죽어서 궁핍한 생활을 하는 세 사람에게 한 해의 마지막 날 먹는 소바 한 그릇은 최고의 행복이었다. 그렇게 한 해 한 해를 보내고 두 아들이 훌륭하게 성장하여 소바집을 다시 방문하였으며 세 그릇의 소바를 주문하는 것으로 이야기는 끝이 난다. 소바집 주인의 온정 이야기는 입소문을 타고 널리 퍼져서 방송에서도 소개되는 등 당시 모르는 일본인이 없을 정도였다. 소바는 일본인의 소울 푸드로 면 요리 이상의 특별한 의미가 있다고 할 수 있다.

일본에서는 12월 마지막 날에 한 해를 잘 마무리하고 새해의 좋은 기운을 얻는다는 의미로 소바를 먹는다. 바로 도시코시 소바

^{年越し蕎麦}(해넘이 소바)라는 풍습이다. 우동이나 라멘이 아니고 소바를 먹는 이유는 소바가 유일하게 일본에서 만들어진 면요리라는 점도 있는데다가, 소바 면이 우동이나 라멘과는 달리 툭툭 끊어지는 성질이 있기 때문이다. 즉, 소바를 먹는 것에는 지난해 있었던 안 좋은 일을 끊어낸다는 의미가 있다. 이것은 면을 좋아하는 일본인의 식성이 일종의 신앙으로 승화되어 하나의 풍습으로 정착된 경우라고 할 수 있다.

3 ─────────────── 디저트는 나의 힘

일본에서는 보통 케이크나 쿠키, 초콜릿처럼 달콤한 디저트 종류를 통틀어 '스위츠'라고 부른다. 원래 디저트라는 말은 영어 'dessert'에서 온 것으로 주로 식사 후에 나오는 과일이나 과자, 아이스크림, 커피, 치즈 등을 일컫는다. 그에 비해 스위츠라는 말은 영어 'sweets'에서 온 것으로 식사와는 관계없이 먹는 케이크나 푸딩 등의 달콤한 과자 종류를 뜻한다. 의미적으로 본다면 우리가 디저트 카페에서 먹는 케이크나 쿠키 종류는 디저트라는 말보다는 스위츠라는 말이 더 적절할 수 있다.

스위츠라는 말이 일본에서 쓰이기 시작한 것은 그렇게 오래 전의 일은 아니다. 그 전에는 일본 전통의 화과자에 대응하는 서양과자라는 뜻으로 양과자라고 하였다. 양과자라는 말이 메이지유신 근대화 직후에 들어온 비스킷, 사브레 등을 주로 가리킨다면 스위츠는 비교적 최근에 개발된 케이크나 무스 종류를 가리키는 말이다. 스위츠라는 말은 2000년대부터 TV나 여성 잡지 등을 통해서 급속하게 퍼졌으며 어린아이나 여성들이 특히 좋아하였다. 스위츠 남자라는 말이 유행할 정도로 스위츠를 좋아하고 만들 줄

아는 남자가 여성들에게 인기가 있었으며 스위츠를 회전초밥처럼 제공해서 화제가 된 뷔페 스타일의 카페들도 생겨났다. 물론 스위츠라는 말이 유행하기 훨씬 전부터 명가로 이름난 가게들은 있었다. 도쿄, 오사카, 교토, 후쿠오카와 같은 대도시에 유명한 가게가 많지만 개항지인 고베와 나가사키, 낙농업이 발달한 홋카이도에도 오랜 역사와 전통을 가진 가게들이 있다.

일본은 디저트의 본고장 유럽에서도 그 맛과 디자인을 인정받을 만큼 질적으로 수준이 높은 디저트 강국이다. 메이지유신 이후 서양의 문물을 적극적으로 받아들이면서 유럽의 선진적인 베이킹 기술 역시 일찍부터 전수되었다. 일본의 장인들은 그 기술을 연마하여 디저트 산업을 발전시켜왔다. 전 세계의 유명한 제과사(파티스리)를 비롯해서 빵집(블랑제리), 초콜릿 전문점(쇼콜라티에) 등의 다양한 스위츠 브랜드들이 앞 다투어 일본에 지점을 내고 싶어 하는 이유이다. 더구나 일본에는 전통적으로 내려오는 화과자가 있어서 디저트(간식) 문화가 이미 발달해 있었다. 스위츠는 주로 서양에서 들어온 양과자를 가리키는 말이지만 기반이 된 것은 바로 일본의 전통적인 화과자 문화라고 할 수 있다.

일본어로 과자를 '가시菓子'라고 하는데 이는 원래 나무에 달린 열매, 즉 과일을 뜻했으며 표기도 '果子'였다. 지금과 같이 인공적으로 손을 더해서 만든 과자가 처음 등장한 것은 나라·헤이안 시대에 수입된 중국의 당나라 과자가 원형이다. 중국과의 교류가 활발하던 7 · 8세기 견수사와 견당사를 통해서 8종의 당과자와 14종의 떡이 제조법과 함께 전해졌다. 당과자는 주로 쌀가루와 밀가루를 반죽해서 여러 모양으로 만든 후 물엿이나 꿀, 조청, 아마즈라(담쟁이덩굴의 수액을 조린 것) 등으로 단맛을 낸 것과 소금으로 짠맛을 낸 것이 있었으며 때로는 기름으로 튀긴 것도 있었다. 기존의 휴대용으로 만든 말린 밥과 같은 단순 가공품과는 차원이 다른 것으로 처음에는 궁중이나 귀족 사회에 주로 보급되었다.

그 후 13세기 중세 가마쿠라 시대부터는 과자 문화가 크게 발전하였다. 불교 선종의 보급으로 지배계급인 무사들 사이에서 차를 마시는 문화, 즉 다도가 융성하였다. 각 지방의 영주들, 즉 다이묘들 역시 시정잡배나 다름없던 부하 무사들에게 교양 교육의 하나로 참선과 다도를 가르쳤다. 무사 사회에서 다도는 발전을 거듭하였으며 도요토미 히데요시의 모모야마 시대에는 절정기에 이르렀다. 이때 과자는 다도에서 마시는 차의 쓴맛을 덜어주기 위한 것으로 단맛이 강하고 기름기는 거의 없었다. 교역품으로 들어오는 고가의 설탕은 구하기 어려웠기 때문에 주로 밀이나 팥, 쌀 등의 전분이나 포도당으로 단맛을 냈다. 다도의 융성과 함께 점심点心(식사와 식사 사이에 먹는 간식)으로 양갱, 면, 만주, 떡 등이 사용되었고, 모양이 예쁘고 맛이 뛰어난 화과자의 원류가 되었다.

다도와 함께 발전을 거듭한 화과자는 17세기 교토의 천황가와 귀족들 사이에서 중요한 의식이나 행사가 있는 특별한 날에 헌상품으로 쓰이면서 더욱 정교하고 세련된 형태로 완성되었다. 모양과 맛뿐만 아니라 계절감과 와카의 멋을 표현하여 예술성·장식성이 뛰어난 궁극의 과자가 되었다. 다양한 종류의 만주와 연양갱이 개발되었으며 라쿠간과 같은 건과자도 등장하였다. 이들은 교가시京菓子(교토의 과자)라고 불리며 호평을 받았다. 1617년 창업 가메야 기요나가龜屋清永는 에도 막부가 지정한 28개 천황 진상 화과자점 중의 하나였으며 각 번의 제후와 사찰 등에 납품을 해온 유서 깊은 곳이다. 현재의 17대 사장에 이르기까지 400여 년 동안 교가시의 전통과 맛을 이어오고 있으며 나라 시대 견당사에 의해 전해진 일본 최초의 과자를 재현한 세이조칸키단清浄歓喜団이 간판 상품이다.

한편 18세기에는 문화의 중심이 교토에서 에도로 옮겨 오면서 사쿠라모치(벚잎떡), 킨쓰바(사각형 양갱), 다이후쿠(찹쌀떡), 오코시(찹쌀과자), 센베이(쌀과자) 등의 생활 밀착형 과자가 만들어졌다. 이것들은 실용성을 중시하는 무사와 상인 계층에게 큰 환영을 받았다. 1717년 창업한 조메이지 사쿠라모지 야마모토야長命寺桜もち山本や는 벚꽃의 명소인 스미다 강 제방의 벚나무 잎을 소금에 절여서 사쿠라모치를 처음 만든 곳으로, 도쿄 스미다구 무코지마에서 300년 동안 같은 제조법을 고수하며 현재까지도 그 전통을 지켜오고 있다.

19세기 이후 에도는 서민들의 거리가 되었으며 이마가와야키

(오방떡), 고바이야키(매화모양과자), 가린토(튀김과자), 모나카, 기리잔쇼(떡살모양과자) 등이 인기를 끌었다. 도쿄의 긴자 거리에 있는 구야空や는 1884년 창업한 모나카 전문점으로 찹쌀과 설탕, 팥만으로 만들어 내는 맛이 일품이다. 대문호 나쓰메 소세키의 단골 가게로도 유명하며 과자 겉 부분이 연한 베이지색이 아닌 갈색인 것이 특징이다. 오늘날 화과자의 대부분은 에도 시대에 교토와 에도를 중심으로 만들어졌으며, 노포로 일컬어지는 유명한 제과업 가문도 이때 형성되었다.

일본의 전통 화과자는 흔하지 않은 재료를 손으로 섬세하게 빚은 것이므로 고대에는 천황가와 일부 귀족들만 맛볼 수 있는 귀한 음식이었다. 그러다가 중세 무사 사회에서 차와 함께 먹는 과자로 발전하였으며 에도 시대에 서민들에게 보급되고 정립되었다. 특별한 자리에서 먹는 화과자의 매력은 역시 화려함과 고급스러움이라고 할 수 있다. 지역마다 전통 있는 가게에서 생산되는 화과자는 그 수를 헤아릴 수 없을 정도로 다양한데 화과자의 종류를 크게 나누면 수분 함량에 따라서 생과자生菓子, 반생과자半生菓子, 건과자干菓子 등으로 분류된다.

생과자는 수분 함량이 40% 이상의 과자로, 우리의 떡과 같은 형태이다. 네리키리는 흰 팥 앙금에 찹쌀가루를 섞어서 착색한 다음 예쁜 모양으로 찍어내는 과자이다. 또한 동글게 만든 찹쌀 반죽을 팥고물·콩고물·깻가루 위에 굴려서 만드는 오하기, 찹쌀

반죽 속에 팥소를 넣어 만드는 다이후쿠(찹쌀떡), 쌀가루로 만든 경단을 꼬챙이에 꽂아서 구운 다음 소스를 바르는 당고(경단) 등이 있다. 밀가루 반죽을 얇게 펴서 그 속에 팥 앙금을 넣어 굽거나 찌는 만주, 밀가루 반죽을 철판에 구워서 팥 앙금을 올려 두 장을 붙이는 도라야키, 팥 알갱이가 있는 팥소에 묽은 밀가루 반죽을 살짝 묻혀서 사각형으로 굽는 킨쓰바 등도 있다.

반생과자는 생과자와 건과자의 중간에 해당하는 과자이다. 팥 앙금에 한천과 물엿을 섞어서 굳힌 다음 경단 모양으로 동그랗게 빚어서 설탕물을 입혀서 만드는 이시고로모, 한천에 설탕과 물엿을 섞어서 끓인 다음 굳히는 양갱, 바삭한 과자 속에 팥 앙금을 넣는 모나카 등이 있다. 또 설탕과 물엿을 섞은 콩가루를 모래톱 모양으로 빚는 스하마, 흰 팥 앙금에 달걀노른자, 물엿 등을 넣고 반죽하여 굽는 모모야마, 콩과 밤 등을 설탕에 절이는 아마낫토 등도 있다.

건과자는 수분 함량이 20% 이하로 건조시켜 만든 것으로 오래 보관할 수 있다는 장점이 있다. 쌀가루·찹쌀가루 등에 설탕을 섞은 다음 틀에 넣어 모양을 만든 후 건조시키는 라쿠간, 볶은 곡식이나 콩 등을 물엿에 버무리는 오코시, 쌀가루나 밀가루 반죽을 얇게 밀어 구워내는 센베이 등이 있다.

사계절 감각을 잘 살리는 것도 화과자의 특징 중 하나이다. 봄에는 붉은색이나 노란색과 같이 선명한 색채를 사용하고 매화나 벚꽃 등을 형상화하여 봄이 도래하는 기쁨을 표현한다. 여름에는 더위를 이기기 위해 시원한 느낌이 나도록 한천, 칡 등의 재료를 사용하여 시각적으로 맑고 투명하게 표현하는 것이 특징이다. 가을에는 수확의 계절이므로 밤이나 감과 같은 열매를 형상화하는 경우가 많으며 색감도 따뜻하고 안정감 있게 표현한다. 겨울에는 눈이나 설경을 표현하는 경우가 많으며 다이야키(붕어빵)나 이마가와야키(오방떡)와 같이 노릇노릇한 색깔을 내는 경우도 있다. 화과자 중에는 특정한 계절의 꽃과 동물 등의 자연물을 모티브로 하여 예술적인 수준에 오른 것도 있다.

미니멀리즘 영화로도 유명한 〈일일시호일日日是好日〉(2018)은 꿈도 취미도 없던 스무 살 노리코가 사촌 미치코를 따라서 얼떨결에 이웃집 다케다 선생님에게 다도를 배우면서 화과자를 만들고 '매일 매일 좋은 날'이라는 일상의 소중함을 깨닫게 되는 이야기이다. 꽃과 나뭇잎, 벌레와 대지(흙)를 형상화함으로써 계절감을 살리고 예쁘게 빚어내는 화과자는 감각적이고 또 철학적이다. 다도와 화과자의 세계를 무겁거나 딱딱하지 않고 편안하면서도 정갈하게 풀어낸다. 도라야키에서 가장 중요한 팥소를 만드는 과정을 그린 영화 〈앙-단팥 인생 이야기〉(2015)도 있다. 사카키 쓰카사坂木司의 추리소설 『화과자의 안』(2010)과 니토리 고이치似鳥航一의 장편소설 『변두리 화과자점 구리마루당1~5』(2014)는 화과자에 얽힌 에피소드를 통해서 넓고 깊은 화과자의 세계를 흥미롭게 보여준다.

일본의 전통 화과자와는 달리 서양에서 들어온 과자를 양과자라고 칭하는데 양과자의 원형은 16세기부터 등장한다. 대항해 시대 포르투갈 배가 가고시마 현 다네가시마에 표착하면서 빵과 함께 카스텔라, 비스카우트(비스킷), 볼로, 콘페이토(별사탕) 등의 남만과자가 전래되었다. 남만인(유럽인)이 들여온 백설탕은 그전까지의 과자 맛을 크게 변화시키고 제과 재료로서 큰 역할을 하게 된다. 남만과자는 나가사키를 중심으로 일본 전국에 퍼지고 당시 세력을 펼치던 상인 계층에 보급되어 일본식으로 변화한다. 그런 이유로 남만과자를 화과자에 포함시키는 경우도 있다.

카스텔라는 계란을 거품 내서 밀가루, 설탕을 섞은 반죽을 오븐에 구워낸 과자이다. 카스텔라의 어원은 스페인의 카스틸라Castilla 왕국의 포르투갈 발음 '카스텔라Castella'에서 비롯된 것으로, 포르투갈에서 전해진 남만과자를 바탕으로 일본에서 만들어진 과자이다. 포르투갈에는 '카스텔라'라는 과자는 없으며 원형이 되는 과자도 보존용의 딱딱한 빵이었다. 처음 전래된 나가사키를 중심으로 점차 달콤하고 부드러운 식감의 현재와 같은 카스텔라로 발전하였으며, 1624년 창업한 후쿠사야福砂屋가 원조로 되어 있다. '카스텔라 1번, 전화는 2번, 3시의 간식은 분메이도'라는 CM송으로 유명한 분메이도文明堂도 나가사키 카스텔라의 대표적인 노포이다.

메이지 시대 문명개화라는 이름으로 서양 문화가 들어오면서 서양과자의 제조법과 식재료가 본격적으로 들어오게 되었다. 네덜란드나 포르투갈이 아니라 영국, 프랑스, 미국 등에서 과자가 들어오기 시작하였다. 캔디, 초콜릿, 비스킷, 스폰지 케이크, 쿠키 등이 도입되었으며 처음에는 버터나 밀크와 같은 식재료가 낯설었지만, 점차 수입이 늘어나고 제조법에 흥미를 갖는 사람이 등장했다. 과자를 부르는 명칭도 남만과자, 오란다(네덜란드)과자에서 서양과자, 양과자로 바뀌었다.

근대화 이후 비스킷을 처음 제조한 사람은 1875년 도쿄 교바시의 후게쓰도風月堂의 창업자 요네쓰 마쓰조米津松造였다. 메이지 시대 중반에는 비스킷 제조의 기계화가 시도되어 양과자점이 등장하기 시작했다. 미국에서 제과 기술을 습득한 모리나가 다이치로森永太一郎는 1899년 도쿄 아카사카에 모리나가 서양과자 제조소를 창립하고, 캐러멜, 웨하스, 초콜릿, 마시멜로 등의 서양과자를 생산했다. 그의 성공에 자극을 받아서 메이지제과明治製菓, 글리코Glico 등 굴지의 제과 회사들이 창립되었다.

양과자 중에서 대표적인 것은 케이크인데, 16세기 포르투갈로부터 전해진 카스텔라를 그 시작으로 볼 수 있다. 그 후 일본인 취향으로 개량된 케이크가 1922년 후지야不二家의 창업자 후지이 린에몬藤井林右衛門에 의해 처음으로 제조·판매되었으며 지금의 쇼트케이크short cake가 되었다. 원래 서양의 쇼트케이크는 버터, 마가린과 같은 유지를 듬뿍 배합하여 만든 바삭바삭한 비스킷과 쿠키 종류를 가리키는데 일본에서는 그것을 개량하여 스펀지케이크 사이에 딸기를 끼우고 그 위에 생크림을 바르는 식으로 부드럽게 만들었다. 이 쇼트케이크는 일본에서 가장 대중적인 케이크로 발전하였으며, 외국에서는 일본의 독특한 케이크라는 점에서 'Japanese (style) Strawberry Shortcake'라고 부르고 있다.

그 밖에도 여러 가지 과일을 장식한 후르츠 케이크나 초콜릿 케이크, 치즈 케이크 등도 인기가 있다. 일본에서는 동그란 홀케이크보다 조각 케이크로 판매되는 경우가 많은데, 주로 커피나 홍차와 함께 1회용 간식으로 먹기 때문이다. 바움쿠헨과 같이 독일에서 들어온 것도 있지만, 프랑스에서 들어온 것이 많다. 슈크림, 에클레어, 밀피유, 마카롱, 타르트, 가토 쇼콜라, 몽블랑, 애플파이, 크레이프, 바바로아, 무스 등 모두 인기 있는 양과자이다.

영화 〈양과자점 코안도르〉(2011)는 시골에서 상경해서 양과자점 코안도르에서 일하게 된 나쓰메의 성장 이야기로, 사람들이 미소 짓고 행복해하는 케이크 만들기를 목표로 실력을 갈고닦는 과정을 보여준다. 화려하고 기교 넘치며 앙증맞은 일본 양과사의 진수를 볼 수 있다. 영화 〈해피 해피 브레드〉(2012)는 홋카이도의 아름다운 도야코 호수 근처의 작은 마을에서 베이커리 카페를 운영하는 부부가 빵으로 피어나는 잔잔한 행복감을 느끼며 살아가는 이야기이다. 갓 구워낸 일본의 다양한 빵의 세계가 그대로 전해지는 듯하다.

최근에는 유토리 세대(1987년에서 2004년 사이에 태어나서 유토리 교육, 즉 탈주입식 교육을 받고 자랐으며 장기불황기를 겪으면서 절약이 몸에 밴 세대)의 '작은 사치'가 유행하면서 편의점에서도 수준 높은 디저트를 판매하고 있다. 다이후쿠, 당고, 도라야키, 센베이 등의 화과자에서부터 롤케이크, 티라미수, 바움쿠헨, 푸딩과 같은 양과자에 이르기까지 매우 다양하다. 요즘 우리나라에서도 디저트 카페가 인기를 끌면서 디저트에 대한 관심이 그 어느 때보다도 높아졌다. 디저트 강국 일본의 행보가 더욱 궁금해지는 이유이다.

4 기모노의 원조는 12겹 레이어드 룩

일본의 전통 의상 기모노를 곱게 차려입고 머리 장식을 앙증맞게 한 여성이 종종걸음으로 걸어가는 모습은 지나가던 사람의 눈길을 사로잡는 데 충분하다. 원래 기모노라는 말은 '입을 것着物'을 뜻하는 일반 명사였는데 근대 서양에서 양복이 들어오고부터 일본의 전통적인 옷을 가리키는 말이 되었다. 지금은 편리한 양복에 밀려서 입는 사람이 적어지기는 했지만, 여전히 명절이나 결혼식처럼 특별한 날에는 기모노 차림을 하는 사람이 많다.

일본의 고대 초기에는 다른 문화와 마찬가지로 복식 역시 중국 대륙의 영향을 받았다. 나라 시대 귀족 남성은 통이 좁은 바지 위에 무릎 아래까지 내려오는 상의를 입었고 그 위에 허리띠를 맸다. 귀족 여성은 상의로 연한 남색 옷을 입고 하의로 치마를 입은 다음 조끼 형태의 배자褙子라는 것을 걸쳤으며 그 위에 허리띠를 매고 어깨에는 히레領巾라는 숄을 둘렀다. 이때만 해도 남녀 모두 상·하의가 서로 떨어져 있는 투피스 형태였다.

헤이안 시대 일본 고유의 것을 중시하는 국풍 문화가 일어나고 중국과는 다른 일본식 의복이 정착하였다. 귀족 남성은 예복으로 차려입는 속대가 있었고, 평상시에는 노시直衣와 가리기누狩衣 등의 상의(도포)를 입었다. 하의로는 하카마袴라는 통 넓은 치마바지를 입었는데 하카마 중에 화려한 무늬를 넣고 바지 밑자락에 끈을 넣어 조일 수 있게 만든 것이 사시누키指貫이다. 나라 시대의 옷에 비해서 남성 귀족의 의복은 소매와 바지통이 훨씬 넓고 화려해졌다. 섭관 정치에 의해 귀족 문화가 꽃피던 때였으므로 의복도 활동성보다는 위엄 있고 격조 높은 멋을 추구하는 데 치중하게 되었다.

귀족 여성의 의복은 남성복보다 장식성이 더 강조되고 세련미를 추구한 것이었다. 실내 좌식 생활을 주로 한 여성들은 의례복으로 주니히토에十二單라는 레이어드 룩을 입었는데, 이 옷은 12겹의 홑옷이라는 뜻이지만 경우에 따라서는 24개까지 겹쳐 입었다. 주니히토에는 고소데小袖라는 속옷 위에 바닥까지 끌릴 정도의 긴 가운과 같은 옷을 여러 개 겹쳐 입는 차림을 말한다. 가장 겉에는 당의唐衣라고 하는 허리까지 내려오는 옷을 걸치고 허리춤에는 지금의 흰 앞치마와 같은 형태의 모裳를 뒤로 둘러서 내려뜨렸다. 하의로는 남성과 마찬가지로 통 넓은 하카마 바지를 입었는데 바지의 자락을 길게 해서 발이 보이지 않도록 하였다. 평상시에는 약식의 고우치기小袿나 호소나가細長 등을 입었는데 그 또한 기본은 여러 개를 겹쳐 입는 레이어드 룩이었다.

헤이안 귀족의 의복은 남녀 모두 옷감을 많이 써서 통이 넓고 자락을 길게 한 것이 특징인데 재단하는 방법 또한 나라 시대와는

달랐다. 헤이안 시대는 입는 사람의 몸매와는 상관없이 천을 직선으로 재단해서 꿰매는 방식으로 옷을 만들었다. 지금도 큰 옷걸이에 소매를 벌려서 걸어 놓은 기모노를 보면 사각형에 가까운 형태라는 것을 알 수 있는데 직선 재단의 옷은 접어서 보관하기에 편하고 추울 때는 여러 개를 겹쳐서 따뜻하게 입을 수 있으며 여름에는 몸에 달라붙지 않아서 시원하게 지낼 수 있다. 이때는 덮는 이불이 따로 없었기 때문에 입던 옷을 벗어서 덮고 잘 때도 편리했다. 남녀가 동침한 다음 날 아침에 헤어지는 것을 일본어로 '기누기누노 와카레きぬぎぬの別れ'라고 하는데 이것을 직역하면 '옷과 옷의 헤어짐'이라는 뜻이다.

형태가 비슷한 옷을 겹쳐 입는 레이어드 룩이 유행하자 귀족들은 겹친 옷이 단조롭지 않도록 색의 조화를 중요시하게 되었다. 겹쳐 입는 옷의 색깔 배합으로 자신만의 개성을 드러내고 계절에 맞는 세련미를 갖추려고 한 것이다. 또한 가사네襲(겹옷)라고 해서 겉감과 안감을 겹쳐서 붙인 옷을 입었으므로 배색의 멋이 극대화되었다. 마치 현대의 유명 브랜드 남성용 슈트에서 무채색의 겉감과는 확연히 다른 강렬한 색깔의 안감으로 옷자락이 펄럭일 때마다 이목을 집중시키는 것과 비슷한 효과이다.

헤이안 귀족 의복의 겉감 색과 안감 색의 조합, 즉 배색은 연령이나 행사 등에 따라서도 구분했지만 특히 계절에 따라서 정해진 규칙이 있었다. 겹옷 배색의 종류는 봄에 26종류(벚꽃 겹옷, 등꽃 겹옷 등), 여름에 18종류(댕강목꽃 겹옷, 족두리풀 겹옷 등), 가을에 29종류(개미취꽃 겹옷, 싸리꽃 겹옷 등), 겨울에 7종류(이끼 겹옷, 홍매화 겹옷 등)가 있었으며 사계절 모두 통용되는 15종류(호두 겹옷, 편백나무껍질 겹옷 등)가 더 있었다. 이 외에도 배색의 종류는 더 많아서 헤이안 시대 겹옷의 배색 종류는 200여 종에 이르는 것으로 보고 있다. 황, 적, 청과 같은 원색뿐만 아니라 중간색까지 다양한 색조가 발달했는데 이는 현대의 서양 패션 디자이너들이 주목하는 부분이기도 하다.

당시 옷 색을 내는 염료는 모두 천연의 것으로 유색 옷은 귀할 수밖에 없었다. 특히 색을 뽑아내기 가장 어려운 다홍색과 보라색은 상류 귀족에게만 쓸 수 있었다. 다홍색은 잇꽃(베니바나)에서 뽑아내는 붉은 즙으로 염색을 했는데 8회를 반복해야 겨우 선명한 색을 얻을 수 있었다. 보라색도 자초紫草(지칫과의 여러해살이 풀)의 뿌리를 사용해서 색을 들였는데 소량의 보라색 염료를 얻는 데 다량의 자초가 필요했다. 보라색은 당시의 권력자 후지와라藤原 가문의 등나무(꽃) 문장紋章과도 연관이 되어 고귀하게 여겨졌다.

당시 귀족들은 연령이나 계절, 행사 등에 어울리는 옷차림을 해야만 센스 있는 교양인이 될 수 있었다. 시간과 장소에 맞지 않는 옷을 입은 사람은 멋도 모르고 눈치도 없는 것으로 비난의 대상이 되기도 하였다.『베갯머리 서책』,『겐지 이야기』등과 같은 당시의 고전 문학 작품 속에 고위직 귀족의 화려한 옷차림과 고위직 궁녀들의 다채로운 옷차림이 지나칠 정도로 세세하게 묘사된 것은 의복으로 신분을 나타내는 당시의 풍조 때문이었다.

한편 귀족들의 복장, 특히 여성들의 주니히토에는 신체적인 활동성이 거의 고려되어 있지 않다 보니 불편한 점이 많았다. 우선 겹쳐 입을 옷이 많아서 옷 입을 때 시간이 오래 걸리고 혼자서는 입기 힘들었다. 그리고 천연 비단옷을 여러 겹 입는 탓에 옷 무게가 많이 나가서 어깨 결림이 심했다. 당시의 귀족 여성들은 길고 무거운 옷을 걸치고 신체적인 활동은 거의 안 했기 때문에 출산과 같이 체력적인 소모가 많을 때는 위험에 처하는 경우도 많았다. 물론 당시 사람들은 그 원인을 신체 활동이나 운동 부족이라고 생각하지 않고 원령(모노노케)의 소행이라고 믿었지만 말이다.

그런데 주니히토에는 벗을 때는 어이없을 정도로 쉽게 벗겨지는 옷이었다. 가운과 같은 형태로 옷자락이 땅에 끌리는 겹옷들이 허리끈 하나로 고정되어 있어서 끈 하나만 풀면 그대로 속옷 차림이 되었다. 실제로 당시 여성들은 화재나 도둑이 들었을 때처럼 긴급한 때는 허리끈만 풀고 재빨리 피신해서 위기를 면했다. 이때 앉아 있는 자세에서 몸만 **빠져나가게** 되면 겹겹이 쌓인 옷은 그대로 남아서 사람이 앉아 있는 형상이 된다. 『겐지 이야기』 속에는 저돌적으로 접근하는 히카루 겐지를 피해서 옷을 벗어놓고 도망치는 우쓰세미(매미 허물이라는 뜻)라는 여성의 이야기가 실려 있다.

헤이안 시대는 화려하고 세련된 귀족 문화가 꽃피던 때로 패션 또한 매우 발달한 시기였다. 당시의 복식에는 자연을 섬세하게 느끼고 계절미를 정교하게 표현하려는 일본인의 미의식이 고스란히 녹아 있으며 소재, 문양, 색감 등을 통해서 패션을 최고의 가치로 끌어올린 시기였다. 계절마다 피어나는 꽃과 나무 등의 자연과 풍물을 응축시켜 표현한 결정체가 바로 의복이었으며 그 색채감과 문양의 디자인은 일본 전통 의상인 기모노가 형성되는 데 중요한 기초가 되었다.

당시 귀족들의 속대나 주니히토에는 현대에도 천황가의 결혼식 등의 가장 격식 있는 자리에서 이용되고 있으며, 히나 인형 등 전통적인 공예품을 통해서도 그대로 재현되고 있다. 일본의 전통 의상이라고 하면 우리는 소매와 옷자락 기장이 손목과 발목 길이로 짧으며 넓은 오비로 고정시키는 에도 시대의 옷을 떠올리지만, 일본에서는 헤이안 시대의 귀족 의상을 가리키는 경우가 많다. 헤이안 귀족 의상은 일본의 전통 의상 형성 과정에서 매우 중요하다고 할 수 있으며 그 특징을 정리하면 다음과 같다.

① 습도가 높은 기후에 적응하기 위해서 소맷부리가 넓어지는 등 통풍이 좋고 풍성한 실루엣으로 바뀌었다.
② 활동성이 고려되지 않을수록 고귀한 신분으로 인식되었으므로 최대한 여러 겹을 입고 화려한 색채와 무늬의 옷을 선호하였다.
③ 특히 귀족 여성들은 최대 24겹까지 겹쳐 입는 극강의 레이어드 룩

주니히토에를 최고의 정장으로 생각했다.

④ 겹쳐 입는 옷이 많아서 여러 가지 색의 배합을 연출하여 200여 가지가 넘는 조합이 있었으며 계절이나 시기에 따라 정해진 것이 있었다.

⑤ 기본적으로 평면적이고 직선의 아름다움을 강조하였으며 몸에 착용했을 때 곡선의 형태를 창조할 수 있는 잠재성을 갖도록 하였다.

그 후 중세 무사들의 전란의 시대가 되면서 의복은 극히 실용적으로 바뀌었다. 겹옷의 개수가 줄고 치마바지 형태의 하카마와 앞치마 같은 모^裳는 생략되었으며 원래는 속옷이었던 고소데^{小袖}만 입는 식이 되었다. 옷 전체의 기장도 발목 정도로 짧아져서 무로마치 시대 말기에는 현재와 같은 기모노의 원형이 만들어진 것으로 보인다.

에도 시대는 사회적·경제적 안정 속에서 서민 문화가 꽃피면서 의복 문화도 다시 화려하게 발전하게 되었다. 금실이 들어간 화려한 고소데가 등장했으며 그 위를 오비로 누르면서 현재와 같은 기모노가 완성되었다. 또한 상인들의 생활이 윤택해지면서 문양이나 소재, 악세사리 등이 다양해졌으며 폭이 넓고 화려한 오비가 탄생하였다. 기모노에서 허리띠를 여러 겹으로 감아 뒤쪽에서 매듭짓는 오비는 다른 나라의 복식에서는 볼 수 없는 매우 독특한 것이다. 기모노에서 가장 특징적인 오비의 기능을 살펴보면 다음과 같다.

① 체구가 왜소한 일본인의 체형에 악센트와 같은 구실을 한다.

② 위치가 허리 위쪽에 있어서 상반신보다 하반신이 길고 아름답게 보이도록 한다.

③ 매듭을 뒤쪽에서 묶어 뒤태를 강조, 은근한 미를 창출한다.

④ 폭이 넓은 띠로 몸을 감싸므로 위胃가 아래로 처지는 위하수 현상을 줄게 하고 혈압상승 완화에도 도움이 된다.

⑤ 매듭으로 묶는 행위에서 우주 만물의 만남과 인연이라는 주술적 힘을 부여한다.

오랜 시간을 거쳐 완성된 기모노는 다른 나라의 전통의상과 비교했을 때 다음과 같은 특징이 있다. ① 발목까지 내려오는 길이에 ② 소매는 길고 넓으며 ③ 목 부분은 브이 자로 패여 있고 ④ 단추나 끈이 없으며 ⑤ 왼쪽 옷자락으로 오른쪽 옷자락을 덮어 허리에 오비를 둘러 고정한다. 나이, 결혼 여부, 행사의 격식 수준에 따라서 기모노의 종류는 달라지므로, 여기에서는 현대에 가장 많이 입는 기모노를 몇 가지 소개해 본다.

① 후리소데 : 미혼 여성들이 입는 가장 화려한 예복으로 결혼식 피로연과 성년식 때 입는다. 휘두를 정도로 길고 폭이 넓은 소매가 특징이며 자수나 염색을 이용하여 크고 선명한 무늬로 장식한다.

② 도메소데 : 기혼 여성들이 입는 가장 격이 높은 기모노이며 결혼식

피로연에서 신랑과 신부의 기혼 친구나 친인척이 주로 입는다. 후리소데의 소매 부분이 터져 있는 데 비해서 도메소데는 상대적으로 소매 길이가 짧으며 소매 부분이 봉합되어 있다.

③ 호몬기 : 약식의 행사에 입는 기모노로 혼인 여부와 상관없이 입는다. 타인의 집이나 특정한 장소를 방문할 때 입는 데 현대에는 가벼운 파티와 같은 사교용 예복으로 입는 경우가 많다.

④ 하카마 : 남성용이며 치마바지의 형태로 검은색 계통의 차분한 줄무늬로 되어 있는 경우가 많다. 최근에는 여학생들이 졸업식에서 입기도 한다.

⑤ 하오리 : 기모노 위에 한 겹 더 입는 외투를 말한다. 실용성 있는 일상복으로 착용하게 되면서 메이지 시대 이후에는 겨울철에 남성과 여성 구분 없이 하오리를 걸쳤다.

⑥ 유카타 : 남녀 혼용으로 본래 목욕 후에 입는 가벼운 로브(가운) 스타일의 옷이다. 비단을 사용하는 기모노와 달리 면이나 마와 같은 가벼운 소재이고 한 겹이기 때문에 여름에 불꽃놀이를 보러 갈 때 많이 입는다. 일본 온천 료칸에 잠옷 대신 비치되어 있다.

현재의 기모노는 일본 헤이안 시대 귀족 의상에서 비롯된 것으로 당시 귀족들의 멋과 계절 감각을 최대치로 반영한 미의식의 집합체라고 할 수 있다. 특히 주니히토에는 최대 24겹까지 겹쳐 입는 레이어드 룩으로 색상 매치에 의한 세련미의 정점을 보여주었다. 에도 시대의 서민 사회를 거치면서 활동성 있는 의복으로 간소화되기는 하였지만, 일본의 기모노는 여전히 레이어드 룩, 즉 겹쳐 입기가 기본인 옷이다. 현대의 기모노는 깃 부분에 겹치기 효과를 보여주고 있다. '한 에리'와 '다테 에리'가 그것인데 한 에리는 속치마격인 나가주반에 달린 깃이고 다테 에리는 나가주반과 겉옷 사이에 매치시키는 머플러 같은 것이다. 헤이안 시대의 12겹(24겹) 레이어드의 약식 스타일이라고 할 수 있다.

현대의 패션계에서도 그러한 기모노의 레이어드 룩을 살린 디자인을 선보일 때가 있다. 잇세이 미야케三宅一生, 다카다 겐조高田賢三 등의 일본 패션디자이너들은 기모노의 레이어드 룩을 통해서 세계적인 디자이너로 발돋움했으며 이탈리아의 대표적인 패션디자이너 조르지오 아르마니는 기모노처럼 앞섶을 서로 겹쳐서 여미게 되어있는 '기모노 셔츠'를 선보이기도 하였다. 헤이안 시대의 우아한 겹쳐 입기의 멋이 현대의 아름답고 개성 있는 레이어드 룩으로 재탄생한 것이다.

일본에는 아파트와 같은 공동 주택이 적고 단독 주택이 대부분이다. 공동 주택도 우리나라와 같이 고층의 대규모 단지는 거의 없고 저층의 소규모로 되어있다. 일본에서는 우리보다 인구 밀도가 상대적으로 낮고 지진 발생으로 고층의 대형 건물을 지을 필요성이 적기 때문이다. 이웃 나라이기는 하지만 일본의 주택 사정이 우리와 다른 이유이다.

일본의 대도시권 주택 상황을 보통 고원협高遠狹이라고 표현한다. 도심은 땅 가격이 높아서 먼 거리의 교외로 나가서 집을 마련하는데 그 집 역시 협소하다는 뜻이다. 도심에서는 경제성을 고려한 공동 주택의 형태가 많으며 집은 더욱 협소하다. 대학이나 회사에 다니기 위해 독립한 경우에는 우리의 원룸이나 연립주택 성격의 '아파트'에 거주한다. 일본에서 말하는 '아파트'는 얇은 목재로 지어진 허름한 건물로 2~3층짜리 1개 동이나 2개 동으로 되어있다. 개인이 소유하고 있으며 집세가 싸지만, 방음이나 보안에 취약하다.

영화 〈오토나리-사랑의 전주곡〉(2009)은 도쿄의 낡은 아파트에

사는 30대 독신 남녀가 방음이 거의 안 되는 벽을 사이에 두고 이웃으로 살면서 서로의 소리에 익숙해지고 마음의 평온함을 얻는 과정을 그렸다. 방음이 취약한 일본의 목조 아파트의 특징이 잘 나타나 있으며 이웃 간의 소음분쟁이 아니라 낭만적인 로맨스로 발전하는 스토리가 팍팍하기만 한 일상생활을 되돌아보게 한다.

결혼을 하면 보통 '맨션'이라는 곳으로 이사한다. 맨션은 우리나라 아파트처럼 철근 콘크리트로 지어진 공동 주택으로 내진 설계를 한 3층 이상의 고층형이며 방음성이 높은 편이다. 아파트보다 안정성이 있고 엘리베이터 등의 편의시설도 있다. 대신 임대료나 주차장 요금, 관리비 등이 아파트보다 비싼 편이다. 대도시의 도심에는 초고층 '타워맨션'도 있는데 시설은 호화롭지만, 집세는 매우 비싸다.

하지만 맨션 역시 평수가 그다지 넓지 않아서 아이가 태어나고 초등학생이 되면 좀 더 넓고 이웃의 눈치를 보지 않아도 되는 곳을 찾아서 이사하게 된다. 땅값이 비싼 도심을 벗어나 교외로 나가게 되는데 편도 1시간 정도의 출퇴근을 감수하는 경우가 많다. 그리고 아파트나 맨션과 같은 공동 주택이 아니라 단독 주택을 신축하거나 구매한다. 최근 지방의 공동화 현상으로 단독 주택 비율이 낮아졌다고는 하지만, 2018년 기준으로 56.5%를 차지하고 있는 것으로 나타나고 있다.

TV 드라마 〈퍼펙트 월드〉(2019)는 대학 시절 사고로 척수를 다쳐서 휠체어를 타게 된 건축사가 고교 시절의 동급생과 재회하면서 난관을 함께 극복하고 사랑을 이루는 이야기이다. 남자 주인공 아유카와 이쓰키는 각고의 노력 끝에 1급 건축사 자격증을 따고 장애인을 위한 배리어 프리 주택 설계에 힘을 쏟으며 여자 주인공 가와나 쓰구미는 인테리어 디자인 회사에 다니는 회사원이다. 일본에서는 단독 주택을 짓는 것이 가족 모두의 꿈이며 지역의 작은 건축회사에 의뢰한 후 건축사와 끊임없이 의견을 나누며 집을 완성해간다. 똑같은 모양으로 설계된 대규모 아파트 단지에 동시에 입주하는 우리의 경우와는 사뭇 다른 풍경이다.

일본인이 단독 주택을 선호하는 이유는 구체적으로 무엇일까?

① 지진과 같은 자연재해가 많다보니 고층 건물에 대한 선호도가 높지 않다.
② 고층 건물은 내진 기능 강화로 건축 비용이 많이 들기 때문에, 내실 있는 공동 주택은 단독 주택보다 집값이 비싸진다.
③ 모듈러 공법, 프리컷 공법 등 단독 주택 건축 기술이 발달해서 집을 신축해도 시간적으로 오래 걸리지 않는다.
④ 단독 주택 구입에 대한 주택 융자 제도가 잘 되어있다.
⑤ 다른 사람을 신경 쓰지 않아도 되며 사생활 보호가 된다.

일본도 한때는 공동 주택을 선호한 적이 있었다. 공동 주택이라는 개념은 서양의 주택 양식이 도입된 후에 만들어진 것으로 일본에서도 편리하고 세련된 도시의 주택이라는 이미지가 있었다. 일본의 근현대식 공동 주택의 역사는 1920년대 초반부터 시작되며 1922년 도쿄 평화기념박람회에서 일본풍의 주택에 서양풍의 응접실을 도입한 '문화주택'이라는 것이 처음 등장하였다. 그리고 1923년 관동대지진으로 집들이 파손되어 주택난이 심각해지자 그 해결책으로 철근콘크리트 아파트가 대량으로 건설되었는데 우리로 하면 주공 아파트와 비슷한 도준카이同潤会(1941년부터는 주택영단) 아파트가 그 대표적인 예이다. 도쿄와 요코하마를 중심으로 건설된 이 아파트는 전기, 수도, 도시가스, 쓰레기 수거장치, 수세식 화장실 등의 선진적인 시설을 갖추고 있어 당시 중산층이 선망하는 대상이 되었다.

제2차 세계대전 패전 후 대도시에 인구가 집중되면서 주택난을 겪게 되자 1955년 주택영단을 모델로 한 일본주택공단이 발족되고 도시 주변에 이른바 공단 주택이 들어섰다. 이것은 철근콘크리트의 아파트 형태였으며, DK^{Dining Kitchen} 즉 부엌과 식당이 같이 붙어 있는 구조가 처음 만들어졌다. DK라는 말은 당시의 일본주택공단 설계과장에 의해서 만들어진 일본식 영어로 서양에는 없는 일본식 공동 주택의 구조였다. 주택 내부에서 처음으로 잠자는 공간과 식사 공간이 분리되었으며 가스레인지와 스테인리스 싱크대, 입식의 세면대 등은 모던한 생활을 꿈꾸는 부부들에게 큰 인기를 끌었다. 중산층 월급의 40%라는 높은 월세에도 불구하고 입주 신청자가 쇄도하여 높은 추첨 경쟁률을 기록하였다.

일본의 주택 정책은 1920년대부터 도준카이 → 주택영단 → 주택공단의 이름으로 주택에 곤란을 겪는 도시 노동자에게 주택을 공급한다는 취지로 실시되었으며 경제적인 효율성을 높이기 위한 공영 주택, 즉 공동 주택의 형태로 추진되었다. 물론 당시로서는 공영 주택이 서양의 신식 시스템을 겸비하고 있어서 획기적이기도 하였다. 하지만 일본이 경제적으로 안정기에 들어선 1981년 일본주택공단은 그 소임을 다 하고 해산되었으며 그 후에는 민간 중심의 주택 정책으로 진행되었다. 공단 주택은 이제 오래되고 낙후된 아파트라는 이미지로 바뀌었고 대신 다양한 단독 주택이나 독립된 공동 주택의 형태가 일반적인 유형이 되었다.

일본인이 단독 주택을 선호하게 된 배경에는 정부 정책의 영향이 크다. 즉, 산업화 초기에는 도시로 모여든 노동자들을 위해서 공동 주택 정책을 폈지만, 경제적 성장으로 안정기에 접어든 1980년대부터는 개인의 취향과 독립성을 존중하는 방식으로 단독 주택 정책을 펴게 되었다. 특히 단독 주택 구매를 위한 주택금융대출 제도는 일본에서 단독 주택이 많아지는 데 중요한 배경이 되었다. 참고로, 우리의 경우에는 최근까지도 효과적인 주택 공급이라는 측면이 강조되어 공동 주택 중심의 정책이 전개되고 있으며 개성보다는 생산성에 중점을 둔 표준화 주택 정책으로 대형 건설사 주도의 고밀도 고층 공동 주택의 주거 형식이 계속되고 있다.

그런데 일본의 경우 공동 주택뿐만 아니라 단독 주택 역시 면적이 넓지 않은 편이다. 서양인들이 일본의 주택을 가리켜서 '토끼장'이라고 칭하는 것처럼 주택 한 채 당 면적이 평균 92.8㎡이며, 같은 선진국인 미국의 162.0㎡, 프랑스의 105.5㎡, 독일의 94.8㎡에 못 미친다. 일반적으로 1층에는 응접실 외에 주방과 식당이 붙어 있는 공간, 화장실 등이 있고 2층에는 두 개의 방과 작은 거실, 욕실, 화장실 등이 있다. 일본인이 좁은 면적의 집에 사는 이유는 일본의 땅값이 비싸다는 현실적인 측면도 있지만 무사 시대를 오래 거치면서 집은 사치를 하지 않고 검소하고 소박한 공간이라는 개념이 정착되었기 때문이다.

사실 헤이안 시대 귀족들은 신덴즈쿠리寝殿造라는 화려하고 큰 저택에 살았다. 신덴, 즉 침전을 중심으로 서쪽과 동쪽, 북쪽에는 별채가 배치되어 있으며, 그 사이를 교각형 복도가 연결하고 남쪽으로는 연못 있는 정원이 넓게 펼쳐졌다. 귀족들은 이 신덴즈쿠리에서 부인과 자녀뿐만 아니라 많은 시종을 거느리고 살았으며 연못에서 뱃놀이를 하면서 자연의 풍취를 즐겼다. 신덴즈쿠리의 면적은 일반적으로 1정町, 즉 9,900㎡(3,000평) 정도였는데 당대 최고의 권력자 후지와라노 미치나가의 저택 쓰치미카도는 2정에 달했다고 한다.

중세 무사 시대가 되면서 헤이안 시대의 신덴즈쿠리는 점차 간

소화되었다. 전란의 시대로 교섭이나 정보 교환을 할 수 있는 대면의 공간, 즉 히로마廣間 또는 대면소對面所를 주택의 중앙에 두었다. 그리고 그 안쪽에는 주인이 거주하는 곳에 서원이 설치되었고 가족의 주거 공간은 그 배후에 두었다. 그 후 중세 말기부터 근세 초기에 걸쳐서 쇼인즈쿠리書院造라는 단순하면서도 실용적인 무가 주택 양식이 완성되었으며 현재의 일본식 주택의 원형이 되었다.

무사들은 자기 수양을 위해서 중국을 통해 받아들인 선禪을 정신적 지주로 삼았다. 선의 기본 정신은 불필요한 것을 두지 않고 최소화하는 미니멀리즘이다. 습도가 높고 자연재해가 많은 일본에서는 고대부터 목재로 집을 지었는데 이것은 잘 부서지고 또 부서지면 다시 지을 수 있었다. 집은 영원불멸의 것이 아니라 어디까지나 임시거처라는 의미가 강했다. 서양인이 자신의 집을 돌로 쌓은 성처럼 생각하는 데 반해서 일본인은 나무를 엮어서 만든 '누추한 거처'나 '비와 이슬을 긋는 곳' 또는 '다섯 척의 몸을 들여놓을 수 있으면 족하는 곳'으로 생각해왔다. 오늘날에도 소박하고 좁은 집들이 대부분인 것은 그러한 집에 대한 일본인의 의식을 반영한 것으로 볼 수 있다.

한편 주택 내부는 협소하기는 하지만 그만큼 공간 활용을 잘한다는 특징이 있다. 칸을 많이 나눠 놓고 용도별로 구분해서 사용하며 화장실과 욕실도 분리되어 있다. 일본 주택에서 흔히 볼 수 있는 화장실은 반 평 남짓한 공간으로 변기만 놓여있다. 그리고 세면실은 화장실과는 별도로 반 평 남짓한 공간에 마련되어 있으며 그 세면실에서 다시 문 하나를 더 열면 욕실이 나온다. 화장실은 용변을 보는 곳으로, 세면실은 손과 얼굴을 씻는 곳으로, 욕실은 목욕과 샤워가 가능한 곳으로 존재한다. 우리나라의 경우 한 명이 화장실에 들어가 있으면 다른 사람은 세수나 샤워를 할 수 없지만, 일본에서는 세 명이 동시에 자신의 볼일이 가능하다.

일본의 단독 주택에는 지금도 예로부터 내려오는 전통적 요소가 많이 남아있다. 구조 자체는 2층의 양옥집 형태를 하고 있지만, 지붕에는 6세기 불교와 함께 한반도로부터 전래된 전통 기와를 올려서 눈과 비, 바람에 대비한다. 집마다 토속신을 모시는 신단神棚과 부처님을 모시는 불단仏壇을 설치하고 안방에는 도코노마床の間(방 한쪽에 바닥을 약간 높게 해서 벽에 그림 또는 족자를 걸고 바닥에 꽃병을 놓는 곳)를 만들어 손님을 맞이한다. 그리고 장롱 대신 붙박이장 오시이레押入れ를 설치하여 이불이나 옷을 수납하며 방과 방 사이에는 장지문인 후스마襖를 두고 공간을 나누기도 하고 합하기도 한다.

또한 일본에서는 현대 주택인 경우에도 다다미라는 전통 깔개를 사용하고 있다. 다다미는 짚으로 만든 판에 왕골로 만든 돗자리를 붙여서 만든 것으로 보통 크기가 가로 90cm이고 세로가 180cm, 두께가 3~6cm로 되어있다. 일본에서는 방의 크기를 다다미 몇 장짜리인지로 표현하는데 예를 들면 약 3평짜리 방은 다다미

6장이 깔린 6조 방이라고 한다. 대개 다다미 2장이 1평 정도의 면적이 된다. 다다미는 고온다습한 일본의 기후에 적합하며 두께가 있어서 쿠션 역할을 한다. 풀을 말려서 만든 것이므로 피톤치드 등으로 정서적 안정감을 주는 효과도 있다. 하지만 곰팡이나 진드기가 생기기 쉬워서 정기적으로 교체해야 하며 겨울철에는 별도로 난방을 해야 하는 불편함도 있다.

현대에 와서 대부분 서구식으로 바뀐 우리의 주택과는 달리 일본에서는 여전히 전통적인 요소를 혼합하여 편리성을 극대화하고 있다. 서구식 주택은 일본의 기후적인 특성을 충분히 반영한 것이 아니기 때문이다. 현대에 새로 짓는 일본 단독 주택의 경우 80%는 서양식 화장실, 거실, 부엌이 있고 그중에 현관은 60% 이상이 전통적인 미닫이문보다 서양식 여닫이문을 설치하고 있다. 하지만 새로 건축하는 주택의 90%가 여전히 전통적인 도코노마와 다다미를 설치하고 있어서 일본적인 주택 양식이 계속 이어지고 있다.

일본 주택의 또 다른 특징은 개방적이고 융통성이 많다는 점이다. 우리의 주택이 대륙성 기후로 겨울의 추위를 막는 것이 주된 기능이라면, 일본의 주택은 고온다습한 여름의 더위를 피하는 것이 주된 기능이었다. 개방성이 강조되다 보니 벽을 고정하지 않고 탈착이 가능한 칸막이를 설치하는 것이 보통이었다. 이 칸막이는 공간을 늘리거나 줄이는 데는 편리하지만, 한편으로는 각방의 독립성을 보장하기 어렵다는 단점이 있다. 듣고도 못 들은 척, 알고도 모르는 척하는 일본인의 습성이 이 주택 구조에서 비롯된 것이며 그것이 누가 옆에 있든 없든 항상 조심하며 불만을 내보이지 않는 집단성으로도 발전한 것으로 보인다.

일본의 주택은 여름형이므로 겨울철에는 난방이 필요하다. 하지만 우리의 온돌처럼 방바닥 구석구석까지 따뜻하게 하는 전체 난방은 일반적으로 하지 않는다. 부분 난방이 대부분으로 겨울철 집안에 들어가도 바깥 기온과 큰 차이가 나지 않는 경우가 많다. 난방 기구로는 에어컨(온풍 기능), 난로, 라디에이터, 온풍기, 전기 카페트, 전기담요 등이 있지만 고타쓰와 안카(휴대용 온열기), 유탄포(보온 물주머니)와 같이 예로부터 내려오는 것도 여전히 사용되고 있다.

고타쓰火燵는 아랫부분에 특별 전열 기구를 장착하고 이불을 덮은 작은 탁자 난로이다. 처음에는 작은 용기에 숯불을 담고 그 위에 나무로 만든 틀을 설치해 이불을 덮어서 사용했지만, 지금은 숯불 대신 전기를 사용한다. 이불 아래 다리와 발을 넣어 따뜻하게 하는 방법이므로 작은 열원으로 매우 경제적이다. 여기에 설치된 나무틀을 야구라櫓라고 하고, 이불 위에 네모난 판자를 놓고 식사를 하거나 책상으로 사용한다.

현대 일본인이 꿈꾸는 이상적인 주택은 돌담이나 울타리 나무로 둘러싸인 작은 정원에 차고가 있는 아담한 2층집 형태이다. 이러한 집들은 목조건물이 대부분으로 웅장하고 호화롭기보다는 소박하고 정갈하며 기능적이다. 일본인이 아파트와 같은 공동 주택보다는 단독 주택을 선호하고 그리 넓지 않은 집에 만족하는 것은, 오랜 세월 지진이나 태풍과 같은 재해를 많이 겪은 친환경적인 요인과 함께 중세 무사 시대부터 정신적인 근간이 된 선종 사상의 영향이라고 할 수 있다.

일본 만화의 시장 규모는 상상을 초월한다. 2018년 기준으로 잡지, 단행본, 웹툰까지 포함하면 5천억 엔에 이르며, 전 세계 시장의 60%를 장악하고 있다. 세계 2위~5위인 미국, 독일, 프랑스, 영국을 모두 합친 것보다 크고 한국의 10배가 넘는다. 일본이 미국 다음으로 세계 2위의 출판대국인 것도 이 만화 덕분이다.

일본에서는 만화를 '망가'라고 하는데, 1814년 우키요에 화가 가쓰시카 호쿠사이葛飾北齋가 자신이 그린 흑백 사화를 '망가漫畵(마음대로 그린 그림)'라고 칭한 데서 비롯되었다. 메이지 시대 화가이자 만화가 기타자와 라쿠텐北澤楽天과 이마이즈미 잇표今泉一瓢가 서양의 카툰Cartoon 혹은 코믹스Comics의 번역어로 사용하면서 지금과 같은 의미로 정착되었다. 우리나라의 'Manhwa'와 중국어의 'Manhua'라는 용어도 이 망가의 한자어에서 왔다.

우리나라에서는 만화라고 하면 아이나 보는 시시한 그림으로 생각하는 면이 있지만, 일본에서는 오랜 시간 문화의 한 축을 담당해온 대표 주자였다. 편견이나 제약이 없다 보니 인간 상상력에 의한 모든 세계가 만화를 통해서 구현되었으며, 그 기상천외한 세계는 애니메이션과 TV 드라마, 영화, 연극, 뮤지컬, 게임 등의 미디어 콘텐츠로도 재창조되었다. 파생 콘텐츠까지 아우르면 현재 일본 만화의 시장 규모는 5조 엔에 이른다는 분석이 있다. 만화는 일본 문화의 핵심이며 전 세계 콘텐츠 시장에 자양분을 공급하는 중요한 원천이 된다고 할 수 있다.

일본에서 '망가'라는 용어 자체는 19세기 초에 등장하였지만, 그 원류가 되는 그림은 훨씬 이전부터 시작되었다. 만화는 일반적으로 이야기 그림, 즉 스토리를 가지고 있는 연속적인 그림과 글의 조합이라고 정의한다. 만화가 발생하고 발전하기 위해서는 가상의 이야기, 즉 스토리를 좋아하고 그 스토리를 글과 그림을 통해서 표현하는 문화적 습관이 있어야 하는데, 일본은 특이하게도 그런 문화적 습관을 고대부터 가지고 있었다.

일본은 건국신화를 비롯하여 철학적·종교적 사상보다는 허구적인 이야기가 일찍부터 발달하였다. 중국의 유교 사상은 한자와 함께 4세기경 전해졌지만, 일본에서 크게 전개되지는 않았다. 한자는 8세기 만요가나万葉仮名를 거쳐서 히라가나平仮名라는 고유문자 정립에 직접적인 토대가 되었지만, 현실 생활에서의 규범을 주로 가르치는 유교적 교리는 자연재해가 많은 일본에서 그다지 영향력을 발휘하지 못했다. 오히려 일본인은 토착 신들의 계보와 업적을 신화, 즉 스토리로 만들어내고 그것을 사상적인 기반으로 삼았다. 그 결과물이 바로 8세기 초 성립하여 토착 신앙 신도의 경전이 된 신화서 『고사기』와 『일본서기』이다.

9세기부터는 상상 속의 세계를 고유문자 히라가나를 통해서 스토리, 즉 문학으로 발현·발전시켰다. 운율이 있는 시詩의 형태와 산문의 형태 모두 발전하였는데, 두 가지 모두 창작성, 즉 허구성이 강했다. 특히 11세기 초 궁녀 무라사키 시키부에 의해 성립한 『겐지 이야기』는 소설의 최고봉으로, 당시 귀족들은 히카루 겐지라는 희대의 꽃미남이 어린 시절 엄마를 잃고 여러 여성을 편력하면서 희로애락을 겪는 이야기에 깊이 감동하였다. 그러면서 점차 역사적 사실을 있는 그대로 기록하는 것은 그다지 의미가 없고 그 역사적 사실을 허구를 통해서 재구성한 소설, 즉 스토리가 인간의 본질(진실)을 밝히는 데 더 가치 있다고 믿게 되었다.

그와 같은 소설의 기능을 더욱 효과적으로 만든 것이 바로 그림이었다. 일본에서는 9세기 후반 견당사 폐지로 일본풍의 문화가 일어나면서 일본 그림이라는 뜻의 야마토에倭繪가 발달하였다. 야마토에는 인물 중심의 세밀화이며 화려한 색채가 특징이다. 주로 귀족들 사이에서 인기 있는 궁정 소설의 내용을 극적으로 전달하기 위한 삽화와 같은 역할을 하였다. 한 편의 소설을 글과 그림을 번갈아 가며 배치해서 만든 에마키繪卷(그림 두루마리)가 지금까지도 보존되어 전해 내려오고 있다. 현대 만화의 말풍선 같은 형태는 아니지만, 글과 그림을 동시에 구사해서 스토리의 전달력을 극대화한다는 점에서는 일맥상통한다. 일본 만화의 발달은 야마토에부터 시작되었다고 할 수 있으며, 특히 『겐지 이야기』의 명장면을 그림으로 그린 겐지에源氏絵(겐지 그림)는 후대에까지 큰 영향을 미쳤다.

야마토에는 중세 시대 유명한 전투 장면을 표현하는 정도로 이어지다가 에도 시대에 이르러 큰 변환기를 맞이한다. 에도 시대는 전란 없이 사회가 안정되면서 각종 문화가 발달하였으며, 신흥 상공업자의 등장으로 서민 문화가 꽃피었다. 출판문화의 발달로 문화의 대중화가 진행되면서 우키요에浮世絵(뜬세상 그림)라는 다색 목판화가 유행하였다. 우키요에는 당시의 사회풍속이나 인간 세태 등을 주제로 한 풍속화로, 대상이 되는 인물이나 물체를 클로즈업하거나 배경을 과감하게 생략하였다. 지금의 만화 기법과 매우 유사하며 그런 점에서 우키요에는 망가의 직접적인 원류라고 할 수 있다.

우키요에의 대표 화가 호쿠사이는 서민의 일상생활을 그린 『호쿠사이 망가北斎漫画』(1814) 15권을 통해서 오늘날 일본 만화의 시조가 되었다. 삼라만상을 그림에 담는 것을 목표로 한 그는 평생 3만 점이 넘는 작품을 남겼는데, 그중에서 〈후가쿠 36경富嶽三十六景〉(1831)의 〈가나가와 해변의 높은 파도 아래神奈川沖浪裏〉는 거대한 파도와 배, 후지산을 원근법에 의해 입체적으로 표현한 걸작이다. 춘화 〈문어와 해녀蛸と海女〉(1814) 역시 문어 두 마리의 촉수에 휘감긴 여성의 나체 모습을 그린 그림으로 큰 반향을 일으켰으며 박찬욱 감독의 영화 〈아가씨〉(2016)에도 등장해서 은밀하고 끈적끈적한 인간의 욕망을 상징적으로 표현하였다.

에도 시대 서민 문화와 함께 크게 유행한 우키요에는 19세기 중반 일본이 문호개방을 하면서 서양에까지 알려지게 되었다. 런던과 파리의 만국박람회를 통해서 일본의 공예품과 의복 등이 유럽의 상류층을 사로잡으면서 자포니즘Japonism(일본적인 취향 및 일본풍을 즐기고 선호하는 현상) 열풍이 일어났는데, 우키요에는 일본의 문화·예술을 대표하는 것으로 지대한 관심을 불러 모았다. 당시 유럽의 화가들 가운데 우키요에의 영향을 받지 않은 사람이 거의 없을 정도였으며 특히 고흐, 고갱, 세잔 등의 인상주의 화가에게는 큰 영향을 미쳤다. 평면적이고 간결한 구성의 우키요에가 인상주의 화가들에게는 오히려 새로운 기법의 그림으로 인식된 것이다.

그 후 메이지유신을 통해서 서양 문물과 함께 서양식 만화인 카툰이 들어왔지만, 일본이 군국주의로 전쟁에 몰두하면서 만화 역시 다른 문화처럼 암흑기를 맞이하였다. 당시 *The Japan Punch* (1862), *Tôbaé* (1887) 등 일본 거주 서양인 일러스트레이터 창간의 만화 잡지가 있었으며, 이어서 일본인 최초의 만화 잡지 *Tokyo Puck* (1905)도 출간되었다. 이때는 전시 상황으로 신문의 칸 만화, 근대소설의 삽화 등의 형태로 명맥이 유지되는 정도였으며, 강한 정치적 풍자성으로 상상력을 자유롭게 표현하는 데는 한계가 있었다.

일본에서 스토리가 있는 만화가 본격적인 궤도에 오른 것은 제2

차 세계대전이 끝나고 나서부터이다. 데즈카 오사무手塚治虫, 1928~1989는 전쟁으로 피폐해진 소년들에게 희망을 심어주겠다는 신념으로 의사라는 직업에서 1946년 만화가로 데뷔하였다. 그는 일본 만화계에서 독보적인 존재로 현재까지 만화의 신으로 불리고 있다. 〈신보물섬〉(1947)에서는 영상적 기법을 도입해서 빠른 이야기 전개를 선보였으며 〈밀림의 왕자 레오〉(1950)에서는 진지하고 방대한 스토리를 장기간에 걸쳐서 연재하는 것을 처음 시도하였다. 〈우주소년 아톰〉(1952)을 통해서 인간과 같이 희로애락을 가진 로봇을 창조하여 로봇 만화의 탄생을 알렸으며 〈사파이어 왕자〉(1953)를 통해서 만화 독자를 소년에서 소녀로 확산시키면서 순정만화의 효시가 되었다.

데즈카 오사무는 '길이 없으면 길을 만들어간다'라는 신념으로 이전 만화와는 다른 자신만의 기법으로 창작활동을 이어나갔다. 평생 그린 만화의 총 원고 수는 15만 장이며 총 작품 수는 604개에 이른다. 내용도 SF 만화, 순정만화부터 의학 만화, 개그 만화, 에로 만화에 이르기까지 거의 모든 분야에 걸쳐서 작품 활동을 펼쳤다. 특히 〈블랙 잭〉(1973)은 처음으로 만화 잡지에 연재된 의학 만화로 의사로서의 경력을 살린 극사실적인 수술 장면으로 유명하다.

제2차 세계대전 후에 태어난 베이비부머 세대, 즉 단카이 세대는 데즈카 오사무의 만화를 보면서 경제적 궁핍과 좌절 속에서 삶에 대한 희망을 얻었으며 과학자에 대한 꿈을 키웠다. 일본인 중에는 데즈카 오사무의 만화 덕분에 일본이 패전의 아픔을 딛고 과학 강국으로 발돋움하여 경제대국이 되었다고 생각하는 사람이 많다. 만화에 대한 일본인의 애정은 우리가 생각하는 것 이상으로 특별하다고 할 수 있다.

제1차 석유 파동(1973)으로 1970년대는 출판업계의 불황이 시작되었지만, 만화는 여전히 흑자를 기록하며 일본의 대표적인 대중문화로 자리 잡았다. 소년 만화의 황금기로, 『소년매거진』(1959), 『소년선데이』(1959), 『소년점프』(1968) 등의 만화잡지가 맹활약을 하였으며, 마쓰모토 레이지의 〈은하철도 999〉(1977) 등도 큰 인기를 모았다. 순정만화 역시 크게 발달하여 이케다 리요코의 〈베르사이유의 장미〉(1972), 이가라시 유미코의 〈캔디캔디〉(1975) 등이 대표적이다. 이때 기형적으로 가늘고 긴 여체를 모티브로 한 서양인 체형의 순정만화 화법이 등장하였다.

1980년대는 소련의 공산주의가 붕괴되고 자본주의가 극대화되던 시기로, 일본의 자동차와 전자제품이 세계화되면서 만화도 해외로 진출하였다. 독자 투표로 연재만화를 결정하는 획기적인 편집 방식으로 주목을 받은 『소년점프』가 독주하면서 다카하시 요이치의 〈캡틴 쓰바사〉(1981), 하라 데쓰오의 〈북두의 권〉(1983), 도리야마 아키라의 〈드래곤볼〉(1984)이 큰 인기를 모았다. 미우치 스즈에의 〈유리가면〉(1975) 등의 지속적인 인기로 점차 순정만화의 틀이 정형화되었고 일러스트적인 신개념의 순정만화도 등장하였다. 소재가 다양화되면서 동성애를 다룬 다케미야 게이코의 〈바람과 나무의 시〉(1976)도 인기를 얻게 되었다.

1990년대는 일본의 버블경제가 붕괴되기 시작한 시기였지만, 만화는 불황을 모르는 장르였다. 1995년에는 만화 매출의 절정기를 이루었으며 남녀노소 모두가 만화 애독자가 되었다. 특히 만화 잡지 『소년점프』는 〈드래곤볼〉(1984), 〈슬램덩크〉(1990) 등의 연재가 90년대 중반에 종결되고 후반에 오다 에이치로의 〈원피스〉(1997)를 비롯해서 〈나루토〉(1999), 〈블리치〉(2001) 등이 연재되면서 그 명성을 이어갔다. 아마기 세이마루의 〈소년탐정 김전일〉(1992), 아오야마 고쇼의 〈명탐정 코난〉(1994) 등의 추리만화도 큰 인기를 끌었다. 이때부터는 아시아에서도 일본 만화 붐이 일었다.

2000년대부터는 일본의 저출산 현상의 심화와 경제적 불황의 지속 등으로 만화 매출도 감소하기 시작하고 만화업계의 성장이 멈추었다. 해외에서도 아라카와 히로무의 〈강철의 연금술사〉(2001), 다카하시 루미코의 〈이누야샤〉(1996) 등의 히트작들이 완결되면서 일본 만화가 하락세를 탔지만, 이른바 '원나블'이 인기를 유지하면서 또 다른 저력을 보여주었다. 2010년대 중반부터는 경제계에서도 회복세를 보이기 시작하고 이사야마 하지메의 〈진격의 거인〉(2009), 고토게 고요하루의 〈귀멸의 칼날〉(2016) 등의 만화가 히트하면서 만화계도 부흥을 한다. 현재는 염가의 편의점 만화나 과거의 인기 만화의 재출간 등으로 판매 형태를 다양화시키고 있으며, 인터넷과 모바일의 발달에 따라서 웹코믹(웹툰)도 등장하고 있다.

일본인의 만화 사랑은 다른 나라에서는 볼 수 없는 각별함을 가지고 있다. 제2차 세계대전 이후에는 어린아이부터 70대의 할아버지까지 데즈카 오사무의 만화를 비롯한 수많은 만화와 함께 성장했다고 해도 과언이 아니다. 어린 시절 보는 만화가 공부를 방해한다거나 정서상 좋지 않다는 편견은 거의 없다. 일본에서는 소위 엘리트라고 불리는 사람들도 만화를 좋아한다. 제92대 아소 다로 총리와 제93대 하토야마 유키오 총리는 만화 마니아로 유명하다. 일본에서는 지하철이나 버스에서 승객들이 대부분 뭔가를 읽고 있는데 70% 이상이 만화책이다.

그뿐만이 아니다. 『아사히신문』 등의 주요 일간지는 만화에 대한 월간 평가와 만화 관련 시리즈물을 빠지지 않고 싣고 있다. 일간지 중 발행 부수가 가장 많은 『요미우리신문』은 신춘 카툰대회도 열고 있다. 최근에는 초·중학교에 이어 고등학교 교과서에까지 〈우주소년 아톰〉이 실렸으며 만화 속에서 아톰이 탄생한 도쿄의 다카다노바바 역은 아톰의 거리로 유명세를 타고 있다. 또한, 초·중·고·대학마다 만화 동아리가 활성화되어 있으며 4년제 대학에는 만화학과가 있다. 정부도 정치나 행정 홍보 출판물을 낼 때는 만화를 많이 이용하며 제78대 총리 미야자와 기이치를 비롯한 정치인들도 자신의 칼럼을 연재할 때는 신문이나 시사 잡지가 아닌 만화 주간지를 선택하고 있다.

일본 만화는 글과 그림을 통해서 스토리를 전달하던 고대부터 그 맹아가 보이고 근세의 서민 문화 속에서 우키요에라는 형태로 기초가 만들어졌다. 그리고 제2차 세계대전 후에는 본격적인 스토리 만화로 발전하여 대표적인 읽을거리로 자리 잡았다. 독자의 대부분은 중고등학생을 중심으로 한 청소년 세대이지만, 만화를 문화로 수용하는 층은 어린아이부터 노년층까지 폭넓게 형성되어 있다. 일본 만화가 특수한 발전을 이룬 배경에는 독자들의 성장과 확대를 불러온 다양한 장르의 스토리를 끊임없이 개척한 작가들의 노력이 있었기 때문이기도 하다.

일본 만화의 발전은 일본인의 독서열과 높은 식자율, 짧은 시간 안에 정보 수집을 원하는 시간 감각 등에서도 그 요인을 찾을 수 있다. 또 일본어가 교착어이고 한자와 가나를 섞어 쓰는 언어라는 점, 그리고 한자를 읽는 법이 다양하다는 측면에서도 만화의 표현구조와 공통점이 있다. 또한 만화에서 극적이고 중요한 장면마다 사용하는 클로즈업이나 정지 등의 표현은 일본의 전통극 가부키의 '미에見得'에서 영향을 받은 기법이기도 하다.

미국의 대표적인 미디어 학자 존 렌트^{John A. Lent}가 "일본 만화 산업의 거대함은 전 세계에 견줄 데가 없다"고 한 것처럼 일본에서는 만화 자체로서의 수요도 크지만, 애니메이션이나 게임, TV 드라마, 영화 등의 2차·3차 창작물의 원작, 즉 스토리와 캐릭터의 보물창고 역할을 한다는 점에서 영향력은 무한대에 가깝다. 우리에게는 애니메이션이나 게임, TV 드라마 등으로 친숙한 것들이 사실은 만화가 원작인 경우가 많다. F4라는 신조어를 탄생시킨 KBS TV 드라마 〈꽃보다 남자〉(2009)도 1992년부터 소녀만화 잡지 『마가렛』에 연재된 가미오 요코의 순정 만화가 원작이며, 우리나라뿐만 아니라 애니메이션, TV 드라마, 영화 등으로 아시아 전체에 대대적인 열풍을 일으켰다.

최근에는 게임에 밀려서 만화의 출판량이 줄어들기는 하였지만, 일본은 이미 만화를 중심으로 하는 사회적 기반이 견고하다. 인기 만화의 스토리와 캐릭터를 테마로 하여 각광받는 관광지로 탈바꿈한 지방의 소도시들도 전국 곳곳에 있다. 돗토리 현의 사카이미나토 시는 인기 만화 〈게게게의 기타로〉(1965) 속 캐릭터와 요괴를 테마로 한 '미즈키 시게루 로드' 덕분에 연간 300만 명이 넘는 여행객들이 찾는 곳이 되었으며, 고치 현 가미 시에는 국민 만화 〈날아라 호빵맨〉(1973)과 관련된 박물관 외에 만화 속 캐릭터로 꾸며진 열차가 시코쿠의 주요 도시를 왕복하고 있어서 연간 30만 명의 관광객이 이곳을 방문하고 있다.

현대 일본 만화의 매력이라고 하면 서술 형태의 대사가 적고, 콤마 구획을 교묘하게 이용하여 시간의 흐름이나 심리 정경을 빠른 템포로 간결하게 표현하는 점을 꼽을 수 있다. 현장감과 사실감을 높이기 위해서 독자적인 효과음에 의한 묘사를 발달시키기도 한다. 일본에서 만화의 예술성을 높이기 위한 노력은 계속되고 있지만, 한편으로는 만화업계의 지나친 경쟁이 문제시되고도 있다. 오바 쓰구미와 오바타 다케시 원작의 만화 〈바쿠만〉(2008)은 TV 애니메이션(2010)과 영화(2015)로도 제작되어 큰 반향을 일으킨 작품으로, 창작활동에만 내몰린 만화가의 비참한 삶이 적나라하게 그려지고 있다. 독자를 만족시키기 위해서 온갖 열정을 불사르는 만화가들도 최소한의 인간다운 삶, 즉 인권이 보호되는 사회적 제도가 필요하다는 각성의 소리가 나오고 있다.

7 ──────────── Anime는 Anima

　전 세계에 널리 퍼져 있는 일본 문화를 하나만 꼽으라면, 서브컬처 그 중에서도 애니메이션이 될 것이다. 주로 TV라는 영상 매체를 통해서 방영되는 애니메이션은 어린 시절 누구나 한 번쯤은 빠져든 적이 있을 만큼 영향력이 큰 장르이다. 일본의 애니메이션은 현재까지도 전 세계 애니메이션의 60% 이상을 차지하며 우리에게 즐거운 추억으로 남아 있다. 보통 일본 애니메이션은 탄탄한 스토리와 재미난 표현기법, 완성도 높은 BGM 등에서 다른 나라의 애니메이션과는 차별화된 특별함을 가지고 있다고 평가한다. '아니메Anime(애니메이션의 일본식 발음)'라는 명칭으로 전 세계에 퍼져 있는 일본 애니메이션은 독자적인 문화 콘텐츠로서 현재도 계속 성장 중이다.

　원래 애니메이션Animation은 '영혼'이라는 뜻의 라틴어 'Anima'에서 유래된 말로 '무생물에 영혼을 불어넣는 것'이라는 의미이다. 1초 동안 24개의 그림(무생물)을 연속적으로 넘김으로써 살아 있는 것처럼 움직임을 만들어 낸다. 스토리가 있는 최초의 애니메이션은 프랑스의 에밀 콜이 공개한 〈판타스마고리Fantasmagorie〉(1908)이지만, 대중문화로 정착하고 일반인에게 보급된 것은 미국의 월트

디즈니Walt Disney, 1901~1966에 의해서였다.

미국과 프랑스의 영향을 받아서 일본에서도 1910년대부터 애니메이션의 실험적 작품이 만들어졌다. 일본 최초의 애니메이션은 시모카와 오텐의 〈이모카와 무쿠조 문지기 편〉(1917)으로 되어 있다. 그 후 1921년 애니메이션 전문 스튜디오 기타야마 영화 제작소가 설립되어 중·장편 애니메이션이 제작되었으며 1955년 일본 최대 영화사 도에이東映가 애니메이션 제작에 뛰어들면서 본격적으로 산업화되었다. '동양의 디즈니 스튜디오'를 표방한 도에이 동화는 분업식 제작 시스템으로 효율성을 높여서 〈새끼 고양이의 낙서〉(1957)를 발표하고 초당 24컷의 풀 애니메이션full animation 방식을 적용하여 작품성과 기술력이 높은 애니메이션을 잇달아 발표하였다.

1960년대는 일본이 경제 성장과 함께 도쿄 올림픽을 개최한 시기로 애니메이션도 새로운 전환기를 맞이하였다. 만화가 데즈카 오사무는 도에이 동화에서 애니메이션의 기본을 배우고 제작사 무시 프로덕션을 설립하여 일본 최초의 TV 애니메이션 〈우주소년 아톰〉(1963)을 발표하였다. 초당 프레임 수를 줄인 리미티드 기법으로 제작비 절감에 성공하여 총 193편의 시리즈로 제작 방영하였는데 최고 시청률 40.3%를 기록하며 일본 애니메이션 산업을 견인한 기념비적인 작품이 되었다.

1970년대 일본이 경제 대국 2위로 올라서면서 애니메이션 역시 황금기를 맞이하였다. 1960년대가 소형 로봇의 시대였다면 이 시기는 거대 로봇의 시대였다. 나가이 고 원작의 〈마징가 Z〉(1972)는 사람이 탑승하는 최초의 로봇 이야기로 TV 방영 후 극장용 시리즈가 계속 제작될 정도로 크게 히트하였다. 또한 도미노 요시유키 감독의 〈기동전사 건담〉(1979)은 로봇의 메카닉 설정에 의해서 '건프라(건담 프라모델)' 제품으로 상업화되는 등 폭발적 성공을 거두었다.

한편 마쓰모토 레이지 원작의 〈우주전함 야마토〉(1974) 역시 TV 방영 후 극장용 시리즈가 연달아 개봉하면서 흥행 돌풍을 일으켰다. 실제 태평양전쟁에 쓰인 전함을 모델로 했다는 점에서 군국주의 논란에 휩싸이기도 했지만, 전함에 대한 세부적인 묘사와 정교한 스토리를 통해서 일본 애니메이션이 '아니메'라는 독자적인 브랜드로 자리를 잡는 데 기폭제가 되었다. 마쓰모토 레이지 원작의 애니메이션 열풍은 그 후 〈은하철도 999〉(1978), 〈천년여왕〉(1981) 등으로 이어졌다.

1970년대가 TV 애니메이션의 시대였다면, 1980년대는 극장용 애니메이션의 시대였다. 1985년 미야자키 하야오宮崎駿, 1941~와 다카하타 이사오高畑勲(1935~2018)가 주축이 되어 설립한 스튜디오 지브리의 활약 덕분이다. 미야자키 하야오는 〈바람계곡의 나우시카〉(1984)로 상업적 성공을 거둔 후 스튜디오 지브리의 첫 작품으로 〈천공의 성 라퓨타〉(1986)를 발표하였다. 그리고 회심의 역작 〈이웃집 토토로〉(1988)는 큰 녹나무에 사는 숲의 신 토토로가 어린 자매의 수호신이 되어주는 이야기로, 애니메이션 최초 일본 내 모든 영화제의 상을 제패하는 쾌거를 이루며 지브리 월드를 구축하기에 이르렀다.

다카하타 이사오는 〈알프스 소녀 하이디〉(1974), 〈엄마 찾아 삼만리〉(1976), 〈빨강머리 앤〉(1979) 등의 TV 명작 애니메이션으로 명성을 쌓은 후, 극장용 애니메이션 〈반딧불의 묘〉(1988)를 발표하여 피난 생활을 하는 남매 이야기를 통해서 전쟁의 참상을 처절하고도 서정적으로 그려냈다. 미야자키 하야오가 판타지 세계를 그려내는 데 뛰어났다면, 다카하타 이사오는 이웃과 일상의 이야기에서 보편적 공감을 끌어내는 데 탁월하였다.

1990년대는 일본의 거품 경제가 붕괴되고 장기 불황에 접어든 시기로 극장용 애니메이션은 침체기에 접어들었다. 일본 애니메이션 대신에 미국의 디즈니 애니메이션이 〈인어공주〉(1989)의 성공을 시작으로 부흥기를 구가하며 관객몰이를 하였다. 이때 일본 애니메이션을 지탱한 것은 아동용 애니메이션과 OVA^Original Video Animation의 선전이었다. 1990년대 중반에는 SF사이버펑크 cyberpunk 애니메이션이 무정부주의적 세계관과 첨단 기술의 이미지가 결합된 반체제적 스토리로 인기를 끌었다. '에바' 신드롬을 일으킨 안노 히데아키 감독의 〈신세기 에반게리온〉(1995)과, 실사 영화 등의 많은 파생물을 생산한 오시이 마모루 감독의 〈공각기동대〉(1995) 등이 이에 해당하며 심오한 사상과 철학을 담은 어른용 애니메이션의 대표적인 작품으로 자리매김하였다.

점차 회복세를 보이던 일본 애니메이션은 미야자키 하야오 감독의 〈모노노케 히메〉(1997)가 대성공을 거두며 부활의 신호탄을 쏘아 올렸다. 무로마치 시대를 배경으로 자연과 인간의 대결과 공생이라는 주제를 다루었으며, 최초로 컴퓨터 그래픽을 사용하여 주목을 받았다. 이후에도 미야자키 하야오 감독은 〈센과 치히로의 행방불명〉(2001), 〈하울의 움직이는 성〉(2004), 〈벼랑 위의 포뇨〉(2008), 〈바람이 분다〉(2013) 등의 완성도 높은 애니메이션을 잇달아 발표하며 애니메이션계의 거장 감독으로 자리 잡았다. 특히 〈센과 치히로의 행방불명〉은 인간과 신의 공존, 도플갱어의 분열과 통합, 이름을 되찾는다는 것의 의미 등을 통해서 인류 보편적 정서를 표현한 작품으로, 2002년 베를린국제영화제에서 그랑프리를 수상하였으며, 2003년 미국 아카데미 시상식에서는 장편애니메이션상을 수상하였다.

한편 다카하타 이사오 감독은 1990년대 초반 불황기 속에서도 〈추억은 방울방울〉(1991), 〈폼포코 너구리 대작전〉(1994)을 연달아 성공시키는 저력을 보였다. 『아사히신문』의 4컷 연재만화를 원작으로 한 〈이웃집 야마다군〉(1999)은 스튜디오 지브리 최초의 100% 디지털 애니메이션이라는 점에서 눈길을 끌었다. 5인 가족의 소소한 일상을 담백하게 담아낸 작품으로 각 에피소드의 끝에는 일본의 전통적인 정형시 하이쿠俳句를 인용하여 정서적인 공감대를 형성하는 데 성공하였다.

2000년대 이후에는 위성방송의 발전, 인터넷의 발달, 국제시장을 겨냥한 마케팅의 흐름을 타고 데즈카 오사무 원작의 SF 애니메이션 〈메트로폴리스〉(2001), 〈센과 치히로의 행방불명〉(2001) 등이 해외에서 '아니메'의 존재감을 각인시켰다. 또한 디지털 기술의 발달로 노동 집약적 산업이 기술 집약적 산업으로 전환되는 경향 속에서 상업 애니메이션의 1인 제작 시스템이 등장하기도 하였다.

포스트 미야자키라는 호칭으로 현재 일본 애니메이션계를 견인하고 있는 감독은 신카이 마코토新海誠, 1973~이다. 그는 감독, 각본, 작화 등 작업 대부분을 혼자 진행한 〈별의 목소리〉(2002)로 이목을 끌었으며 이후 〈초속 5센티미터〉(2007), 〈언어의 정원〉(2013), 〈너의 이름은〉(2016), 〈날씨의 아이〉(2019) 등에서 아름다운 풍경과 등장인물의 심리를 섬밀하게 그려내어 그 실력을 인정받았다. 특히 〈너의 이름은〉은 산간지역 시골 마을에 사는 여고생과 도쿄에 사는 남학생이 꿈속에서 서로 뒤바뀌면서 일어나는 기적 같은 사랑을 그린 이야기로, 일본 특유의 운명론과 인연론을 기반으로 한 스토리, 선명한 색감과 사실적인 빛 처리를 통해서 만들어 낸 화려한 영상미 등이 높은 평가를 받고 있다.

일본 애니메이션이 이렇게까지 발달할 수 있었던 이유는 무엇일까? 애니메이션을 제작하는 데는 크게 3가지 요소가 필요하다. 스토리(캐릭터), 과학(공학)기술, 자본이다. 일본이 19세기 후반 서양의 근대 과학 기술을 받아들이고 나서 2019년 기준으로 노벨과학상 수상자가 24명에 이르는 과학 강국이라는 점, 제2차 세계대전 패망 이후 산업화에 박차를 가해서 1968년 미국에 이은 경제대국 2위에 올라서면서 선진국으로 발돋움을 했다는 점은 이미 잘 알려진 사실이다. 거기에 일본은 고대부터 소설과 만화의 발달로 매력적인 스토리가 많다.

중국 대륙의 성향과는 달리 일본에서는 일찍부터 사상적 측면보다는 감정적 측면이 더 중요시되었다. 일본인은 토착 신앙인 신도에 의해서 만물에 영혼이 깃들어 있다고 생각하므로 생명과 무생명, 인간과 그 외의 생물을 명확하게 구별 짓지 않는다. 그리고 만물은 이 세상(인간의 세계)과 저 세상(신의 세계)의 이원적 구조 안에서 자유롭게 교류한다고 생각했기 때문에 상상 속의 판타지 세계를 현실의 이야기로 구현할 수 있었다. 종교나 이데올로기로 인한 제약이 없는 자유로운 발상과 표현, 그리고 절대적인 존재를 설정하지 않는 상대주의적인 가치관이 각양각색의 스토리(캐릭터) 발전으로 이어졌다고 볼 수 있다.

그리고 아이와 어른을 명확하게 구분하지 않는 것도 애니메이션 발달의 요인이 된다. 일본에는 어린이 문화와 어른 문화의 뚜렷한 구분이 없고 연속적이고 융합적이다. 신도에서는 우주를 인간과 신의 순환구조로 보고 노인과 어린아이를 인간과 신의 중간적인 존재로 간주한다. 특히 어린아이는 신의 영험한 힘을 아직

가지고 있는 존재로 어른들에게는 없는 특별함이 있다고 생각한다. 애니메이션 〈이웃집 토토로〉에서 숲의 신 토토로는 어른들 눈에는 안 보이고 가장 어린 메이에 의해서 제일 먼저 발견된다. 이것은 작고 귀여운 것, 어린아이 같은 순수함에 높은 가치를 두는 '가와이이 문화'와도 연결된다.

서민 문화가 일찍부터 발달한 점도 중요한 요인이다. 일본의 근세 에도 시대는 상공업자들이 경제적인 힘을 바탕으로 사회와 문화를 이끌어가던 시기였다. 지적 엘리트에게 통제받지 않는 거대한 서민 계층의 가치관이 중심을 이루었으며 그러한 사회적 분위기는 재미있고 쉽게 접근할 수 있는 대중문화 형성으로 이어졌다. 대중문화 속 스토리에서는 히어로(영웅) 같은 주인공이 아니라 지극히 평범한 주인공이 고민하고 노력하면서 강하게 성장해간다. 일본의 문화 콘텐츠가 많은 사람에게 공감을 얻는 이유이다.

1990년대부터 경제적 불황기로 일본 애니메이션은 저성장 시대에 들어갔지만, 해외 시장에서는 꾸준한 성장세를 보이며 2018년부터는 시장 규모가 1조 엔을 넘어섰다. 일본은 어느덧 애니메이션 산업의 선구자인 미국을 앞질렀다.

일반적으로 미국 애니메이션은 주인공 캐릭터가 1명이며 해피엔딩이 기본인 경우가 많다. 어린이가 꿈꾸는 판타지의 세계를 구현하는 스토리에는 일정한 방식이 있어서 작품은 달라도 비슷한 구도를 갖는다. 그에 비해 일본 애니메이션은 작품마다 독특한 세계관이 있으며 전개 과정 또한 서로 달라서 예측하기 어렵다. 매년 TV에서 방송되는 애니메이션만 해도 300편 이상이 되며 극장용과 OVA까지 합치면 400편 이상이 된다. 일본 애니메이션은 다양한 장르에 걸쳐 있어서 골라 보는 재미가 있고 선택의 폭이 넓다는 것이 장점이다.

예를 들면, 〈진격의 거인〉(2013)이나 〈나의 히어로 아카데미아〉(2016)에서는 주인공과 다른 인격을 가진 다양한 조연 캐릭터가 오히려 주인공보다 더 큰 활약상을 펼친다. 아이일 때는 누구나 스스로 주인공이라고 생각하지만 커보면 현실은 다르다는 사실과 인생에는 무슨 일이든 일어날 수 있다는 사실이 애니메이션에 투영되어 있다. 그리고 내용적으로도 반전이 많아서 긴장의 끈을 놓을 수 없으며 주인공이라도 좌절하고 패배를 맛보며 죽는 일까지 있다. 캐릭터가 사실적인 데다가 험난한 인생을 보낸다는 점에서 보고 있으면 자신도 모르게 빠져든다. 서구에서는 실사 영화나 TV 드라마에서 볼 수 있는 어른들의 다양한 세계가 일본에서는 애니메이션 안에서도 펼쳐진다.

또한 일본의 TV 애니메이션은 매일 혹은 매주 정해진 시간에 연속적으로 방영되므로 한 편 한 편 놓칠 수 없는 중독성이 있다. 2002년부터 2017년까지 일본에서 최장기에 걸쳐서 방영된 〈나루토〉는 수요일(후에는 목요일) 저녁 시간에 어린이와 청소년을 TV 앞에 모이게 하는 계기가 되었다. 〈나루토〉가 2005년부터 미국의 카툰네트워크에서 방영되었을 때도 방과 후 어린이들이 서둘러 집으로 돌아가는 현상이 일어났다. 닌자, 무협물 등의 장르적 특징이 서양인들의 오리엔탈리즘과 맞아떨어진 면도 있지만, 매회 이야기가 완결되는 서양의 애니메이션과는 달리, 각각의 이야기가 열린 결말로 꼬리를 물고 넘어가는 식으로 구성되어 있기 때문이다.

또한 미국 애니메이션은 전 세계에 널리 보급되는 것을 목표로 하기 때문에 각종 종교나 정치, 생활 습관 등의 터부를 고려하여 이야기를 단순화시키는 경향이 있다. 그에 비해 일본 애니메이션은 국내 시장용으로 제작되기 때문에 이야기 설정이 자유롭다. 특정한 제약이 없다 보니 외국에서 보면 선정적이거나 폭력적인 면이 두드러지는 일도 생긴다. 예를 들면, SF 로맨틱 코미디 〈시끌별 녀석들〉(1981)은 유별나게 여자만 밝히는 남자 고등학생과 자주 몸매를 노출하는 초미녀 외계인이 등장한다. 현재 일본 국내에서 폭발적인 인기를 끌고 있는 시대극 애니메이션 〈귀멸의 칼날〉(2019)은 귀신이 사람을 먹고 주인공이 귀신을 죽이는 과격하고 잔인한 장면들이 많이 나온다. 좁고 깊은 세계를 추구하며 다양한 작품들이 끝없이 제작된다는 측면에서 일본 애니메이션은 각기 다른 소비자의 취향을 최대치로 만족시킬 수 있다는 장점이 있다.

어린 시절 인형人形을 가지고 놀던 추억은 누구에게나 있다. 아기 때는 누워서 모빌에 달린 인형을 바라보며 놀고 조금 크면 스스로 인형을 가지고 각종 역할놀이를 한다. 인형이란 사람의 모양을 본떠서 만든 물건을 말하지만, 요즘은 동물이나 캐릭터를 본뜬 물건까지 폭넓게 지칭한다. 놀이도구라는 점에서는 공통되지만, 자동차, 구슬, 공, 칼, 퍼즐 같은 것과는 위상이 다르다. 형태가 사람과 비슷하다는 점에서 우리는 인형에게 감정을 이입하고 새로운 인격을 부여한다.

고대부터 인형은 인간을 대신해왔다. 죽은 사람과 함께 땅속에 묻혀서 저승길의 벗이 되기도 하고 인간 대신 역병과 재난을 떠맡거나 풍요와 다산을 염원하는 우상이 되기도 하였다. 일본에서는 만물에 영혼이 깃들어 있다고 생각하는 신도가 발달하여 인형에 대한 관념이 일찍부터 형성되었다. 전통적인 민속 인형에서 현대의 캐릭터 피규어에 이르기까지 일본 인형은 오랜 역사를 거치면서 독특한 문화이자 하나의 예술로 발전하였다.

현대에도 일본인의 일생은 거의 인형과 함께한다고 해도 과언

이 아니다. 일본에는 각종 행사에 인형이 등장한다. 그중에서 3월 3일 히나 마쓰리 때 장식하는 히나 인형雛人形이 대표적이다. 히나 마쓰리가 행해지는 날은 모모노셋쿠桃の節句('복숭아 명절'이라는 뜻), 즉 여자아이의 어린이날이다. 예전에는 음력 삼월 삼짇날이었다가 이제는 양력 3월 3일로 바뀌었다. 이날 가족들이 모여서 여자아이의 건강과 행복을 기원하며 빨간 천으로 덮은 제단, 즉 히나단雛壇 위에 히나 인형과 복숭아꽃, 술, 떡, 초밥 등을 장식한다. 히나 인형은 헤이안 시대의 궁중 옷차림을 본떠서 만든 인형을 말하는데, 히나단 맨 위층에는 천황과 천황비를 올리고 그 아래층에 세 명의 궁녀, 다섯 명의 악사, 두 명의 대신, 세 명의 시종을 차례로 배치한다.

히나 인형은 헤이안 시대 귀족의 자녀들이 히나 아소비雛遊び에서 가지고 놀던 인형에서 비롯되었다. '히나雛'는 원래 '병아리'라는 뜻으로 '옷을 입힌 인형' '작은 것' 등의 의미를 지닌 단어이다. 당시에는 종이로 만든 인형을 가리켰으며 주로 여자아이들이 소꿉놀이에서 가지고 놀았다. 히나 아소비라는 전통 문화에 중국에서 전래된 궁중의 상사절上巳節(3월 3일경 사람 모양의 종이에 부정한 기운을 옮겨서 강이나 바다에 흘려보내던 액막이 행사)의 나가시비나流し雛 풍습이 더해져서 점차 히나 마쓰리로 정착되었다.

히나 인형은 아이에게 닥칠 수 있는 평생의 재앙과 액운을 대신 받는다는 종교적·주술적인 의미가 컸으므로, 에도 시대에는 신분이 높은 여성이 결혼할 때 혼수로 준비해 가는 경우가 많았다. 히나 인형은 점점 화려해지고 사치스러워졌으며 크기도 커졌다. 에도 막부에서는 '사치 금지령'이라고 해서 인형의 크기는 8촌寸, 즉 24㎝ 이하로 정하였으며, 인형의 가재도구에는 마키에蒔絵(칠기에 금가루와 은가루로 무늬를 수놓는 일본 전통 공예)를 쓰면 안 된다는 규제를 만들 정도였다. 하지만 히나 인형을 고급화하려는 움직임은 인형 제조업자의 기술력을 더욱 발전시키고 인형제조의 수준을 예술적인 경지로 끌어올리는 요소로 작용하였다.

오늘날에도 히나 인형은 화려한 옷과 정교한 머리 장신구를 몸에 두른 아름다운 자태로 문화재로 지정될 만큼 미의 극치를 이루고 있다. 장인들이 대를 이어서 축적한 기술을 한껏 발휘해서 만든 것으로 거기에는 전통적인 옷감의 직조법을 비롯해 나무·옻칠·금박 공예 기술이 응축되어 있다. 살아 숨 쉬는 듯한 정교함과 과감한 생략기법으로 극한의 귀여움을 표현하는 히나 인형은 가지고 노는 장난감 수준을 넘어서 장식해두고 감상하는 하나의 예술품이 되었다.

여자아이에게 3월 3일 히나 마쓰리와 히나 인형이 있다면, 남자아이에게는 5월 5일 단고노셋쿠와 고가쓰五月 인형이 있다. 5월 5일에는 단고노셋쿠端午の節句, 즉 단오절 풍습에 따라 남자아이의 건강과 성장을 기원하며 무사의 모습을 본뜬 인형을 장식한다.

단고노셋쿠는 원래 중국의 단오절이 일본에 전해지면서 생겨난 풍습으로 재앙이나 부정을 방지하여 농사를 잘 짓도록 하는 액막이 행사였다. 단오절은 5^五의 발음이 오^午와 같아서 단오절^{端午節}로 되었으며, 5^五가 겹친 날이어서 중오절^{重五節}, 또는 양수^{陽數}(홀수)가 겹친 날 중 가장 햇볕이 강한 날이어서 단양절^{端陽節}이라고도 하였다. 나라 시대에는 궁중에서 달리는 말 위에서 활을 쏴서 액운을 물리치도록 하거나 창포로 지붕을 엮어 올려서 나쁜 기운을 몰아내도록 하였다. 창포는 색이 진하고 향기가 강해서 잡귀를 쫓아낸다고 생각하였다.

가마쿠라 시대 무사 정권이 성립하면서 단고노셋쿠는 남자아이에게 특히 중요한 날이 되었다. 창포^{菖蒲}의 쇼부^{しょうぶ}라는 발음이 무예를 숭상한다는 상무^{尚武}의 쇼부^{しょうぶ}와 같고 창포의 가늘고 긴 잎사귀가 칼을 연상시킨다는 생각에서였다. 에도 시대에는 더욱 발전하여 특히 무가에서 갑옷이나 투구 등을 집안에 장식하며 후계자인 아들이 건강하고 용맹하게 자라서 집안이 번성하기를 기원하였다. 이것이 일반 서민에게 퍼지면서 모형 투구와 갑옷, 그리고 무사 인형 등을 장식하는 고가쓰 인형이 되었다.

원래 전쟁에서 몸을 보호하기 위한 도구의 하나인 투구와 갑옷은 헤이안 귀족들의 평화 시대를 거치면서 독특한 미의식이 반영된 문화로 발전하였다. 그것이 무사들이 군웅할거 하던 가마쿠라 시대에는 금박과 염색, 가죽 공예 등과 접목되어 한층 격조 높은 예술품으로 거듭났다. 당시 권력자, 즉 무사들은 투구와 갑옷을 전투뿐만 아니라 각종 행사에서 착용할 의전용으로 제작했으며 전쟁에서의 승리와 자손 번성 기원을 위하여 갑옷과 투구를 신사에 봉납하기도 하였다.

헤이안 시대와 가마쿠라 시대의 투구와 갑옷은 뛰어난 공예품으로 현재 국보나 중요문화재로 지정되어 있다. 예를 들면, 나라 현의 가스가타이샤春日大社, 에히메 현의 오야마즈미 신사大山祇神社 등에는 당시의 실물이 봉납되어 있다. 현대에도 국보급 투구와 갑옷의 아름다운 조형과 배색을 그대로 계승한 고가쓰 인형의 공예가가 활약 중이다. 바로 지카라이시力石 가문의 가이슈鎧秀와 고진甲人 부자父子이다.

고가쓰 인형 중에서 무사의 모양을 본뜬 인형은 옛날이야기에 등장하는 모모타로桃太郎 혹은 킨타로金太郎를 모델로 삼은 것이다. 개, 꿩, 원숭이와 함께 도깨비를 물리치고 마을 사람들을 구한 모모타로와 계곡 사이에 다리를 놓아서 동물들을 구한 킨타로는 예로부터 남자 아이들의 영웅이었다. 그 인형과 함께 장식되는 고이노보리鯉のぼり는 잉어 모양의 깃발로 잉어가 폭포를 거슬러 올라가 용이 되었다는 중국의 고사 '등용문'에서 유래되었다. 이 고이노보리는 장대 끝에 매달아 대문 밖에 꽂아 놓기도 하는데 검은색, 빨간색, 파란색 잉어로 각각 아버지, 어머니, 아이를 표현한다.

고가쓰 인형은 원래 중국에서 전래된 세시풍속인 단오절이 일본의 오랜 무사 시대를 거치면서 전통문화로 발전한 것으로, 특히 투구와 갑옷과 같은 전투에서 쓰이는 실용적인 도구를 공예품, 예술품으로 재창조하였다는 점에서 일본적인 특징을 찾을 수 있다. 즉, 일본 문화에서는 생활 속에서 실용적으로 쓰이는 친숙한 것들을 오히려 신성시하고 특별한 것으로 생각하면서 신앙으로까지 발전시키는 경우가 많다. 일상의 비일상화(예술화) 현상이다.

그 밖에도 일본의 전통 인형에는, 원통형 목각으로 여자아이 모양을 한 동북 지방의 고케시小芥子 인형, 에도 시대 유명한 가부키 배우의 모습을 딴 이치마쓰市松 인형, 인형극에 쓰이는 조루리浄瑠璃 인형, 의복의 모양이나 주름을 인형 본체에 새겨 넣어 인형이 마치 옷을 입은 것처럼 만든 기메코미木目込 인형 등 다양한 인형의 종류가 있으며 이러한 인형들 역시 정교한 기술로 만들어진 공예품으로 손쉽게 가지고 노는 장난감의 차원을 넘어선 것들이다.

일본의 전통 인형들은 자포니즘 유행과 함께 1870년부터 유럽과 미국에 수출되기 시작했다. '장난감'이었던 일본의 전통 인형이 '예술적인 상품'으로 바뀌어 서양인들의 큰 흥미를 끌면서 다른 공예품들 못지않게 주요한 수출 품목이 되었다. 헤이안 시대 궁중 인물을 재현한 히나 인형은 특히 일본의 전통문화를 상징하는 것으로 국가 간 외교적인 자리에서 선물로도 곧잘 등장하였다. 에도 시대 중반 18세기부터 교토에서 만들어지기 시작한 이치마쓰 인형은 '우정의 인형'으로 미국에서 화제가 되기도 하였다.

일본인의 인형에 대한 특별한 애착과 공예 기술은 현대의 대중

문화로도 이어졌다. 바로 피규어 문화이다. 피규어는 만화, 애니메이션, 게임 등에 나오는 캐릭터들을 축소해서 거의 완벽한 형태로 재현한 인형을 말한다. 영어권에서는 액션 피규어Action Figure 또는 모델 피규어Model Figure라고 하며 플라스틱 조립식 장난감 프라모델Pla-model을 포함하는 말이다. 우리나라에서 쓰는 피규어라는 용어는 영어 'figure'의 일본어식 표기인 '휘규아(일본어 フィギュア)'에서 왔다.

일본에서 피규어가 처음 등장한 것은 1970년대 초반부터이다. 과자를 사면 덤으로 주는 식품 완구가 유행한 후에 미니어처라는 말 대신에 점차 피규어라는 말이 쓰이게 되었다. TV 특촬물로 〈울트라맨〉(1966)이 큰 인기를 끌고 〈가면라이더〉(1971)가 방영되기 시작하면서 극 속에 등장하는 주인공과 괴수들을 본뜬 소프트비닐 인형이 유행하고 이것이 일본 피규어의 시초가 되었다.

1980년대부터는 본격적인 피규어 붐이 일어났다. 〈기동전사 건담〉(1979), 〈초시공 요새 마크로스〉(1982) 등의 대형로봇 애니메이션이 공전의 히트를 치면서 그 전부터 있던 소프트비닐 인형 외에 납으로 만든 것이 등장하였다. 스스로 조립하는 프라모델도 〈기동전사 건담〉과 함께 폭발적인 인기를 끌면서 '건프라'라는 말이 유행하였다. 이 무렵부터 어린이뿐만 아니라 어른을 대상으로 하는 고가의 것이 나오는 등 제작에 상당한 기술과 지식을 요하는 피규어의 고급화가 진행되었다.

현재의 피규어 붐에 가장 큰 영향을 미친 것은 1990년대에 융성한 미소녀 피규어의 존재이다. 전투계 미소녀 만화의 선구적인 존재이면서 금자탑인 애니메이션 〈미소녀 전사 세일러문〉(1992)과 지금까지도 세계적인 인기를 끌고 있는 컬트적인 애니메이션 〈신세기 에반게리온〉(1995)의 붐이 시작된 이때는 그야말로 혁명의 시대였다. 특히 〈신세기 에반게리온〉 속 아야나미 레이는 애니메이션의 가상 세계와 현실 세계를 연결한 최초의 캐릭터라고 할 수 있다. 일반적으로 만화나 애니메이션의 수준을 평가할 때 2차원 속 가상의 캐릭터를 실제 인간처럼 연애의 상대로 생각하게 할 수 있는가를 기준으로 삼기도 하는데 일본에서 그것을 처음으로 가능하게 한 것이 바로 아야나미 레이였다.

가상의 2차원 세계 속에 존재하는 캐릭터에 생명력을 불어넣어서 현실에 그대로 재현해야 하므로 피규어를 만드는 작업은 정교하고 섬세할 수밖에 없다. 대량 생산이 어렵고 가격도 비싸며 구하기도 쉽지 않다. 그럼에도 불구하고 영화, 애니메이션, 연예인, 만화 등에서 마음속으로만 좋아하는 캐릭터들을 실제로 입체화시켜서 보여주는 피규어 산업은 점점 발전하였다. 일본에서는 일찍부터 서브컬처가 발달하면서 수많은 인기 캐릭터가 탄생하였고 그 캐릭터들이 피규어로 만들어지면서 더 인기를 누리는 식으로 상승 작용을 해왔다. 현재는 서브컬처 인기와 함께 전 세계에 일본 피규어 붐이 일어나고 있으며 우리나라에도 팬들이 많다.

현재 일본의 대표적인 피규어 회사와 인기 시리즈를 소개해보면 다음과 같다.

○ 맥스 팩토리

'잘 움직이고 예쁘다'는 캐치프레이즈처럼 지금은 액션 피규어의 대명사라고 할 수 있는 'figma' 시리즈를 기획, 개발하고 있는 회사이다. 'figma'는 2008년에 발매 개시해서 5년 사이에 200종 이상의 상품을 판매한 인기 시리즈이다.

○ 굿스마일 컴퍼니

'넨도로이드' 시리즈를 제작, 판매하는 회사이다. '넨도로이드'는 2.5등신으로 데포르메(변형) 된 형태가 특징인 피규어로 2006년부터 판매 개시해서 현재까지 인기 상품이다. 표정을 바꿔서 끼거나 부속 파츠가 많은 것이 매력적이며 가격도 저렴해서 피규어 스탠더드의 하나이다.

○ 카이요도

1964년 '만드는 즐거움을 모든 사람에게'라는 콘셉트로 오사카에서 창업한 회사이다. 이미 나온 인기 만화나 애니메이션의 캐릭터뿐만 아니라 극히 전문적인 지식을 동반하는 동물, 풍물의 디오라마적인 재현, 프라모델에 필적하는 정교한 전차 미니어처, 자연사 박물관에서도 입체화시킨 일이 없는 공룡, 유명 문학작품의 삽화를 입체화하는 등의 작업을 하고 있다. 게라지 키트를 개발했으며 현재 원더 페스티벌을 주최, 아마추어 피규어 진흥에 기여하고 있다.

○ 반다이

1950년 창업한 반다이는 1970년대부터 피규어를 제작 판매하였으며 인기 피규어는 울트라맨과 요괴워치이다. 울트라맨 피규어는 일본 피규어의 원조라고 할 만큼 오래된 모델이지만 시리즈를 계속 출시해서 중년층에서 소년층까지 고객으로 확보하고 있다. 요괴 워치의 요괴 소프트비닐 시리즈는 가격이 저렴하고 종류가 많다.

○ 알트

인기 피규어 중에서도 정교하고 섬세한 피규어로 정평이 나 있다. 특히 미소녀 피규어로 유명하다. 때로는 판매 예정일을 뒤로 미룰 정도로 완벽함을 추구한다. 완성도가 높은 만큼 가격대는 높은 편이다.

이제 피규어는 단순한 장난감 인형이나 장식품의 수준을 넘어섰다. 화면 속 캐릭터가 튀어나온 듯한 생생한 표현력과 정교하고 섬세한 조형미는 보는 사람을 압도한다. 특히 완성도가 높은 피규어는 수준이나 가격이 예술 작품과 맞먹는다. 특히 '레어템'이라고 불리는 희귀한 피규어는 부르는 것이 값이다. 환상 속의 세계를 현실 세계에 그대로 재현시키는 마법, 피규어는 일본의 인형에 대한 문화적 토양이 빚어낸 예술적 영역이라고 할 수 있다.

인형은 어린 시절 우리와 함께했던 소중한 물건 중 하나이다. 요즘은 키덜트라는 말과 함께 '인형족' 즉 인형에 빠진 어른들이 많다. 그들에게 인형은 추억과 감정을 나누는 삶의 동반자이자 영혼의 교감을 나누는 소울 메이트이다. 예술이 되어 영혼이 깃든 인형은 세계적으로 열풍을 일으키고 있는 복고(Retro)를 새롭게 (New) 즐기는 뉴트로(New-tro) 감성을 자극해서 글로벌 밀레니얼 세대의 취향을 저격하며 어린 시절의 향수를 불러일으키고 있다. 요즘에는 힘들고 지친 마음을 위로해주고 행복감을 가져다 준다는 의미로 '반려동물'을 대신할 수 있는 '반려인형'이라는 말까지 나오고 있다.

9 ━━━━━━ 나만의 우상, 아이돌

아이돌idol이란 '우상' '숭배를 받는 사람이나 물건' '우러러보는 선망의 대상' '열광적인 팬을 갖는 사람' 등의 뜻을 가진 말이다. 1940년대 미국에서 여학생들에게 열광적인 인기를 끈 프랭크 시나트라가 아이돌idol의 시초라고 할 수 있으며 영어에서는 나이에 상관없이 가수뿐만 아니라 운동선수나 정치인 등에도 롤모델이나 이상형의 의미로 폭넓게 쓰이고 있다. 오늘날과 같이 그룹으로 활동하는 젊고 매력적인 가수를 주로 아이돌이라고 칭하게 된 것은 일본이 처음이었다.

일본의 대중문화는 제2차 세계대전 후인 1950년대 산업화와 함께 발달하기 시작하였다. 당시 일본은 TV가 아직 보급되지 않은 시기였으며 구로사와 아키라 감독의 〈라쇼몽〉(1950), 〈7인의 사무라이〉(1954) 등이 세계 3대 국제영화제에서 각각 그랑프리와 은사자상을 수상하면서 대대적인 영화 붐이 일어났다. 주로 영화나 극장과 관련된 배우가 각광을 받으면서 13세에 데뷔한 배우 아시타 마쓰코明日待子 등이 큰 인기를 끌었다.

1960년대 영화 산업의 점진적인 쇠퇴, TV 시대의 도래, 그룹

사운드의 유행 등으로 '스타'라는 말과 함께 '아이돌'이라는 말이 서서히 자리를 잡게 되었다. 미국의 엘비스 프레슬리의 인기가 일본에서도 이어져 로커빌리(로큰롤과 힐빌리가 결합된 명칭)가 유행하였으며 서양의 팝송을 일본어로 번안해서 부르는 경우도 많았다. 8살 어린 나이로 데뷔하여 10대와 20대에 이 수많은 히트곡을 낸 미소라 히바리는 당시를 대표하는 아이돌이었다.

1970년대는 본격적으로 아이돌 문화가 형성된 시기로, 레코드 회사가 악곡 제작을 자사 전속 작가가 아닌 무소속 작가에게 개방하면서 경쟁적으로 '아이돌 가요'가 제작되었다. 미성숙한 귀여움, 친근함 등에 애착을 보이는 일본적인 미의식을 반영한 독자적인 아이돌 개념이 이때 형성되었으며 대중가요의 중요한 장르로 자리 잡았다. 14세 나이로 가수 데뷔를 한 야마구치 모모에는 개인 수익이 소속사 총매출액의 20%를 차지할 정도로 인기가 높았다.

1980년대는 일본의 경제적 호황에 힘입어 아이돌 붐이 장기간 지속되었으며 18세에 데뷔한 마쓰다 세이코는 필요 이상의 과장된 연기를 전면에 부각해서 아이돌에 대한 가치관을 바꿔놓았다. 오냥코클럽처럼 TV의 예능 프로그램을 통해서 일제히 데뷔하는 여자 아이돌 그룹도 등장하여 모든 것을 팬과 함께 공유하며 성장한다는 일본만의 아이돌 패턴이 확립되었다. 오디션을 통해서 평범한 여고생을 아이돌로 데뷔시켜 스타로 만드는 시스템은 20여년 후 AKB48에 이르기까지 계속되며 우리나라를 비롯한 아시아 주변국의 아이돌 산업에도 선구적인 존재가 되었다.

1990년대 거품 경제 붕괴, 비디오와 게임 시장의 성장, 영화계 침체 등으로 다채널, 다매체라는 미디어믹스 현상이 일어났다. 노래, TV 드라마, 영화, 예능 등을 복합적으로 소화하는 만능형 아이돌 스타들이 등장했으며 가수 이외의 분야에서 아이돌이 활약하면서 아이돌 다분화 시대를 맞이하였다. TV 버라이어티 프로그램을 기본으로 하는 모리구치 히로코와 같은 버라돌, 이지마 아이와 같은 AV아이돌과 함께 사진 누드집을 내는 그라비아퀸도 있었으며 아무로 나미에는 패션 리더이자 오피니언 리더로서 동성인 여성들의 지지를 받기도 하였다.

'헬로! 프로젝트'에 소속된 14인조 여자 아이돌 그룹 모닝무스메는 1997년 데뷔하여 과거의 정통 아이돌 노선을 부활시켰다. 같은 반에 있는 여학생 같은 친근한 느낌을 준다는 점은 기존의 아이돌과 비슷하지만, 여러 장르의 노래를 소화할 수 있는 가창력을 갖추고 그 이상의 다양한 활동을 하여 주목을 받았다. 작사, 작곡, 프로듀스를 대부분 실력파 프로듀서 츤쿠가 담당하고 있으며 오리콘 차트 탑10 안에 오른 싱글 CD가 역대 최다이다. 멤버가 계속 바뀌고 멤버 수가 유동적이지만 그룹 자체는 그대로 존속하는 운영 방식으로 현재 가장 오랫동안 활동한 여자 아이돌 그룹으로 되어 있다.

남자 아이돌 그룹으로는 국민 아이돌이라고 칭해지고 있는 스맙^{SMAP}이 있다. 6명의 멤버로 1991년 남자 아이돌 전문 기획사 쟈니스에서 데뷔하여 2016년까지 25년간 활동하였다. 아이돌 가수뿐만 아니라 MC와 배우, 영화 평론가 등의 멀티 엔터테이너로서도 활동을 넓혀서 장수 아이돌이 되었으며 일본의 아이돌 시스템을 재정립시켰다는 평가를 받고 있다. 멤버 중에서 1990년 대를 대표하는 문화적 아이콘이자 대배우가 된 기무라 타쿠야는 지금까지도 수많은 화제를 불러일으키고 있으며 2002년 한국에 초난강이라는 이름으로 정식 가수 데뷔한 구사나기 쓰요시는 이후 TV 드라마나 예능 프로그램에서 활동을 이어가기도 하였다.

2000년대는 남자 아이돌 그룹의 활동이 저조해졌지만, 2005년 도쿄 아키하바라를 거점으로 여자 아이돌 그룹 AKB48이 활동을 개시하였다. 전용 극장이 있어서 '만나러 갈 수 있는 아이돌'이라는 콘셉트로 거의 매일 콘서트를 열고 있는 것이 특징이다. 2013년 멤버 총수가 88명으로 기네스북에 올랐으며 콘서트 티켓 가격을 저가로 하는 등 박리다매의 불황기 마케팅으로도 유명하다. 팬이 멤버를 가까운 존재로 인식하고 감정 이입을 하여 응원하고 그 성장 과정을 공유하고 있으며 활동의 모든 과정에 팬들의 의견(투표)을 반영하여 운영하는 획기적인 운영방식은 아이돌 불황기의 주변국에도 영향을 미치고 있다. 우리나라에서도 2016년부터 음악 전문 채널 'Mnet'에서 아이돌 오디션 프로그램 '프로듀스 101'을 통하여 I.O.I, 워너원, 아이즈원과 같은 인기 아이돌 그룹을 배출하였으며, 2018년에는 '프로듀스 101'과 AKB48의 협업으로 프로그램 '프로듀스 48'이 탄생하기도 하였다.

2010년대는 1999년 결성한 5인조 그룹 아라시가 남성 아이돌 중에 거의 마지막으로 대중적인 인기를 얻었다. 기존의 '국민 아이돌'보다 더 친근감 있는 이미지를 가지고 있으며 팀의 결속력이 좋아서 대중들의 호감을 샀다. 누구나 편안하게 들을 수 있는 노래를 연이어 발표하면서 안정감 있는 슈퍼 아이돌의 모습을 구축하였다. 2015년에는 오리콘 차트 11관왕을 기록하였으며, 2019년에는 데뷔 20주년 베스트 앨범 '5x20 All the BEST!! 1999-2019'를 발표, 330만 장 판매를 달성하였으며 2019년 가장 많이 팔린 앨범으로 기네스북에 올랐다.

2010년대는 K-POP이 한류 문화의 중심축으로 자리 잡으면서 일본에서 크게 유행한 시기이기도 하다. 반면, 일본의 아이돌은 10대 중후반 젊은 소녀와 소년들의 귀엽고 천진난만한 매력으로 한때 대중문화의 중심축이 되었지만 사실상 1990년대 중반부터는 쇠퇴의 길을 걷기 시작하였다. 귀엽고 예쁜 아이돌이 나이 들고 외모가 변하면서 더는 '우상'이 될 수 없게 된 것이다. 그런 '완벽함'이 부족한 실제 아이돌을 대신해서 일본에서는 사이버 아이돌이 등장하고 성장하기 시작하였다.

사이버 아이돌, 즉 가상 아이돌은 가수 콘셉트이지만, 실제로는 존재하지 않는 인격체를 말한다. 형체는 컴퓨터 그래픽으로 만들며 목소리는 성우가 입히거나 프로그램으로 합성한다. 사이버 가수의 시작은 1969년 미국의 '아치스The Archies'라는 가상의 밴드인데, 일본에서는 애니메이션 캐릭터로만 존재하다가 1996년 3D 컴퓨터그래픽으로 제작된 다테 교코伊達杏子가 가상 아이돌이라는 이름으로 처음 등장하였다. 그리고 본격적인 사이버 아이돌 시대를 연 것은 2003년 야마하사社에서 개발한 보컬로이드Vocaloid였다. '목소리의' '발성의'를 뜻하는 'vocal'과, '~와 비슷한' '~와 닮은'을 뜻하는 '-oid'의 합성어이다. 보컬로이드는 오로지 컴퓨터 작업에 의해서만 목소리를 만들어 냈으며, 2007년 발매된 하쓰네 미쿠는 상상을 초월하는 인기를 끌었다.

하쓰네 미쿠는 '미래적인 아이돌'을 콘셉트로 한 캐릭터로, 이름의 의미는 미래로부터 첫 소리가 온다는 뜻으로 '하지메테노 오토初めての音(처음 소리)'에서 '하쓰네'가, '미라이未来(미래)'에서 '미쿠'가 유래되었다. 일반적인 '음악 소프트웨어'의 마케팅 방식을 벗어나서 처음부터 캐릭터 일러스트를 삽입하여 만든 동영상을 니코니코 동화와 유튜브를 통해서 발표하면서 높은 판매량을 보였다. 홀로그램 가수로서 레이디 가가와 합동 공연을 하고 광고모델로도 활약 중이며, 캐릭터로서도 크게 히트하여 게임 캐릭터나 피규어, 기타 상품 등으로 확대 전개되었다.

2005년 등장한 아이돌마스터는 반다이남코사社에서 개발한 시뮬레이션 게임으로, 게이머가 프로듀서가 되어 아이돌 후보생을 톱스타로 성장시키는 콘셉트이다. 아이돌 육성이라는 새로운 방식은 순식간에 장안의 화제가 되었으며 그 후 TV 애니메이션이나 음반으로도 대성공을 거두었다. 2009년에는 '걸 밴드'라는 콘셉트로 2D와 3D의 경계를 허문 케이온이 등장하였다. 만화잡지에 연재되던 4컷 만화를 바탕으로 TV 애니메이션으로 방영된 케이온은 여고생들이 학교 밴드를 구성하여 음악 활동을 해나간다는 이야기인데 일본 내의 저명한 작사가와 작곡가가 총출동하여 만들어 낸 곡은 음악 순위에서 상위권을 차지하는 등 기세가 대단하였다.

2010년에는 가상 아이돌 관련 프로젝트가 대대적으로 추진되었다. '러브라이브!'라는 가상의 걸그룹을 설정하고 성우를 캐스팅하여 여러 콘텐츠를 통해서 활동을 전개하는 방식이었다. 스쿨 아이돌 콘셉트로 애니메이션 형식의 뮤직비디오를 제작하였으며 성우들은 라이브 공연으로 애니메이션 속 댄스와 노래를 재현하였다. 이 프로젝트는 관련 게임과 만화 단행본, 상품 등의 제작 판매로도 이어져서 큰 성공을 거두었다.

사실 일본에서는 가상 아이돌과 관련하여 성우의 활약이 두드러진다. 특히 1990년대는 '아이돌의 겨울'이라고 불릴 만큼 기존의 아이돌 인기가 하락하면서 서서히 가상 아이돌이 등장하던 때였다. 게임의 등장인물을 아이돌로 육성하거나 애니메이션 속 아이돌이 콘서트를 개최하는 상황에서 캐릭터를 담당하는 성우가 서서히 아이돌화 되기 시작하였다. 성우들은 가상 아이돌에서 유일하게 실재하는 부분을 담당했기 때문에 캐릭터의 인기와 더불어 지지층을 넓혀갈 수 있었다. 그러한 성우 중에는 실체를 갖지 않는 가상 아이돌 성우로 등장했다가 도중에 실체를 갖는 일반적인 아이돌 성우로 노선을 바꾸는 경우도 있다.

오늘날 일본의 대중문화에서 큰 부분을 차지하는 아이돌 문화. 일본의 아이돌 문화는 다른 나라에는 없는 독특한 형태로 정착되었으며 주변국의 아이돌 산업에도 영향을 미치고 있다. 일본에서는 아이돌의 팬덤이 10대뿐만 아니라 삼촌 팬과 같이 중고년층인 점 역시 특이하다. 서양에서는 기독교적인 가치관에 의해 미성년자에 대한 연애감정을 금기시하고 있어서 아이돌 팬이 동세대, 즉 10대가 중심이다.

10대 중후반의 청소년을 연습생으로 발탁하여 연수 과정을 거쳐서 가수로 데뷔시키는 기획사 관리 시스템을 시작한 것도 일본이었다. 일본에서는 에도 시대부터 예능이 발달해서 게이샤芸者라는 예능인을 양성해내는 시스템이 이미 있었다. 게이샤는 연회석에서 전통적인 춤이나 노래로 흥을 돋우는 여성으로 철저한 도제 방식에 의해서 기예와 지식을 전수받았다. 지금도 교토에서는 전문적인 게이샤를 양성하는 곳이 있으며 보통 5년의 수련 기간을 거친다. 마이코舞妓라고 불리는 견습 게이샤는 흰 화장과 화려한 색상의 기모노 차림을 하고 기온 거리를 오간다. 현대에도 게이샤

는 하나마치花街(꽃마을)에 지어진 오키야置屋(게이샤들의 공동 숙소)에서 오카상お母さん('어머니'라는 뜻)의 관리를 받으며 수련한다.

아이돌 기획사의 시스템 역시 실력 있는 프로듀서가 있고 그 프로듀서 밑에서 청소년들이 전문적인 교육을 받은 후에 프로로 데뷔하는 방식이며 1990년대 전성기를 맞이하였다. 아무로 나미에와 SPEED 등 수많은 아이돌 가수를 탄생시킨 고무로 데쓰야, 모닝 무스메라는 장수 아이돌을 육성한 층쿠, AKB48를 기획하고 결성한 아키모토 야스시 등은 대표적인 아이돌 프로듀서이다. 기획사로는 스맙과 아라시 등 일본 최고의 남자 아이돌 그룹을 육성한 쟈니스 사무소가 있다.

하지만 일본의 아이돌 산업은 현재 진화를 멈춘 상태이고 후발 주자인 한국의 K-POP의 아이돌 그룹에 밀리는 상황이다. 한국 아이돌은 가창력이 있고 댄스가 뛰어나서 뮤지션 아티스트로서 완성도가 높다. 방탄소년단이나 트와이스는 한국 국내뿐만 아니라 해외에서도 폭발적인 인기를 누리고 있다. 그에 비해 일본 아이돌은 외모나 가창력을 크게 겸비할 필요가 없다. 오히려 아이돌이 가지고 있는 이야기, 즉 인간미를 더 중요시한다. 미성숙한 모습으로 팬들에게 애교 있게 다가가는 일본의 아이돌은 일종의 서비스업과 같은 성격이 강하다. 더구나 일본은 국내의 내수 시장이 크기 때문에 큰 경쟁 없이도 자립할 수 있는 여건이 된다. 즉, 팬들에 대한 봉사 정신이 투철한 아이돌 가수에 대한 수요는 일정 수준 이상으로 항상 존재한다. 노래나 춤 등의 실력은 크게 상관이 없다.

일본 대중음악 시장은 아티스트로 불리는 가수들과 아이돌로 나뉜다. 아티스트는 노래에 대한 실력과 음악적 완성도로 승부하는 가수들을 뜻하며 우리나라 가수 보아가 일본에서 활동할 당시 아티스트로 분류되었다. 즉, 한국에서는 아이돌이라도 실력 면에서 완성된 상태로 시장에 나오는 것이 기본이지만, 일본에서는 아이돌이 팬들과 함께 성장하는 존재라는 인식이 강하며 다른 사람을 즐겁게 해주는 존재라는 측면이 크다.

현재 일본에서는 '완벽하지 않은' 아이돌 대신에 가상 아이돌이 인기를 끌고 있다. 서브컬처의 발달과 함께 애니메이션, 게임과 연계된 가상 아이돌은 지속적인 성장세를 보이며 이제는 일본 국내뿐만 아니라 전 세계를 바라보고 있다. 실제 사람 목소리에서 수록한 목소리를 '가수 라이브러리'로 데이터화하여 저장하고 합성하여 만드는 보컬로이드도 매력적인 캐릭터로 점점 인지도를 넓히고 있다. 팬들의 요구와 제작진의 노력으로 만들어지는 가상 아이돌은 충분히 완벽한 모습이 될 수 있으며 다양한 콘텐츠의 형태로 무궁무진한 상업성을 내포하고 있다. 가상 아이돌 문화가 전 세계의 아이돌 문화의 판도를 다시 한 번 바꿔놓을지 궁금해진다.

10 ─── 아키하바라, 취미를 부탁해

분명 일본의 어느 거리에 와 있는데 마치 현실 세계가 아닌 듯한 착각에 빠져 든다. 애니메이션과 게임 홍보물로 도배된 빌딩들이 늘어서 있고 그 사이를 메이드 카페와 각종 코스프레 전문용품점이 꽉 채우고 있다. 바로 '오타쿠'라고 불리는 서브컬처 마니아들의 성지 아키하바라이다.

도쿄의 지요다 구는 23개 특별구 중에서 일본의 정치와 행정의 중심지이다. 전통과 격식을 상징하는 천황이 사는 황궁이 자리하고 있으며 국회, 최고재판소, 수상관서 등이 모여 있다. 아키하바라는 황궁과 불과 3km 정도밖에 떨어져 있지 않은 곳에 위치한다. 기괴한 복장으로 만화 속 캐릭터를 연출하고 게임 센터의 경쾌한 기계음이 난무하는 이곳이 과연 한때 살아 있는 신으로까지 불린 천황의 무소불위의 성城과 인접해 있어도 되는 것일까? 신성불가침의 존재인 천황의 존엄을 침해하는 행위는 불경죄로 중하게 처벌받는다고 하는데 아키하바라는 과연 괜찮은 것일까?

일본에서 만화, 애니메이션, 게임, 피규어 등의 이른바 '오타쿠 문화'에 대한 인식은 매우 호의적이다. 국내에서 지속적인 발전을 거듭해온 일본 문화 콘텐츠는 1970년대부터는 해외로 수출되면서 전 세계 사람들의 취미 생활을 이끌어 오고 있다. 더구나 2002년부터는 일본 정부가 주도한 '쿨 재팬Cool Japan(멋진 일본) 전략'에 의해서 더욱 본격화되고 있다. 상당수 국가의 어린이와 청소년들이 일본 애니메이션이나 만화, 게임을 접하면서 성장하고 있는 것이다. 2016년 브라질 리우올림픽 폐막식에서 아베 신조 일본 총리는 닌텐도의 게임 캐릭터 슈퍼마리오 분장을 하고 2020년 도쿄 올림픽 개최를 선언하기도 하였다.

아키하바라는 그와 같은 일본의 독특한 문화적 특징을 기반으로 형성된 거리이다. 만화, 애니메이션, 게임 그리고 아이돌 문화 등 서브컬처 콘텐츠를 즐길 수 있는 모든 것이 한곳에 모여 있는 전 세계에서 유일한 공간이다. 우리나라를 비롯한 전 세계의 도시에서는 문화 콘텐츠 산업의 선구적인 사례로 벤치마킹하는 곳이기도 하다. 유일무이한 독특함으로 아키하바라는 전 세계인들이 일본이라는 나라를 방문하도록 만드는 거대한 유통 채널이자 최고의 관광지로도 자리매김하고 있다.

아키하바라는 도쿄의 북동쪽 관문으로 교통과 물류의 요지로서 19세기에는 대형 청과물 시장이 있었다. 제2차 세계대전 전후 혼란 속에서 라디오 트랜지스터와 같은 전자제품 부속품 암시장이 형성되면서 점차 가전제품의 거리로 특화되기 시작하였다. 그 후 일본의 고도성장과 맞물려 생활가전의 수요가 커지고 가전제품 전문 매장이 몰리면서 아키하바라는 크게 번성하였다.

1970년대부터 아키하바라는 세계 최대의 전자제품 거리가 되었다. 당시는 소니를 필두로 한 일본의 전자제품 업체들이 세계를 주름잡던 시절이었고 아키하바라는 엄청난 유동인구 덕분에 제품을 사려는 사람들로 북새통을 이루었다. 아키하바라 중심가에는 라옥스, 이시마루 전기, 야마다 전기, 오노덴 등 거대 가전제품 전문점이 즐비했으며 그 사이로 아이산 전기 등의 대규모 점포부터 라디오 가든이나 전파회관 등의 상가에 자리한 소규모 점포에 이르기까지 실로 다양한 전자제품과 부품을 취급하는 곳으로 발전하였다.

그리고 1980년대 중반 이후에는 빅 카메라와 요도바시 카메라를 위시한 비非 아키하바라 출신 전자제품 전문점이 일본 각지에 점포망을 펼치면서 위기감을 느낀 아키하바라 상인들은 당시 새롭게 등장하던 첨단제품인 컴퓨터에 집중하기 시작하였다. 기존 전문점들은 물론이고, 야마기와 소프트, T-ZONE, 도스파라, 쓰쿠모, 소프맵 등 컴퓨터에 특화된 컴퓨터 전문점이 속속 등장하였다. 1990년대 중반 Windows 95가 정보기술(IT) 대혁명을 일으키며 엄청난 수요를 모으자, 아키하바라는 컴퓨터 상가의 대명사가 되었다. 하지만 전자제품과 컴퓨터 할인 매장의 등장, 그리고 온라인 판매 등이 활발해지면서 아키하바라는 다시 쇠락의 길로 접어들었다.

그 즈음에 컴퓨터를 많이 다루는 사람, 즉 서브컬처 마니아들이 아키하바라에 모여들기 시작하였다. 그리고 2000년대에는 다른 곳과 비교되지 않는 다양한 종류와 가격 등으로 경쟁력을 키우면서 아키하바라는 서브컬처 콘텐츠의 거리로 자리 잡게 되었다.

특히 2001년 도쿄 도에서 '아키하바라 도시개발 가이드라인'을 발표하면서 아키하바라 역을 중심으로 재개발이 활발하게 진행되었다. UDX, 소프맵, 만다라케 콤플렉스 등의 복합 빌딩이 건설되었으며 아키하바라의 랜드 마크가 되었다. 쾌적하고 편리한 환경 조성으로 아키하바라를 방문하는 연령층도 다양해졌으며 외국인 관광객에게도 인기 코스가 되었다.

2003년 8월 완공된 UDX는 지하 3층, 지상 22층의 규모이다. 1~3층은 카페, 레스토랑, 쇼룸, 행사장이 자리 잡고 있으며, 4층에는 도쿄 애니메이션 센터와 디자인 박물관 등이 들어서 있다. 특히 2006년 3월 오픈한 애니메이션 센터는 무료로 애니메이션을 관람할 수 있는 대형 스크린, 애니메이션 전문 라디오 방송국, 이벤트 갤러리 등이 있으며 애니메이션 제작 발표 등을 하는 곳으로 유명하다. 일본의 최신 애니메이션 정보를 국내외로 발신發信하는 데 거점이 되는 곳이다.

1982년 창업한 소프맵은 현재 아키하바라에만 10여개의 점포를 운영 중이며 MAC · 크리에이터 점포, 중고 컴퓨터 점포, 중고 디지털 · 모바일 전문관, 어뮤즈먼트관 등 점포마다 각기 다른 제품을 팔고 있다. 2007년 후반에는 아키하바라 곳곳에 흩어져 있던 소프맵 점포의 전문화, 분산화를 꾀하는 리뉴얼 사업으로 마니아적인 요소를 강화하였다. 기존에는 소프맵 판매 제품의 구성이 컴퓨터 관련 제품이 많았지만, 이제는 만화·영화 등의 캐릭터 상품, DVD·CD와 같은 엔터테인먼트 상품의 비중이 늘고 있는 추세이다.

2008년 4월 오픈한 만다라케 콤플렉스는 원래 도쿄 나카노^{中野}에 본점을 두고 있는 만다라케가 세운 대형 점포이다. 만다라케는 1987년 만화 전문 고서점으로 출발해서 지금은 동인지·코스프레·피규어 제품, 그리고 소설까지 판매하는 대중적인 마니아 상품 전문 매장이다. 도쿄를 비롯한 일본 전역에서 볼 수 있는 인기 체인점이지만, 그동안 아키하바라에만 만다라케 매장이 없었다. 8층짜리 검은색 건물로 콤플렉스라는 이름처럼 역대 만다라케 매장 중 가장 큰 규모이다.

일본은 1990년대 초반에 거품 경제가 붕괴되고 '잃어버린 10년'에 들어갔다. 2000년대부터 진행된 아키하바라의 도시 재생 프로젝트의 주된 목적은 취미 생활에 대한 소비 심리 자극이었다. 사실 불경기 속에서도 어느 정도 지속적인 소비 패턴을 유지해 온 것은 다름 아닌 취미 분야의 마니아 계층이었다. 일본 정부가 문화 콘텐츠 산업을 적극적으로 장려하고 강화하는 이유이기도 하다.

취미 분야의 마니아 계층을 일본에서는 보통 '오타쿠'라고 칭하는데 특정한 분야에 극단적으로 몰두하는 사람들을 말한다. 특히 만화·애니메이션·게임·피규어·아이돌 등의 서브컬처에 심취하는 경우를 일컫는 경우가 많다. '오타쿠'라는 말이 등장한 1980년대에는 엽기적인 유아 살해범이 '오타쿠'라고 보도되는 등 부정적인 이미지가 강했다. 하지만, 시대가 바뀌면서 소비력과 구매력이 주목을 받게 되고 현재는 문화 콘텐츠 산업에 중요한 요소가 되었다.

야노경제연구소에서 실시한 '2018년 오타쿠 주요 분야별 시장 규모'에 의하면, 오타쿠 문화는 애니메이션, 만화, 프라모델, 피규어, 돌, 철도모형, 아이돌 등 총 12개 분야에 걸쳐서 지속적인 성장세를 보였다. 특히 큰 폭으로 성장세를 보이는 분야가 애니메이션과 아이돌이며 특히 애니메이션은 국내와 해외 모두에서 수요가 높아지고 있다. 오타쿠 인구는 1866만 명으로 추산되며 남녀 비율은 6:4로 되어 있다. 분야별로 보면, 만화가 640만 명으로 가장 많고 그 다음이 598만 명의 애니메이션, 3위가 280만 명의 아이돌이다. 1인당 연간 소비금액을 보면, 아이돌이 10만 3,543엔으로 유일하게 10만 엔을 넘었으며 2위의 메이드 코스프레가 68,114엔, 3위의 철도모형이 63,854엔이다. 만화와 애니메이션은 20,541엔과 20,308엔으로 금액 자체는 많지 않았다.

특히 최근에 화제가 되고 있는 것이 '리얼충 오타쿠'이다. 이것은 리얼(현실) 세계에 충실한 오타쿠를 말하며 특히 젊은 층에서 점점 늘어나고 있다. 현재 오타쿠 시장이 계속 성장하며 시장규모가 3조 엔이라고 불리는 이유는 이와 같은 '리얼충 오타쿠'가 있기 때문이다. 이제 더는 구깃구깃한 면 남방에 뿔테 안경을 쓰고 큰 가방을 맨 오타쿠들의 모습은 보기 힘들어졌다. 인터넷과 스마트폰의 보급으로 방 안 가득 DVD나 만화책을 쌓아놓지 않아도 된다. 일반인들이 조금씩 오타쿠의 세계로 유입되면서 취미 생활과 현실 생활을 동시에 효율적으로 영위하는 오타쿠들이 늘어났다.

오타쿠들의 최대 행사인 코믹마켓의 경제적 효과 역시 크다. 코믹마켓이란 1년에 2회 도쿄국제무역전시장, 즉 빅사이트에서 개최되는 세계 최대 규모의 동인 행사를 말한다. 만화, 애니메이션을 비롯한 각종 취미 분야의 부스가 설치되고 동인지와 기념품 등이 판매된다. 2019년 겨울 코믹(97회)에서는 행사 진행 4일간 부스 32,000개가 설치되고 총 75만 명이 다녀갔다. 많은 사람이 이 행사를 방문하는 이유는 잘 알려져 있지 않은 정보나 다른 곳에서는 손에 넣을 수 없는 귀중한 물건을 구할 수 있기 때문이다. 개중에는 10만 엔을 소비하는 사람도 있으며 외국에서 일부러 찾아오는 사람도 있다. 이 행사 하나로 경제적 효과는 180억 엔에 달하고 있다.

애니메이션이나 만화 등의 무대가 된 장소를 방문하는 성지순례도 있다. 현재 일본 방문 외국인 중 6%인 81만 명이 서브컬처의 성지순례를 목적으로 일본을 찾고 있다. 일본은 만화와 애니메이션의 강국으로 〈우주소년 아톰〉[1952/1963] 이나 〈슬램덩크〉[1990/1993] 등 이름만 들어도 알 만큼 세계적인 인지도를 갖춘 작품이 많다. 인기 애니메이션 〈러브 라이브!〉[2013] 의 무대가 된 시즈오카 현 누마즈沼津 시는 연간 400만 명이었던 관광객이 60만 명 이상 더 늘었으며 근처 관광 안내소 이용자 수는 13배나 증가하였다. 또한, 애니메이션 〈걸즈 앤 판처〉[2012] 의 무대가 된 이바라키 현의 오아라이大洗 마을은 전년 대비 26배가 증가한 2억 64만 6,000엔의 지방세 수익을 올렸다.

일본의 취미 문화, 즉 오타쿠 문화가 1,000억 엔의 소비 시장을 형성하며 주류 문화로 부상한 것은 이미 오래전의 일이다. 아키하바라는 애니메이션이나 게임, 피규어 등의 서브컬처 콘텐츠를 중심으로 번성한 지역으로, 온라인에 숨어 있던 서브컬처 문화를 양지로 끌어내는 데 결정적인 역할을 하였다. 전자 산업을 가상의 스토리와 결합한 서브컬처 산업은 전자 상가라는 아키하바라의 특성과 절묘하게 맞아떨어졌다. 아키하바라는 특히 젊은 세대들에게 확산되는 트렌드를 반영하면서 현재까지도 그 고유성을 잃지 않고 발전해오고 있다.

3

일본인

집단과 개인

1 ──────── 작은 것이 아름답다

일본인 하면 가장 먼저 떠오르는 것이 작은 것을 잘 만든다는 이미지이다. 세계 최초의 소형 카세트 소니 워크맨부터 각종 캐릭터 피규어에 이르기까지 기능은 좋으면서 작고 귀여운 제품들이 유독 많기 때문이다. 작은 것을 지향하는 정신은 섬나라라는 제한된 면적 안에서 가장 효율적인 방법을 찾는 과정에서 형성되었으며 극도의 정제미를 추구한 것은 무생물에도 영혼이 깃들어 있다는 신도 사상과 세련되고 우아한 귀족 문화의 영향이라고 할 수 있다. 작은 것에 대한 미학은 헤이안 시대부터 일상생활 속에서 개념화되고 구체화되었으며 그 후 여러 시대를 거치면서 다양한 형태로 발현되었다.

현대 일본어로 '아름답다'는 뜻인 형용사 'うつくしい(우쓰쿠시이)'는 시대에 따라서 의미가 조금씩 변화된 말이다. 원래 나라 시대에는 주로 부모가 자식에 대해서 갖는 감정으로 사랑스럽고 애처롭게 생각하는 마음을 나타내는 말이었으며 『만엽집』(8세기)에 그 용례가 보인다. 그리고 헤이안 시대에는 시간적, 공간적으로 작은 것을 귀엽게 생각하는 마음으로 바뀌었는데 11세기 초 여류

작가 세이쇼나곤은 수필 『베갯머리 서책』에서 'うつくしきもの
(우쓰쿠시키 모노 : 귀여운 것)'라는 제목으로 작고 앙증맞은 것을 다
음과 같이 나열하고 찬미한다.

참외에 그린 아기 얼굴. 쭈쭈쭈쭈 하고 부르면 팔짝팔짝 뛰어오는
새끼 참새.

두세 살짜리 아이가 막 기어 오다가 티끌 하나를 발견하고 조그만 손
가락으로 집어서 어른한테 보여 주는 것. 단발머리 아이가 앞으로 내려
온 머리카락을 쓸어 올릴 생각도 않고 고개를 삐딱하게 한 채 뭔가를
열심히 들여다보는 것. 예쁘게 생긴 아기를 품에 안고 어르는 사이에
새근새근 잠들어 버린 것도 보고 있으면 귀여워서 어쩔 줄을 모르겠다.

장난감 인형, 연못에서 건져 올린 작은 연꽃잎, 족두리풀 잎사귀 등
과 같이 작은 것은 뭐든지 다 귀엽고 예쁘다.

뽀얗게 살이 오른 두 살배기 여자아이가 보라색 긴 홑옷을 입고 끈
으로 묶은 채 기어 오는 것이나 유독 큰 소매의 짧은 옷을 입고서 여
기저기 돌아다니는 것, 여덟아홉 살, 혹은 열 살 정도 된 사내아이가
큰 소리로 책 읽는 모습도 앙증맞고 귀엽다.

흰털이 보송보송한 병아리들이 앞서거니 뒤서거니 하면서 사람 뒤
를 졸졸 쫓아오는 모습, 어미 닭의 뒤를 따라서 쪼르르 달려가는 모습
은 정말 귀엽고 사랑스럽다.

물새 알. 유리 항아리.

일상 속에서 찰나적인 순간을 포착하여 소소한 멋을 발견하고 담담하게 전해주는 세이쇼나곤의 문장 속에서 작은 것, 어린 것을 긍정적으로 받아들이는 일본인의 미의식이 이미 확고한 형태로 자리 잡고 있음을 알 수 있다. '귀엽다'는 뜻으로 쓰인 'うつくしい'는 헤이안 시대 후기부터 의미 변화가 일어나서 가마쿠라, 무로마치 시대 이후에는 일반적인 미를 가리키는 말로 정착, 현대에 이르고 있다. 작은 것에 국한되어 호의적인 감정을 나타내는 말이 사물 전체의 미질에 대한 평가어로 바뀌어서 일반적이고 절대적인 의미로 확대된 것이다.

대상물을 칭찬하는 긍정적인 의미라는 점에서는 공통되지만, '아름답다'가 보편적인 미美를 가진, 지적이고 성숙한 모습을 가리키는 말인데 비해, '귀엽다'는 작고 믿음직스럽지 못한 대상이 친근감을 불러일으키는 모습을 가리키는 말이다. 즉, 일본어 'うつくしい'는 처음에는 부모가 자식에 대해서 갖는 애틋한 마음을 나타내는 말이었지만, 그것이 점차 확대되어 여러 가지 요소가 조화를 이루어 감탄을 자아내는 절대적인 미美를 가리키는 말이 된 것이다.

이것은 일본인의 작은 것에 대한 호의적인 감정을 나타내는 말이 사물 전체의 미질美質에 대한 감각적·객관적 평가어로 바뀐 예라고 볼 수 있으며 어느 일부에만 국한되어 상대적인 의미로 사용되던 말이 일반적이고 절대적인 의미로 확대된 것이라고 할 수 있다. 작은 것에 대한 가치 평가가 일본인의 전체적인 미의식 형성에 얼마나 큰 영향을 주었는지 알 수 있는 대목으로 작은 것이 아름답다고 생각하는 미의식은 하루아침에 형성된 것이 아니라는 것을 확인시켜 준다.

작은 것이 아름답다는 미의식은 헤이안 시대 귀족 사회에서 확립된 전통 정원에서 특히 뚜렷하게 나타난다. 아스카 시대와 나라 시대부터 만들어지기 시작한 일본 정원의 기본적인 사상은 거대한 자연의 풍경을 축소하여 내 집 뜰 안에 재현한다는 것이었다. 나라 시대 귀족들의 저택에 조성되던 정원은 바다를 상징하는 연못을 중심으로 만들어졌는데 헤이안 시대에는 그것이 더욱 분화되어 발달하였다. 흙이나 돌을 쌓아 인공적으로 산을 만들고 바다와 호수를 축소하여 연못을 만들었으며 청정한 연못의 아름다움을 연출하기 위해서 시냇물을 도입하였다. 당시 권력자인 후지와라 씨의 호화로운 저택의 쓰키야마린센築山林泉 정원은 자연의 풍경을 축소 모사하여 정원 속에 상징화시키는 것이었다. 쓰키야마는 후지산을 비롯한 전국의 영험한 산을 모델로 하여 축조한 인공적인 산을 말하며 린센은 나무를 심어 숲을 만들고 그 속에 바다와 호수를 본떠서 만든 연못을 말한다. 당시 귀족들은 야생 상태의 거대한 자연을 접하는 대신 친숙한 자신의 집안의 뜰에 재현시킨 축소된 자연을 보면서 풍류를 즐기고자 하였다.

가마쿠라 시대 정원은 불교 선종禪宗의 자연관 및 세계관이 무가 사회에 영향을 미치면서 더욱 작은 면적 안에 대자연을 축소하여 표현하는 방향으로 발전하였다. 나무를 인공적으로 다듬어서 아름다운 형태로 만드는 것이 강조되었으며 돌도 단순히 쌓아 올리거나 세워놓는 것을 지양하고 의도적으로 조합하고 구성하는 기교가 발달하였다. 당시 유행한 가레산스이枯山水 정원도 물을 사용하지 않고 돌과 모래 등에 의해서만 산수의 풍경을 표현하였다. 흰 모래와 작은 돌을 깔고 그것을 수면에 비유하는 경우가 많으며 다리가 놓여 있으면 그 아래는 물로 간주한다. 돌 표면의 문양으로 물의 흐름을 표현하는 것도 있다.

인간의 힘으로는 도저히 정복할 수 없는 자연을 작게 축소하여 자신의 뜰 안에 들여놓고 자연과의 조화를 추구한 일본인, 그들에게 정원이란 생활공간을 자연과 융화시키는 매개체이며 자연을 자신의 눈높이에 맞춰서 동일시하고자 하는 의식적인 행위의 결과물이었다. 일본인은 식물이나 인간 모두 자연 속의 일시적인 모습이며 원래 같은 뿌리에서 파생되었다는 믿음을 가지고 있다. 같은 공간에 인간이 나무나 꽃, 바위 등과 함께 거주함으로써 자연이 될 수 있다고 생각한 것이다.

그와 같은 자연에 대한 이중적인 일본인의 자세는 역시 지리적인 환경의 영향을 받은 것으로 보인다. 일본은 주변이 바다로 둘러싸인 섬나라이다. 공간이 제한되어 양적인 팽창이 어려워질 때 그 안에서 추구되는 최고의 가치는 역시 소형화이다. 거기에 자연재해도 한몫하였다. 자연은 인간이 통제할 수 있는 범주의 대상이 아니었으므로 자연 통제의 무력감이 소형 문화라는 통제 가능한 성질의 것으로 발현된 것이다. 인간이나 인간이 만들어 내는 모든 것은 타인에게 위협감이나 거부감을 주지 않도록 하였으며 한정된 공간 안에서 최대 효과를 낼 수 있는 기능적인 것이 중요시되었다. 기능은 그대로이면서 크기가 작은 소형 문화는 생활공간도 몸집도 작았던 일본인들에게 심리적인 안정감을 주었고 보다 또렷한 시각적 이미지로 미적 감흥을 배가시켰다고 할 수 있다.

고대부터 현대까지 무엇이든 바다를 건너서 일본으로 들어가면 작게 변화하였다. 커다란 부채가 일본에서는 접이식 쥘 부채가 되었고 우리나라에서는 사발로 쓰인 큰 술잔이 일본에서는 앙증맞은 사케 잔이 되었다. 우리나라 사람들이 광주리에 새참으로 이고 가던 반찬과 밥그릇은 일본에서 밥과 반찬을 나누는 휴대용 도시락으로 변신하였으며 미국에서 처음 발명된 트랜지스터라디오는 일본에서 휴대용으로 작고 가벼워졌다.

작은 것에 대한 일본인의 취향은 갖가지 문화 현상으로 발현되어 현대까지 이어지고 있는데 그중에서 가장 대표적인 것을 꼽는다면 작고 귀여운 것을 상품화시키는 '가와이이' 현상과 가성비를 높이기 위한 미니멀리즘 현상이다.

'かわいい(가와이이)'라는 현대 일본어를 우리는 '귀엽다'라는 말로 옮기지만, 일본어 'かわいい'는 좀 더 복잡하고 특별한 단어이다. '부서지기 쉬운 연약한 것, 옛날에 대한 막연한 그리움을 자아내는 것, 누군가에게 버림받은 듯해서 연민의 정을 느끼게 하는 것, 어린아이처럼 순진무구한 것' 등의 여러 감정이 한데 어우러진 말이다. 현대어 'かわいい'의 고어인 'かはゆし(가와유시)'는 '가엾다, 딱하다'는 뜻으로 상대방의 불행에 동정하는 기분을 나타내는 말이었다.

'かわいい'는 어린아이나 작은 것에 대한 애정을 표현하는 의미가 강하기 때문에 과거에는 어른에게 쓰면 무례하다는 인식이 있었다. 하지만 최근에는 주로 젊은 층에서 상대방 나이나 사회적 지위를 상관하지 않고 사용하고 있으며 심지어는 불상이나 천황과 같이 경의를 표해야 하는 상대에 대해서도 사용하고 있다. 이것은 사랑스럽다고 느끼는 대상이 단순히 생김새뿐만 아니라 성격이나 이미지까지 확대된 것을 뜻하며 대상에 대해서 적의를 품을만한 요소나 위압적인 요소가 없고 자신의 경계심이 누그러질만한 장점이 있다고 느낄 때 사용하게 되었다.

젊은 여성이 동경하는 마음으로 자기보다 뛰어나다고 인식하는 인물에 대해서 사용하는 일도 있다. 어떤 사람의 사회적 지위나 역할이 자기와는 거리가 있어도 그 사람에 대해서 친근감을 느낄 때 나오는 말이다. 예를 들면, 근엄한 교장 선생님이 격의 없이 친구 같은 말투로 말을 걸어오거나 평소에 어른스러운 선배가 여자 친구한테 꼼짝 못 하는 모습을 접했을 때 등이다. 여기에는 말의 의미 변화뿐만 아니라 젊은 층의 감정 규범에 변화가 있었다고 볼 수 있다.

결국 일본어 'かわいい'는 생물학적으로 어린아이에게 갖는 감정 외에 문화적 가치관으로서의 속성을 가지며 사회적 관계를 갖고자 하는 동기에서 나오는 말이다. 요즘은 후자의 의미로 더 많이 쓰이고 있으며 현대 일본인이 가장 많이 쓰는 일본어 중의 하나가 되었다. 사람뿐만 아니라 옷이나 인테리어, 과자 등 뭐든지 대상에 대해서 호감을 나타낼 때도 쓰인다. 그 말 한마디로 그 자리의 분위기는 경쾌하고 즐겁게 변한다. 마법 같은 'かわいい'라는 말이 일본 문화에서 주목받게 된 것은 1960년대 후반에서 1970년대 초반부터이다.

당시 일본은 경제적으로 고도 성장기에 들어서면서 사회 전체의 성향이 바뀌던 시기였다. 만화, 애니메이션, 게임 등과 같은 일본의 서브컬처가 전성기를 맞이하면서 패션이나 캐릭터 상품이 유행하고 그것으로 자신을 꾸미려는 젊은 여성들이 등장하였다. 즉, 가상 세계 속 캐릭터와 같은 스타일을 추구하는 식으로 소비 패턴이 정착한 것이다. 가와이이 스타일에서는 천진난만하고 귀여웠던 어린 시절이 어른이 된 후에 현실 속에서 발버둥치는 모습보다 이상적으로 여겨지게 되었다. 작고 귀여운 캐릭터 상품은 젊은 여성들을 어린 시절로 돌아가게 하는 추억 속의 물건이었다. 가와이이 현상은 일본의 경제 성장과 함께 판타지 세계를 현실 세

계에 구현하는 매개체로서 기능했으며 곧이어 전 세계로 퍼져나갔다. 일본어 'かわいい'는 'kawaii' 혹은 '가와이이'가 되었다.

일본의 서브컬처와 함께 전 세계로 퍼진 가와이이 스타일의 대표적인 것이 〈도라에몽〉(1973), 〈이웃집 토토로〉(1988), 〈미소녀 전사 세일러문〉(1992), 〈포켓몬스터〉(1996), 〈원피스〉(1999) 등의 인기 애니메이션이나 게임 속에 나오는 캐릭터 피규어, 프라모델, 인형 등이다. 피규어는 사람이나 동물 혹은 상상 속 존재를 축소해서 만든 완성형 모형이고 프라모델은 로봇이나 비행기 등을 일정 비율로 축소해서 직접 조립할 수 있게 한 모형이다. 크기는 작아도 모티브가 되는 원형의 디테일한 부분을 잘 살린 축소판이다. 전통 의상을 입은 히나 인형이나 고가쓰 인형 역시 작고 앙증맞은 귀여움의 결정체이다.

그런데 '가와이이'의 기본 개념은 미숙함과 불완전성이다. 어린아이나 나약한 것에만 있는 성격으로 영구불변함, 장엄함, 대칭성 등의 개념과는 거리가 멀다. 일본의 캐릭터 인형이나 피규어를 보면 정교하기는 하지만 형체 자체는 인간의 모습에서 변형된 불완전함을 가지고 있는 경우가 많다. 예를 들면, 전 세계의 여성들이 열광하는 캐릭터 상품 헬로키티는 눈은 크고 입은 없거나 작다.

일본에서 단순한 유행이 아니라 사회적·문화적 현상이 되어 있는 가와이이 현상. 일본인이 미숙함과 불완전성에 기반을 두는 가와이이 세계에 애착을 갖는 이유는 엄격한 사회에 대한 일종의 반항이거나 무기 혹은 책략이라고 볼 수 있다. 일본은 스트레스가 매우 높고 책임이 무거운 사회 구조이다. 규칙이 많고 상하 관계가 엄격하며 유연성이 높지 않다. 더구나 일본인은 사회제도를 반드시 지켜야 한다고 생각한다. 가와이이 스타일을 추구하는 사람은 무의식적으로 사회인이 되기보다는 어린아이로 있고 싶다는 욕망을 가지고 있는 것으로 볼 수 있다.

이 '가와이이' 개념이 보편적 개념으로 구현된 것이 일본식 미니멀리즘 현상이다. 일본에서는 불교의 선종이 미학적 사고방식에 큰 영향을 주었으며 그로부터 와비와 사비 같은 개념이 정립되었다. 와비와 사비 정신의 기본은 불완전함과 단순함이다. 즉, 물질적으로는 부족할지라도 내면적인 깊이로 충만함을 느끼는 마음이다. 자연스럽고 본질에 충실한 삶이며 오래된 것을 중시하는 미학이다.

일본 음식에서도 '가와이이' 개념을 찾아볼 수 있다. 일본 음식의 특징은 한눈에 보기에도 아기자기하고 정갈하다는 점이다. 도시락을 보면 작은 상자 안에 한 끼에 필요한 밥과 반찬이 시각적인 즐거움과 함께 빈 곳이 없이 빼곡하게 담겨있다. 거창한 한 상차림이 필요 없으며 남지 않도록 최소한의 양만을 넣었다. 일본식 주먹밥 오니기리도 포장만 뜯으면 바로 먹을 수 있도록 시간 단축과 공간 축소의 효율성을 극대화한 음식이다.

주택에서도 미니멀리즘, 즉 소형화 현상은 두드러진다. 토끼장이라고 불릴 정도로 일본의 주택은 좁고 아담하다. 면적 자체도 좁지만, 여러 공간들이 오밀조밀하게 붙어있고 작은 마당에는 주차 공간까지 마련되어 있다. 알차게 꾸며진 생활공간은 아늑할 뿐만 아니라 관리도 수월하여 효율성이 높다. 일본식 소형 주택, 협소 주택이 실용성이 높고 개성을 살릴 수 있어서 최근에는 우리나라에서도 인기가 높다. 미국에서 시작되었지만 일본에서 크게 발달한 편의점 역시 일본적 미니멀리즘의 집합체이다. 서비스와 상품이 극도로 소형화 되고 기능화 된 편의점은 미니 슈퍼, 미니 백화점이라고 칭해질 정도로 간단한 공구부터 간장·식용유·소스 등의 기본 조미료까지 다양하게 갖추고 있다. 혼자 사는 사람뿐만 아니라 가족의 식생활을 책임지는 주부들도 이제는 대형 마트나 동네 슈퍼마켓이 아닌 편의점으로 장을 보러 가는 일이 빈번해졌다.

현대 사회에서는 산업화가 진행됨에 따라서 어느 물건이든 소형화·기능화를 추구하고 있다. 부동산 가격이 뛰고 고용이 불안정하며 1인 가구가 늘고 있기 때문이다. 숨 막히는 현실 속에서 심리적으로는 어린 시절로 돌아가고 싶으며 작고 귀여운 것을 보면 편안함을 느끼게 된다. 일상이 된 경제 불황 속에서 '작은 사치'를 추구하며 사소한 물건을 통해서 풍요로움을 느끼고자 하는 것이다. 자연재해가 많은 섬나라라는 지리적 환경 속에서 형성된 일본의 작은 것에 대한 미학은 경제적인 불황 등으로 미래를 예측할 수 없는 현대 사회에서 점점 확대되어 갈 것으로 보인다.

2 ——————— 사시사철 축제로구나

일본의 축제 하면 떠오르는 풍경이 있다. 낮에는 형형색색의 유카타 차림으로 신神이 탄 가마 행렬을 구경하고 밤에는 어두운 하늘을 수놓는 화려한 불꽃놀이를 보면서 빙수와 야키소바를 먹는 모습이다. 일본적인 낭만, 마쓰리는 문화 콘텐츠에도 자주 등장해서 신카이 마코토 감독의 애니메이션 〈너의 이름은〉(2016)에서도 중요한 장면으로 묘사된다. 직접적인 모델이 된 기후 현의 다카야마 마쓰리는 16세기부터 매년 봄과 가을에 열리는 전통 있는 마을 축제이다. 마쓰리는 각 지역에 따라서 열리는 시기와 내용이 다르며 계절(절기)의 정취를 표현하는 하나의 방식이라고 볼 수 있다.

일본어로 축제를 뜻하는 말은 'まつり(마쓰리)'이며 한자는 '祭'를 쓴다. 자른 고기肉의 모양인 '月'과 손을 상형화한 '又', 제단의 상형인 '示'를 합한 글자로 제물인 고기를 제단에 올린 형상을 나타낸다. 마쓰리는 팔백만 신이나 조상에게 감사나 기원, 위령 등을 위해서 지내는 제사를 뜻하며 농경이나 어로와 같은 인간 생활을 재앙으로부터 지키고자 하는 마음이 바탕을 이루고 있다.

일본의 마쓰리는 언제부터 시작되었을까? 그 시초가 될 만한 것이 바로 8세기 초기의 신화서 『고사기』에 등장한다. 동생 스사노오 신의 심한 장난에 화가 난 태양신 아마테라스는 동굴 안으로 숨고 바위 문을 닫아버렸다. 삽시간에 하늘은 암흑으로 변하고 지상에는 생명이 자라지 않게 되었다. 신들은 궁리 끝에 바위 문 앞에서 떠들썩하게 잔치를 벌이고 여신으로 하여금 춤을 추도록 하였다. 여러 신들이 손뼉을 치며 즐거워하는 소리를 듣고 태양신은 밖의 상황이 몹시 궁금해졌다. 밖을 보려고 바위 문을 살짝 열었는데, 그 순간 힘센 신에게 손을 잡히고 말았다. 태양신이 동굴 밖으로 나오자 세상에는 빛이 돌아왔다.

태양신 아마테라스가 숨은 동굴 앞에서 여신이 춤을 춘 것처럼 초기의 마쓰리는 사람들 눈에 띄지 않는 비밀스러운 장소에서 이루어지는 경우도 있었다. 하지만 마쓰리는 점차 신사와 사원을 무대로 하여 마을 공동으로 신에게 기원을 하는 제사 의식으로 자리 잡았다. 헤이안 시대에는 신이 신사에서 마을로 내려올 수 있도록 미코시御輿(신이 탄 가마)가 등장하였으며 에도 시대에는 다시山車(수레)와 불꽃놀이 등의 오락적인 요소가 가미되어 서민 문화로 정착, 오늘날에 이르고 있다.

일본은 지역마다 수많은 신사가 있고, 신사마다 모시는 신이 각각 다르다. 일본은 팔백만 신이 존재하는 나라이고, 신에 대한 제사인 마쓰리 또한 매우 다양하다. 현재 약 30만 개의 마쓰리가 시기를 달리 해서 일본 전국에서 행해지고 있다. 일본은 각양각색의 마쓰리가 1년 내내 끊이지 않는다고 해도 과언이 아니다. 마쓰리는 원래 농경 사회에서 비롯된 것으로 음력에 맞춰서 행해졌지만, 1872년 메이지 정부가 태양력으로 달력을 변경하면서 현재는 양력으로 하는 경우가 많다.

봄은 모내기를 하는 계절로 시작을 의미한다. 풍작을 기원하는 모내기 마쓰리가 전국 각지에서 펼쳐진다. 실제로 모내기를 하는 것과 모내기 행위를 재현하는 것이 있다. 전자의 대표적인 것으로는 나가노 현의 온바시라(4월 3일 전후)가 있으며 후자의 경우에는 나라 현의 온다마쓰리(2월 첫째 일요일)가 있다. 주로 음악을 연주하고 노래를 부르며 춤을 추는 덴가쿠田樂가 성대하게 펼쳐지는 데 이것은 논과 벼의 어린 싹에 깃들어 있는 정령(신)의 힘을 더욱 강하게 해서 가을에 풍성한 수확이 되도록 하는 것이다.

여름은 원래 에너지가 가장 충만한 시기이기도 하지만 그 반면에 높은 기온으로 음식이 썩기 쉽고 장마와 태풍 등의 높은 습도로 전염병이 유행해서 사람이 많이 죽는 계절이기도 하였다. 여름에 마쓰리가 많이 열리는 것은 그런 가혹한 여름을 극복하기 위해서였다. 특히 분지 지형인 교토에는 고온다습으로 전염병이 많이 발생해서 교토와 그 주변 도시 그리고 교토와 교역 관계에 있던 도시에서 마쓰리가 크게 발전하였다. 교토의 기온 마쓰리(7월 1~31일), 오사카의 덴진 마쓰리(7월 24~25일), 후쿠오카의 야마카사

마쓰리(7월 1~5일) 등이 대표적이다.

여름철은 태풍이나 홍수 등으로 농작물에 해충의 피해가 가장 많은 시기이기도 하였다. 농촌에서는 병해충 피해를 줄이기 위한 행사로 해충 쫓기와 태풍 막기 등의 마쓰리가 다수 행해졌다. 해충 쫓기 마쓰리로는 아오모리 현의 네부타 마쓰리(8월 2~7일)와 아키타 현의 간토 마쓰리(8월 3~6일)가 있으며, 태풍 막기 마쓰리로는 도야마 현의 오와라 가제노본(9월 1~3일)이 있다.

여름에는 최고의 명절 오본お盆(8월 15일에 조상의 혼을 기리는 날)이 있어서 그와 관련된 마쓰리 역시 전국에 분포한다. 유명한 오본 축제로는 도쿠시마 현의 아와오도리(8월 12~15일), 기후 현의 군조오도리(8월 13~16일), 나가사키 현의 정령 흘려보내기(8월 15일), 교토의 고잔오쿠리비(8월 16일) 등이 있다. 그리고 중국의 칠석에서 유래한 다나바타 마쓰리(7월 7일)도 여름의 대표 축제이다.

가을은 수확에 대한 감사 마쓰리가 많다. 신상제新嘗祭는 햇곡식을 신에게 바치는 의식으로 보통 근로감사의 날인 11월 23일에 행해진다. 고유 신앙 신도神道의 정점에 위치하는 미에 현 이세신궁의 신상제는 특히 장엄하고 격식 있는 것으로 이름이 높다. 이세신궁에서는 그 외에도 매년 1,000건이 넘는 마쓰리가 거행되고 있는데 식년천궁式年遷宮 역시 20년에 한 번씩 신전神殿을 새로 건축하는 대대적인 행사이다.

겨울에는 다가올 신춘을 경축하고 지역을 활성화하는 마쓰리가 중심을 이룬다. 농한기인 겨울에는 혹독한 추위를 견디며 영혼과 몸을 충전시키는 계절이다. 부정 탄 것을 깨끗하게 씻어내는 알몸 축제와, 화염이 주역이 되는 불 축제가 주로 행해진다. 전자로는 오카야마 현의 에요會陽에서 행해지는 하다카마쓰리(2월 셋째 토요일)가 유명하고 후자로는 나가노 현의 도소진 마쓰리(1월 13~15일)가 유명하다. 또한 1년의 시작을 축하하는 신춘 마쓰리와 세쓰분節分(입춘 전날인 2월 3일 전후에 콩을 뿌리고 '귀신은 밖으로 복은 안으로'라는 말을 외치며 집안에 뿌린 콩을 자신의 나이만큼 주워 먹는 행사)도 있다.

사시사철 마쓰리를 즐기는 일본인, 거기에는 모든 일상생활을 항상 신과 함께 한다는 의식이 작용하고 있다. 고대인은 생명의 근원이 신에게서 비롯되며, 나이를 먹어감에 따라 생명의 기운이 마르고 소모되면서 죽음에 이른다고 생각하였다. 그 기운이 마르는 것을 물리치기 위해서 진혼 의식이 필요하였으므로 신이 자리할 곳을 마련해놓고 신이 강림하도록 하여 소모된 기운이 마르는 것을 막고자 하였다. 마쓰리에 등장하는 미코시라는 신이 탄 가마와, 다시 혹은 산샤라고 하는 큰 수레가 바로 신이 세상에 내려와서 머물도록 한 기구이다. 그리고 인간의 몸에 신이 붙도록 하기 위해서는 비쭈기나무와 같은 신목의 가지를 손에 들고 빙글빙글 돌면서 춤을 춰야 하는데 그게 바로 미카구리神樂라는 의식이다.

일본 각지에는 신이 내려오는 대표적인 장소로서 신사가 곳곳에 자리하고 있다. 보통 마쓰리라 하면 신이 탄 가마나 다시가 행진을 하고 각종 음식이나 장난감 가게가 늘어서며 그 북적이는 분위기 속에서 흥을 즐기는 것이라고 생각한다. 하지만 신을 맞이하는 것이 마쓰리의 기본 정신이며 그 만남을 의도적으로 행하는 것이 마쓰리이다.

신을 맞이하면 인간에게는 어떤 변화가 일어날까? 마쓰리에서는 누구나 기분이 고양되고 흥분된 상태가 된다. 신에게 감응되기도 하고 신에게 빙의되기도 한다. 이것은 인간이 신에 의해서 태어났다는 것을 상기시키는 원초적인 욕구의 표현으로 풀이된다. 인간은 마쓰리에서 보통 때와 다른 위상에 자신을 두는 것이 가능해진다. 신 앞에 모든 욕망을 내려놓고 겸손하게 스스로를 돌아보며 몸을 정화한다. 그리고 신으로부터 새로운 에너지와 힘을 부여받아서 삶의 활력을 충전시킨다. 장엄한 제사를 치르면서 일상에서 느끼지 못한 감정을 경험하는 것이다. 일본인이 마쓰리를 좋아하고 오랫동안 이어온 이유이다.

마쓰리는 지역민에게 있어서 공동체 의식을 높여주는 기능을 한다. 같은 신을 모신다는 의식은 지역민들에게 동질감을 느끼게 하고 결속력을 다지게 한다. 마쓰리는 예로부터 내려오는 그 지역만의 전통과 역사의 집약체이며 그 지역에 대를 이어 내려오는 살아 있는 전승이다. 각 지역을 지켜주는 토속신과 지역민과의 관계를 연결하는 매개체가 바로 마쓰리가 된다.

그렇게 지역민의 축제였던 마쓰리는 지역 활성화의 일환으로 관광 상품화 되면서 더욱 화려해지고 규모가 커지게 되었다. 격식을 갖춘 미코시 행렬이나 다양한 볼거리가 있는 마쓰리는 다른 지역에도 점차 알려지게 되었다.

일본 3대 마쓰리가 열리는 도쿄의 간다와 교토의 기온, 오사카의 덴만구 신사 등은 지역 마쓰리를 독특한 문화로 발전시켜서 전국적으로 유명해진 경우이다.

간다 마쓰리神田祭는 도쿄의 간다 강을 중심으로 매년 5월 15일과 가장 가까운 주말에 열린다. 에도 시대에 처음 열리기 시작했는데 도쿠가와 막부와 관련이 깊다. 도쿠가와 이에야스는 일본 전국의 패권을 다투는 세키가하라關ケ原 전투를 앞두고 간다 묘진神田明神 신사에 가서 승리를 기원하는 제사를 올렸다. 1603년 그는 마침내 전투에서 승리하여 관동 지방을 중심으로 에도 시대를 열었다. 이를 기념하기 위해 성대한 축제를 벌였고, 이것이 지금의 간다 마쓰리로 발전하게 되었다.

신코사이神幸祭는 호화로운 호렌鳳輦 가마 3대를 비롯하여 200대가 넘는 가마가 일제히 행렬을 하는 것이다. 그 앞과 뒤를 신관, 신사에서 신을 모시는 궁사宮司, 일본의 전통 의상인 하오리나 하카마를 입은 지역 주민 등이 연등을 들고 따른다. 길이가 500m에 이르는 행렬은 저녁 무렵까지 총 30km 거리를 행진하는데 이 행렬은 니혼바시, 마루노우치, 아키하바라 지역 등을 돌면서 거리의 부정을 씻어내고 행운과 번영을 가져오도록 기원한다.

기온 마쓰리祇園祭는 교토 기온 거리 일대에서 개최되는 것으로 매년 7월 한 달 내내 열린다. 665년 창건으로 오랜 역사를 자랑하며 관영 신사로 명망이 높은 야사카八坂 신사가 주관한다. 교토의 중심부를 흐르는 가모鴨 강이 6월 우기가 되면 각종 전염병을 불러일으켜서 헤이안 시대 9세기 중반부터 재앙을 불러들이는 신에게 제사를 올린 것이 기원이 되었다. 신을 태운 가마와 함께 소국가의 수만큼 66개의 호코鉾(쌍날칼을 꽃은 창)를 세우는 것이 특징인데 10세기 중반에는 연례행사로 발전하여 점차 대규모의 상업적 축제로 변화해갔다. 1979년 중요 무형 민속 문화재로 등록되었고 2009년 유네스코 인류무형문화유산으로 지정되었다.

17일과 24일에 열리는 야마호코山鉾 순행은 호화롭게 장식된 거대 꽃마차 야마와 호코가 등장하여 보는 사람의 눈길을 사로잡는다. 행렬이 있기 며칠 전부터 교토 시내 곳곳의 도로를 통제하고 거리에 음식, 음료수 가판대를 설치하며 다양한 축제 행사를 진행한다. 시민들은 유카타를 입고 축제 분위기를 내며 오래된 전통 가옥에서는 골동품을 전시하기도 한다.

덴진 마쓰리天神祭는 매년 7월 24일에서 25일에 걸쳐서 오사카의 덴만구天滿宮 신사에서 거행된다. 헤이안 시대 후지와라 씨의 모함으로 후쿠오카 현의 다자이후로 좌천된 스가와라노 미치자네菅原道真가 세상을 떠난 후 각종 천재지변이 발생하자 조정에서는 그가 원령이 되어 저주를 내렸다며 그를 덴만 덴진天滿天神, 즉 학문의 신으로 추앙하기 시작하였다. 이후 규슈를 비롯하여 일본 각 지역에 덴만구 신사가 세워졌고 949년에는 오사카에도 덴만구 신사가 건립되었다. 도요토미 히데요시가 큰 북을 하사한 이후로 북을 연주하는 관습이 현재까지도 이어지고 있다.

24일에는 1년 동안의 신의神意를 묻는 창 띄우기 행사를 치르며, 25일에는 저녁 무렵 후나토교船渡御 행사를 벌이면서 축제의 절정을 맞는다. 후나토교는 신사를 출발한 3천여 명의 행렬을 100여 척의 배에 태우고 강을 거슬러 올라가는 수상 축제인데, 배는 화려한 천과 횃불로 장식하며 북 연주 소리와 함께 화려한 불꽃놀이도 벌인다. 육지뿐만 아니라 강에서도 함께 축제를 즐기는 점이 특징이다.

마쓰리가 관광자원의 하나로 발전하면서 고유성, 즉 개성이 강한 것일수록 주목을 받았으며 규모가 크고 화려할수록 화제를 불러 모았다. 마쓰리는 지역민과 여행객이 다 같이 어우러져 즐길 수 있으며 시간이 한정되어 있어서 희소성이 높다는 장점이 있다. 대부분의 마쓰리는 1년에 한 번 열리며 순식간에 끝이 난다. 정보를 미리 알고 그 시기에 맞춰서 찾아가지 않으면 놓칠 수밖에 없다. 더구나 매년 열리지 않는 것도 있다. 신들의 이사라고 할 수 있는 식년천궁式年遷宮(일본 신사에서 일정한 해의 수를 정하여 새롭게 신전을 조영하고 그곳으로 신을 옮기는 것)이 대표적이다. 이세 신궁과 가모 신사, 가스가 대사는 20년 주기, 스와 대사는 7년 주기, 누키사키 신사는 12년 주기, 스미요시 대사와 가토리 신궁, 가시마 신궁은 19년 주기 등으로 천궁을 하고 있으며 이 광경을 보는 것은 일생에 한 번 경험할까 말까 하는 귀중한 기회가 된다.

그런데 겉으로는 화려하게만 보이는 일본의 마쓰리에도 운영자 측에서 보면, 현실적인 문제를 안고 있다. 바로 예산상의 어려움이다. 전국적으로 널리 알려진 대형 마쓰리일수록 문제는 더 심각하다. 아오모리 현의 네부타 마쓰리는 동북 지방 3대 축제 중의 하나이며 축제 기간 중에는 약 280만 명(2018년 기준)이 다녀간다. 하지만 해마다 디자인이 바뀌는 정교한 등불과 수레를 준비하면서 적자가 늘어 가고 있다. 수년 전부터는 가마 행렬이 지나가는 코스에 유료관람석을 설치하는 식으로 하고 있지만 적자 재정은 여전하다. 400년 역사를 지닌 도쿠시마 현의 아와오도리 역시 마찬가지이다. 8월 12~15일의 4일간에 130만 명이 넘는 관광객이 방문하는 대규모의 마쓰리이지만, 30년 이상의 만성적인 적자에 시달리고 있다. 축제 기간 중에는 유료관람석 운영을 하고 축제 기간이 아닐 때는 아와오도리 회관에서 상시 공연을 하면서 적자를 메우고 있다. 이것은 지역민의 단결과 주변 상인들의 영업상의 효과로만 운영되었던 마쓰리가 지역의 관광자원이 되면서 점점 화려해지고 규모가 커지면서 생긴 역효과이다.

작은 마을에서도 마쓰리를 둘러싼 문제가 발생하고 있다. 고령화와 인구 감소 등으로 마쓰리가 존폐 위기에 처해 있는 것이다. 마쓰리는 가마를 메고 벌이는 행렬이 하이라이트라고 할 수 있는데 마을에는 65세 이상의 고령자만 남아서 가마를 멜 사람이 없다. 다른 지역에 사는 친척이나 지인을 불러오거나 자원봉사자를 모집하는 방법을 쓰고 있지만 외부인에게 의지할 수 있는 범위가 어디까지인지 끊임없이 논쟁이 일어나고 있다.

현대에도 사시사철 마쓰리가 열리는 일본. 거기에는 천재지변이 많은 곳에서 살아가기 위한 간절한 마음이 집약되어 있다. 일본인은 대대손손 이어져 내려온 마쓰리를 소중하게 생각하고 잘 보존해서 다음 세대에 전해주려는 마음이 여전히 강하다. 현대 사회에서 많은 문제들이 발생하고 있지만 마쓰리를 위해서 지역민 모두가 합심해서 땀을 흘리는 모습은 공동체라는 것이 무엇인지 다시금 깨닫게 해 준다.

3 ───────── 공기를 읽는 사람들

일본인이 인간관계에서 가장 유념하는 것은 남에게 피해 안 주기, 즉 선 넘지 않기일 것이다. 그들은 항상 남에게 과도하게 부담을 주거나 민폐가 되지 않으려고 노력한다. 타인을 침해하는 것을 극도로 싫어하는 현상을 가리켜서 '메이와쿠迷惑(민폐) 기피' 문화라고 한다. 이는 일본인이 어떤 법적 처벌 없이도 남에게 피해 주는 행위를 하지 않는 정신적 배경이 된다. 예를 들면, 전철이나 버스 안에서 휴대전화로 통화하지 않는 것도 이에 해당되며, 최근에는 보행 중 휴대전화(스마트폰) 사용을 금지하는 지자체도 생겼다.

일본에는 '모난 돌이 정 맞는다'라는 뜻의 속담이 있다. 학교와 직장 등 모든 집단생활에서 통용되는 원칙이다. 남들과 다르게 행동하거나 공동으로 정한 규범을 지키지 않으면 모두에게 배척당할 수 있다. 불문율로 정해진 행동은 법적인 처벌이 없기 때문에 오히려 더 잘 지켜야 한다고 생각한다. 자신에게만 해를 끼치는 행위, 즉 음주나 흡연 등은 남들에게 직접적인 피해를 주는 메이와쿠에 해당되지 않기 때문에 도덕적인 비난을 받지 않는다.

일본은 사면이 바다로 둘러싸여 있고 자연재해가 많은 나라이다. 그러다 보니 옛날부터 거대한 자연의 위력 앞에 인간의 힘은 매우 미약하다고 생각했다. 자연스럽게 자기를 절제하고 속마음(욕망)을 드러내지 않는 쪽으로 발달했다. 그리고 천재지변이 있을 때 어느 한 사람이 독단적인 행동을 하면 모두가 큰 위험에 빠질 수밖에 없다. 서로에게 피해가 가지 않도록 주변을 단속하고 질서를 지키는 것이 중요했다. '화和' 정신은 개인의 의견보다 집단의 이익이 중시되는 집단주의로 발전하였다.

집단을 우선시하고 개인을 억제하는 분위기는 에도 시대 때 무라하치부村八分라는 집단 따돌림으로 나타나기도 하였다. 무라하치부란 촌락 공동체 내의 규율 및 질서를 어긴 자에 대해서 집단이 가하는 제재행위를 가리킨다. ① 관冠 ② 혼婚 ③ 장葬 ④ 제祭 ⑤ 건축建築 ⑥ 병病 ⑦ 수해水害 ⑧ 여행旅行 ⑨ 출산出産 ⑩ 화재火災 등의 10가지 교제 규약 중에서 장례식과 화재의 두 가지 항목을 제외한 8가지 항목을 끊는다는 뜻이다.

이 무라하치부는 언뜻 보면 소극적인 제재 방법처럼 보일 수도 있지만, 당시에는 제재 대상자가 집단 공동소유의 토지에서 사실상 경작을 못 하는 결과로 이어졌으므로 생계를 더 이상 꾸려갈 수 없었다. 그리고 현대에도 전통적인 지역 공동체 성격이 강한 농촌이나 어촌에서는 여전히 존재하는 현상이다. 촌락 사회에서 무라하치부를 당하지 않기 위해서는 개인적인 불만이 있어도 참고 없는 것처럼 위장하는 것에 익숙해질 수밖에 없다.

집단을 우선시하다 보니 인간의 기본 감정인 희로애락을 표현하는 데도 절제를 한다. 일본에서는 슬픔을 몸으로 표현하지 않기 때문에 장례식에서조차 대성통곡을 한다거나 절규를 하며 실신한다거나 하는 경우가 거의 없다. 침통한 표정으로 있거나 소리 없이 눈물을 흘리거나 낮게 흐느끼는 것이 전부이다. 일본인들은 자기에게 닥친 불행을 표출하기에 앞서서 그 불행으로 인해서 남들이 자기를 걱정하고 신경 써주는 것에 미안함을 표현한다. 2004년 일본인 고다 쇼세이 씨가 이라크 강경파 무장조직에 의해 납치되었다가 끝내 피살되었을 때도 그 가족들은 언론에서 "폐를 끼쳐 죄송합니다"라고 사과하였다. 가족을 잃고 비탄에 잠겨 있는 때조차도 본인의 감정보다는 다른 사람을 배려하는 마음이 더 크게 작용한다고 할 수 있다.

무라하치부가 발달하기 어려운 현대의 대도시에서조차 다른 사람에게 피해를 안 주려는 의식은 강하게 나타난다. 공공의 장소에서 규칙과 질서를 지키는 것을 중요시하며 혹시라도 자신의 실수로 남에게 피해를 주게 되면 바로 사과한다. 예를 들면, 많은 사람으로 혼잡한 지하철 안에서는 본의 아니게 타인과 부딪치는 일이 생기게 되는데 그때는 부딪친 쪽도 부딪침을 당한 쪽도 깍듯하게 서로 머리를 숙인다. 일본인은 '스미마셴すみません(미안합니다)'이라는 말이 마치 입버릇처럼 되어 있어서 길거리에서 다툼이 일어나는 일은 거의 없다.

특히 일본인은 '시쓰레이失礼(실례)'라는 말을 많이 쓰는데 예를 들면 공공장소에서 큰 소리로 떠들거나 소리를 높여서 싸움하는 것은 실례가 되며 타인을 불쾌하게 하는 것도 실례가 된다. 일본어에서 '시쓰레이'는 예의를 잃은 말이나 행동을 뜻하며 우리말로 해석하면 '무례'나 '결례'에 더 가깝다. 물의를 일으킨 기업이나 유명인이 공적인 자리에 나와서 머리를 숙이고 사죄하는 모습도 불필요하게 이목을 집중시키고 불안감을 준 것에 대해서 용서를 빈다는 의미가 있다. 다소 과장되고 겉치레 같은 느낌이 있더라도 더 큰 다툼으로 비화되는 것을 미연에 방지하고자 하는 행위이다. 요즘은 우리나라에서도 많이 볼 수 있는 광경이다.

일본인이 서로 피해를 주지 않으며 예의를 지켜서 싸움이나 다툼을 피하려고 하는 것은 싸움을 하면 무조건 손해라는 생각이 있기 때문이다. 일본 속담에 '부자는 싸움을 안 한다'라는 말이 있다. 유복한 가정환경에서 여유롭게 자란 사람은 사소한 것으로 싸움을 하지 않는 온화한 성격이라는 뜻이기도 하지만, 일에서는 자신의 감정보다는 합리주의, 이익 우선주의를 추구하는 것이 더 좋다는 뜻이기도 하다. 고객이 억지스러운 요구를 해왔을 때도 다툼(분쟁)을 하게 되면 결국 회사 쪽도 피해를 볼 수밖에 없다. 인간관계에서 진정한 상호이해란 어려운 것이며 다툼으로 인해서 시간과 힘을 빼앗기는 것은 어리석다고 생각한다.

일본인이 싸움을 안 하도록 항상 말과 행동을 조심하는 이유는 교육 수준이 높다든지 법률이 엄격하다든지 하는 이유보다 공동체 내에서 다른 사람들의 시선을 의식하기 때문이다. 일본어에 '체면이 구겨졌다' '세간(세상)에 얼굴을 들 수 없다'라는 말이 있는 것처럼, 그들은 체면을 매우 중요시한다. 주위 사람의 존재를 과민하게 의식하고 주위에 대한 체면을 반드시 지키려고 행동하는 이면에는 공동체의 규범의식이 강하게 작용하고 있으며 이 또한 집단 속에서 살아가고자 하는 일본인들의 기본적인 심리 현상 중의 하나이다.

일본인에게 있어서 세상이나 세간이라는 말은 국가나 사회보다는 좁은 의미의 집단을 가리킨다. 자신이 다니는 직장이나 학교, 이웃, 고향 마을, 모임 등을 의미한다. 일본인은 자신이 속한 소집단에 동화되기 위해서 자신을 낮추고 예의를 몸에 익히며 점차 '공기를 읽는 사람들'이 되어 간다. 일본인은 기본적으로 이 세간이라는 공동체에서 튕겨 나가는 것을 두려워하므로 곁에 가면을 쓰지 않을 수 없다. 일본에서는 속마음을 밖으로 표출하는 것을 극도로 꺼리면서 서로의 속마음을 알아채는 식으로 인간관계가 형성되어 왔다.

그러면 일본인들은 일상생활에서 꾹꾹 눌러 담은 욕구와 속마음을 어디서 표출할까? 바로 가상의 세계, 즉 서브컬처이다. 일본에서는 오타쿠 문화와 성문화, 예능 방송 등이 과도할 정도로 발달하였다. 문화와 예술이라는 비현실의 세계에서 각자의 취향과 욕망을 마음껏 발산하도록 규제나 심의를 엄격하게 하지 않는다. 정해진 범위 안에서 적당한 대가를 치르고, 다른 사람에게 피해를 주지 않는다면 무엇을 해도 괜찮다고 생각하는 면이 있기 때문이다.

이렇게 다른 사람과 같이 있을 때와 혼자 있을 때의 행동이 구별되는 것은 자신의 의견을 피력할 때도 마찬가지이다. 일본인의 본심과 배려, 속내와 겉으로 드러내는 마음을 각각 나타내는 혼네本音와 다테마에建前라는 말이 있다. 혼네는 개인적인 본심을 나타내는 말이고 다테마에는 사회적인 규범에 근거한 의향을 나타내는 말이다. 혼네와 다테마에는 지역에 따라서 차이가 있기는 하지만 기본적으로 일본인은 사회생활을 하는 데 있어서 이 두 가지를 구별하여 사용하는 데 익숙하다. 예를 들면, 친구네 집에 초대되었을 때 맛없는 음식을 먹고도 실망스러운 속마음을 절대로 표현하지 않는다. 어디까지나 '맛이 근사하고 개성이 넘친다'는 식으로 에둘러 표현한다. 듣는 쪽에서도 행간의 말뜻을 알아듣고 시간이 없어서 음식 맛을 제대로 못 낸 것에 대해서 사과한다.

그러다 보니 상대방에게 상처를 주지 않기 위해서 그럴듯한 말을 만들어 내는 경우도 종종 있다. 특히 상대방에 대해서 자신의 의견이나 생각을 피력해야 할 때는 듣기 좋게 포장한 말을 한다. 우리는 솔직한 의견과 진심 어린 충고가 상대방에게 도움이 된다고 생각하지만, 일본인은 거짓말을 하더라도 속마음을 감추는 것이 상대방을 위한 배려라고 생각한다. 사실을 전달하는 것보다 진실(진심), 즉 상처를 주고 싶지 않은 마음을 전달하는 것이 더 중요하다고 생각하기 때문이다.

일본인은 거짓말이 도덕적으로 나쁜 것이 아니라고 생각하는 경우가 많다. 그런 일본인의 가치관은 일본의 가옥 구조에서도 비롯된 측면이 있다. 일본은 잦은 지진 발생으로 주로 목재로 집을 짓는다. 목조 가옥의 가장 큰 단점은 방음이 안 된다는 점이다. 옆방에서 일어나는 일들이 얇은 판자벽을 타고 다 알려진다. 은밀한 일까지 다 알고 있지만 아는 척을 해서는 상대방이 불편해질 수밖에 없다. 못 들은 척 안 본 척해 주는 것이 서로 간의 예의이고 배려라고 생각한다. 말하자면 '선의의 거짓말'이라는 개념을 최대치로 확대 해석해서 실천하고 있는 경우라고 볼 수 있다.

이와 같은 일본의 이중적인 문화 구조를 외국인은 이해하기 어렵다. 한국과 중국에서는 예로부터 속마음을 그대로 드러내는 것을 정정당당하다고 여겨왔다. 군자대로행君子大路行이라는 말처럼 무슨 일이든 숨기지 않고 드러내는 것을 추구했으며, 간사하고 악독하다는 뜻을 지닌 간특奸慝이라는 단어의 특慝이 '숨기다'는 닉匿과 '마음' 심心이 합쳐진 글자이듯이 겉과 속이 다른 이중성을 비열한 것으로 여겨왔다. 서양 역시 이와 비슷한 사고방식으로 일본인을 이해하기 어려웠다. 태평양전쟁 때 일본군은 조국을 위해서 죽음을 각오하고 싸우다가도 미국의 포로가 되고 나면 곧바로 입장을 바꿨다. 미국인은 포로가 되자마자 미국 편에 서서 자기편을 배신하는 일본군 포로의 심리를 이해할 수 없었다. 그러한 일본인을 이해하기 위해서 미국에서는 제2차 세계대전 때부터 일본학이 유행하였으며 인류학자 루스 베네딕트는 외부 사람에게는 이해될 수 없고 일관성이 없는 것처럼 보이는 일본인의 행동과 성격을 분석하여 『국화와 칼』(1946)이라는 책으로 펴냈다. 국화(평화)를 사랑하면서도 칼(전쟁)을 숭상하는 일본인의 이중성은 외국인에게는 상식적으로 이해하기 어려웠기 때문이다.

두 가지 이상의 모순된 성향이 동시에 존재하는 문화적 이중성은 오랫동안 일본에 존재해왔다. 일본은 역사적으로 천황이 실권을 잡은 때보다 귀족이나 무사, 총리가 정치를 수행한 기간이 더 길다. 즉, 천황은 정신적·문화적 지배자이고 귀족이나 무사, 총리는 정치적·행정적 지배자가 된다. 지배층의 구조 자체가 이원적이다. 더구나 무사가 정치적인 지배자가 되었을 때는 상반되는 성향의 귀족들을 어떻게든 자기편으로 만들어야 했기 때문에 기본적인 규율만 지키면 무엇을 해도 허용하는 분위기가 있었다. 이념이나 명분보다는 실리를 취한 것이다. 그런 전통이 지금까지 남아서 남에게 피해를 주지 않으면 무엇을 하든 상관하지 않는 식이 되었고 그러다 보니 서로 성격이 다른 문화가 동시에 발달할 수 있었으며 가치관 역시 두 가지 이상을 동시에 인정하는 쪽으로 형성되었다.

일반적으로 일본인은 속마음을 그대로 드러내지 않고 돌려서 표현하는 완곡 화법을 사용한다. 그것은 듣는 사람의 감정이 상하지 않도록 하고 그 사람 방식에 간섭하지 않겠다는 뜻이기도 하다. 하지만 항상 깍듯하고 예의 바르게 행동하는 일본인에게 거리감이 생기기도 하고 나중에 속마음을 알고서는 뒤통수를 맞은 듯한 느낌이 들기도 한다.

현대에도 외국인은 여전히 그러한 일본인의 애매함에 익숙하지 않아서 낭패를 보는 경우가 종종 있다. 일본인이 '다음에 저의 집에 놀러 오세요' 라든가 '근처에 오시면 저의 집에 꼭 들러 주세요'라는 말을 하는 경우가 있다. 그야말로 의례적으로 하는 말로 '그럼, 언제가 좋을까요?'라고 반문하면 상대방은 매우 곤혹스러워한다. 그리고 회사 간 업무 관계에서도 칭찬까지 덧붙여진 '검토해 보겠습니다'나 '생각해 보겠습니다'라는 말은 외국인에게는 YES인지 NO인지 구분이 안 될 때가 많다.

이렇게 결론을 내지 않고 가능성을 열어두는 일본인의 애매한 표현법은 '살피는 문화察する文化' 속에서 발전하였다. 섬나라로 이민족의 지배를 받은 적이 없는 일본에서는 사고방식이나 가치관 면에서 동질성이 높게 나타난다. 언어에 의한 커뮤니케이션보다는 비언어 커뮤니케이션, 즉 상대방의 눈이나 표정을 보고 상대방의 기분을 알아채는 것이 중요시되었다. 이것을 일본에서는 이심전심 문화 혹은 살피는 문화라고 칭하는데 미국에서는 인류학자 에드워드 홀에 의해서 '고배경문화High-Context Culture'라는 개념으로 이해되고 있다.

일본에서는 상대방이 언어로 명확하게 표현하지 않아도 그 마음을 재빨리 살펴서 자신의 행동을 거기에 맞춰가는 것이 일반적이다. '주변을 잘 살핀다''눈치가 빠르다''배려심이 많다'는 식의 표현은 일본인 사이에서는 대표적인 칭찬이다. 하지만 일본인의 그런 성향은 좀 더 독립성을 중요시하는 서양인에게 종종 '친절의 강매''고마운 민폐''이쪽 의도를 잘 모르고 겉 넘는 일'과 같이 부정적인 평가로 이어지기도 한다.

일본에서는 예로부터 다신교의 형태로 모든 신이 다 같이 모여 의논해서 중대사를 결정한다고 생각했으며 무엇이 옳고 그르며 무엇이 선이고 악인지 확연하게 구분하지 않았다. 진리는 언제든지 변할 수 있다는 생각이 밑바탕에 있어서 반대 의견을 제시하고 논쟁을 통해서 결론을 끌어낼 수 있다고 보지 않았다. 유일신 사상으로 선과 악의 절대 진리의 존재를 믿는 서양인의 사고방식과는 다르다고 할 수 있다.

상대방에게 맞추는 식의 대상의존형 자기규정은 관찰하는 자기 입장과 관찰을 당하는 대상의 입장이 뚜렷하게 구별되지 않고 오히려 양자가 동화되는 것을 의미한다. 서구의 문화가 관찰자와 대상의 구별, 즉 자타의 대립을 기초로 하는 것에 비해 일본 문화는 자기를 대상에게 몰입시켜 자타의 구별을 뛰어넘고자 하는 경향이 강하다. 그러다 보니 일본인은 상대방의 기분이나 타인의 생각을 고려하기 전에 자신은 어떻게 생각하는지 자기주장의 원점을 밝히는 것이 서투르기도 하다. 상대방의 의견에 자기의 생각을 어떻게 조화시킬 것인지에 대해서만 관심을 두는 방식에 더 익숙하기 때문이다.

오랫동안 일본에서 인간관계의 기본이 되어온 살피는 문화가 최근에는 같은 일본인 사이에서도 부작용으로 작용하고 있다. '유토리 세대'라고 하는 젊은 세대는 어린 시절부터 혼자만의 세계에 익숙해서 개인주의적 성향이 강하다. 해야 할 일을 하나하나 얘기해주지 않으면 알아채지 못하는 경우가 많다. 그런 젊은 직원이 있으면 상사는 '얘기한 것밖에는 안 한다' '도통 눈치가 없다'라는 식의 혹평을 한다. 말하지 않아도 세세한 것까지 잘 살펴서 앞서서 움직이며 가려운 곳을 긁어주는 식의 대응을 더는 기대하기 어려워진 것이다.

그런데 사회가 변화무쌍하고 가치관이 다양하게 분화된 현대에는 살피는 문화가 효용성을 갖기 어려운 면도 있다. 모두가 추구하는 공동의 선善이라는 개념도 점차 희박해지고 거미줄처럼 복잡하게 얽힌 사회 구조 속에서는 눈에 보이지 않는 개인의 가치관이 더 중요해졌다. 서로 다른 가치관을 가진 이질적인 사회에서는 서로의 취향과 의도를 확인하기 위해서 적극적인 의사소통이 필요하다. 살피는 문화만으로는 다양한 수요를 충족시키지 못하게 되었다. 자기의 생각이나 주장을 좀 더 명확하게 전달하고 그에 따른 책임도 다할 준비를 하는 것이 중요해졌다.

4 ──────── 이 미스터리가 대단해!

출판 대국 일본에서 미스터리물, 즉 추리물이라는 장르 문학이 차지하는 비중은 상상을 초월할 정도로 크다. 일단 추리물 장르의 역사가 오래되었으며 사회파, 학원물, 스릴러 등 다양한 하위 장르가 발달해서 독자의 입맛에 맞는 다양한 작품이 끊임없이 쏟아지고 있다. 일본 추리 소설의 고전 에도가와 란포의 『소년 탐정단』(1937)부터 현대의 인기작 히가시노 게이고의 『나미야 잡화점의 기적』(2012)에 이르기까지 스토리나 글의 기교가 뛰어나고 반전도 참신하며 주제적으로도 깊이 있는 수작들이 많다.

소설뿐만이 아니다. 〈소년탐정 김전일〉(1992)이나 〈명탐정 코난〉(1994) 등으로 대표되듯이 추리와 미스터리, 탐정물은 일찍부터 소년 만화 시장에도 공고히 자리 잡고 있다. 〈화차〉(2011)나 〈스마트폰을 떨어뜨렸을 뿐인데〉(2018) 등의 추리 영상물 역시 탄탄한 마니아층을 형성하고 있다.

일본 추리물은 국내 시장뿐만 아니라 외국에도 많이 알려져 있다. 에도가와 란포의 단편집 *Japanese Tales of Mystery & Imagination*(1956) 발간 이후 현재까지 90편 이상의 추리소설이 영어로 번역되어 영미권에 소개되었으며 2011년에는 『용의자 X의 헌신』(2006)의 영역본 *The Devotion of Suspect X*가 출간되면서 이듬해 미국의 에드가상 후보작에도 오르는 등 화제를 모았다. 한국을 비롯한 중국, 대만 등의 주변국에서는 연간 100편이 넘는 번역본이 출간되어 일본 추리소설 붐을 일으키고 있으며 소설뿐만 아니라 만화, 애니메이션, TV 드라마, 영화 역시 큰 인기를 끌고 있다. 일본의 추리물은 독특한 스토리 구성을 특징으로 하여 전 세계의 추리물 역사상 하나의 뚜렷한 흐름을 형성하고 있다.

일본은 어떻게 해서 오늘날 추리물 대국이 되었을까?

일본은 전통적으로 문학, 즉 스토리가 발달하여 인간의 희로애락을 그리는 정통 소설부터 요괴나 도깨비, 혼령 등의 판타지 성향이 강한 소설에 이르기까지 실로 다양한 장르의 문학이 발달하였다. 불교나 유교의 영향이 강했던 우리나라의 경우에는 허무맹랑하고 오락성이 강한 책은 인간의 욕망을 부추기고 정신을 어지럽히는 것으로 배척하고 경시하는 풍조가 있었지만, 일본에서는 그러한 편견이 상대적으로 훨씬 적었다.

그리고 11세기 성립의 『겐지 이야기』와 같이 인간 내면의 심리를 냉철하고 섬세하게 표현하는 심리 소설이 일찍부터 형성되어 있었다. 겉으로 드러나는 말이나 행동보다 속마음과 혼잣말로 장면을 구성하며 스토리를 전개하는 방법은 혼네와 다테마에 구조에 의해서 속내를 겉으로 잘 표현하지 않는 일본인의 습성에서 비롯된 것이다. 직접적인 표현을 피하는 문화에서는 자칫 오해가 생기기 쉽고 그 오해가 점점 더 커져서 사건을 발생시키기도 한다. 그리고 주변적인 상황에 의해서 판단하는 데 익숙한 일본인은 앞뒤 과정을 통해서 추측하는 것을 좋아한다. 그와 같은 사회적 분위기는 추리물이 일본에서 크게 발달하는 데 밑거름이 되었다.

추리소설이 일본에서 독자적인 발전을 이루게 된 것은 각 시대마다 활약한 뛰어난 작가들 덕분이기도 하다. 추리소설은 미국의 소설가 에드가 알렌 포Edgar Allan Poe의 단편 소설『모르그가의 살인사건』(1841)에서 시작되었다. 영국 등의 유럽에서도 유행하였으며 일본에는 메이지유신 이후 서양 소설의 번역문학으로 처음 들어왔다. 일본 최초의 추리소설은 구로이와 루이코黑岩涙香의『세 가닥의 머리카락』(1889)이었다. 처음에는 '무참'이라는 제목으로 발표된 것처럼 실제로 발생한 살인사건을 바탕으로 하고 있다. 추리소설推理小説이라는 용어도 당시 일본 소설가가 영어 'Mystery Story'를 일본어로 번역하면서 만들어졌다.

일본 추리소설이 문학의 한 장르로서 확립되고 발전한 것은 에도가와 란포江戸川乱歩, 1894~1965의 힘이 컸다. 그의 필명은 미국의 추리소설가 '에드가 알렌 포'에서 땄으며 탐정소설부터 사회파 미스터리까지 수많은 걸작을 통해서 탐정이라는 직업을 대중에게 인지시키고 추리소설의 지명도를 높였다. 그는 그로테스크하고 엽기적인 환상과 범죄를 소재로 해서 큰 인기를 얻었으며 뒤틀린 욕망이 존재할 수밖에 없는 이유와 그런 욕망이 분출했을 때의 인간 모습을 세밀하게 그렸다. 본격 탐정소설의 막을 연 『D 언덕의 살인사건』(1925)의 캐릭터 아케치 코고로 탐정은 추리만화 〈소년 탐정 김전일〉(1992)에서 김전일의 경쟁 상대인 '아케치 켄고'라는 경감의 이름으로 계승되었다. 그는 일본 추리소설의 아버지로 칭해지면서 추리 작가의 등용문인 에도가와 란포상과 추리만화 〈명탐정 코난〉(1994)의 주인공 '에도가와 코난' 등으로 그 이름이 남아 있다.

제2차 세계대전 후에 사회파 추리소설이란 새로운 장르를 개척하여 정체되어 있던 일본 추리소설을 부흥시킨 사람은 마쓰모토 세이초^{松本淸張, 1909~1990}였다. 그는 첫 장편소설 『점과 선』(1958)을 통해서 트릭이나 범죄 자체보다는 범죄의 사회적인 동기를 드러냄으로써 사회파 추리소설 붐을 일으켰다. 단순히 사건 해결에 그치지 않고 일상적인 삶을 묘사하면서 사회의 어두운 면과 인간의 악을 그려낸 것이다. 일본인은 일상의 지루함이나 스트레스를 여러 사람과 함께 와자지껄하고 과격한 행동으로 해소하기보다는 혼자 조용히 사색을 즐기면서 해소하는 편이다. 추리소설이라는 장르는 그러한 일본인 성향에 잘 들어맞았으며 거기에 인간적인 감동까지 느낄 수 있었으니 금상첨화였다.

마쓰모토 세이초가 정립하고 발전시킨 사회파 추리소설은 일본 특유의 범죄소설을 만들어냈다. 사회파 추리소설은 사회적인 문제를 소재로 삼으면서 탐정보다는 형사가 주인공으로 나오는 경우가 많다. 범죄를 저지르는 이들은 사회적으로 보면 오히려 피해자인 경우가 많으며 그들은 자신의 억울함을 호소하기 위한 방법으로 범죄를 계획한다. 사회파 추리소설은 급속한 경제개발에 따른 개인이나 집단의 피해, 정치권력의 폭력 등 보통 '범죄'로 규정되지 않는 범죄를 폭로하는 역할을 하였다. 마쓰모토 세이초의 사회파 추리소설의 세계는 이후 미야베 미유키, 모리무라 세이치, 히가시노 게이고, 기리노 나쓰오, 다카무라 가오루 등의 이른바 '마쓰모토 세이초의 아이들'이라고 불리는 작가들을 통해서 오늘날까지 일본 추리소설의 근간을 이루고 있다.

히가시노 게이고東野圭吾, 1958~는 어느 한 장르에 구애되지 않고 본격 추리소설부터, 미스터리, 서스펜스 색채가 강한 판타지 소설에 이르기까지 폭넓은 장르의 작품들로 큰 인기를 얻고 있다. 『방과 후』(1985)로 에도가와 란포상을 수상하며 이름을 알리기 시작하여 『비밀』(1998)로 일본추리작가협회상을, 탐정 갈릴레오 시리즈 제3탄 『용의자 X의 헌신』(2006)으로 나오키상을 수상하였다. 2019년까지 총 90편이 넘는 많은 작품들을 써냈음에도 불구하고 그는 늘 새로운 소재, 치밀한 구성과 날카로운 문장으로 작품마다 높은 평가를 받고 있다. 현재 상당수의 작품이 영화와 TV 드라마로도 제작되어 큰 사랑을 받고 있다. 2000년대 이후 한국, 중국, 대만 등의 아시아에서도 일본 추리소설 붐을 일으키고 있는 장본인이며 2011년에는 『용의자 X의 헌신』(2006)의 영역본이 출간되면서 미국에서도 주목받고 있다.

미야베 미유키(1960~) 역시 다양한 장르를 넘나들며 수준 높은 추리소설을 쓰기로 유명하다. 데뷔작 『우리 이웃의 범죄』(1987)로 요미모노추리소설 신인상을 받았으며, 『마술은 속삭인다』(1989)로 일본추리서스펜스대상, 『용은 잠들다』(1991)로 일본추리작가협회상, 『화차』(1992)로 야마모토슈고로상, 『가모우 저택 사건』(1997)으로 일본SF대상, 『이유』(1999)로 나오키상, 『모방범』(2001)으로 마이니치출판대상 특별상을 수상하는 등 일본 최고의 미스터리 작가 자리에 등극하였다. '일본 미스터리계의 여왕'으로 불리며 많은 작품을 발표하고 있는데, 지극히 현실적인 설정을 출발점으로 삼아서 범죄가 일어나게 된 사회적 동기를 추적해가는 사회파 추리소설과, 에도 시대를 배경으로 한 괴담이나 범죄사건을 소재로 삼은 시대 추리소설로 나눠진다.

아야쓰지 유키토綾辻行人, 1960~는 1960년대 이후 사회파 추리소설이 주류였던 일본 추리문학계에 '신본격파'의 신선한 반향을 일으켰다. 그는 데뷔작 『십각관의 살인』(1987)을 통해서 퍼즐 풀이와 트릭에 집중하는 고전 스타일의 본격 미스터리로 회귀하고자 하였으며 이 작품의 성공으로 추리 마니아들은 대거 작가로 데뷔할 수 있었다. 『기면관의 살인』(2012)까지 아홉 편의 작품이 이어지는 '관館 시리즈'는 '독자와의 두뇌게임'을 표방하는 만큼 주인공들이 사건을 직접 해결하기보다는 관ᵃ, 즉 건물에 얽힌 인물들의 사연을 뒤따라가면서 살인사건에 쓰인 트릭을 밝히는 데 치중한다. 아야쓰지 이후 90년대 젊은 신진 작가들로 세대교체를 이룬 일본 추리문학계는 에도가와 란포, 마쓰모토 세이초 열풍에 이은 세 번째 황금기를 맞이하였다.

온다 리쿠1964~는 추리소설 작가라기보다는 추리소설 기법을 즐겨 사용하는 작가로 알려져 있다. 『밤의 피크닉』(2005)이 서점대상을 수상하면서 유명해졌으며 『꿀벌과 천둥』(2015)으로 나오키상과 서점대상을 수상하였다. 대표작 『삼월은 붉은 구렁을』(2005)은 수수께끼의 책을 둘러싼 미스터리를 그린 색다른 구성의 소설이며, 『밤의 피크닉』은 '야간 보행제'라는 학교 행사를 소재로 10대의 마지막을 보내는 소년 소녀의 불안한 심리를 예리하게 포착한 성장소설이다. '노스탤지아의 마법사'라고도 칭해지며 지극히 개인적인 경험에서 비롯된 세계를 몽환적인 상상력으로 재구성하는 데 탁월한 재능이 있다는 평가를 받고 있다. 미스터리라는 장르가 어디까지 진화할 수 있는지 그 극단을 경험하게 해주는 작가이다.

아오야마 고쇼青山剛昌, 1963~는 저연령층도 쉽게 접할 수 있는 추리만화 〈명탐정 코난〉(1994)을 발표하면서 유명해졌다. 현재까지 25년 넘게 만화잡지 『소년선데이』에 연재 중이며 1억 4천만 부이상의 판매 부수로 역대 일본 만화 중 5위에 올라 있다. 검은 조직의 계략으로 고등학생 명탐정 '남도일'이 초등학생 '코난'의 몸으로 바뀌어 어려운 사건들을 해결하는 이야기이다. 청소년은 물론, 키덜트 성인층까지 열광하는 추리물로 자리매김하였으며 속도감 있는 전개와 기발한 해법도 다른 추리물과의 차별점이다. 만화의 인기에 힘입어 1996년부터 TV 애니메이션으로 제작·방영되고 있으며 1997년부터는 극장용 애니메이션 시리즈로 제작, 그 외에 TV 드라마, 게임 등으로도 제작되는 등 큰 인기를 끌고 있다.

일본의 추리물 발달에는 추리소설에 관련된 상賞이 많다는 점도 큰 요소로 작용한다. 상이 많다는 것은 작가의 창작 의욕을 자극해서 독자층이 넓은 작가군을 존재하게 한다. 추리소설은 기본적으로 오락성이 강하기 때문에 독자층 형성에 유리하다. 그 작가군은 작품의 수나 질을 높여서 더욱 뛰어난 문학군을 형성하고 TV 드라마나 영화, 애니메이션, 음악, 회화 등의 문화 콘텐츠로 재창작될 수 있도록 한다. 물론 수상작이라는 것으로 화제성을 높이는 효과도 있다.

우선 나오키상이 있다. 아쿠타가와상과 함께 가장 권위있는 문학상으로 오락성이 강한 추리소설이 수상하게 되면 그만큼 완성도와 예술성을 인정받는 것이 된다. 추리소설 분야에서 가장 권위 있는 상은 일본추리작가협회상이다. 1948년 창설되어 한 해 동안 발표된 추리소설 중 가장 우수한 소설에게 수상한다. 에도가와 란포상은 1954년 에도가와 란포의 기부금으로 창설되었으며, 수상작은 단막 드라마로 제작되어 후지 TV에서 방영되는 영광을 얻는다. 서점대상은 서점의 점원들이 얼마나 재미있느냐를 기준으로 독자들에게 권하고 싶은 소설로 선정된다. 또한, 이 미스터리가 대단해!상이 있는데 이것은 1988년부터 출판사 다카라지마宝島에서 발표하는 추리소설 인기 랭킹에서 정해진다. 국내와 해외를 나누어서 각각 베스트 10을 선정하며 대상은 오직 신인 작가에게만 주어진다. 그 외에도 추리소설에 관련된 상은 많다.

일본에서 추리물이 발달한 요인을 한 가지 더 꼽자면, 소설과 영화, 애니메이션, TV 드라마가 모두 미디어믹스로 협력한다는 점이다. 특히 소설과 영화의 미디어믹스는 두드러진다. 추리물, 즉 미스터리 장르는 일본 이외의 나라에서는 그다지 발전하지 않았다. 지나치게 논리석이고 스토리가 복잡히며 느린 템포에 시각적 효과가 약하기 때문에 자칫 지루해지기 쉽다. 비주얼 효과가 주도하는 현대의 상업 영화계에서 미스터리 세계를 영화로 제작하는 것은 어려운 일이다. 우리나라에서도 추리 영화에 대한 도전은 거의 이루어지지 않고 있으며 상업적으로 성공할 가능성이 높은 범죄 영화나 액션 영화, 서스펜스 영화가 주류이다. 영화의 다양한 장르가 발달한 미국에서조차 추리 영화는 인기 장르가 아니며 추리 소설의 본고장이라고 할 수 있는 영국에서도 추리 영화는 몇 편 안 된다. 일본에서는 탄탄한 원작 소설을 바탕으로 비인기 장르의

약점을 극복하고 세계적으로 유례없는 성공을 거두고 있다.

일본 TV 드라마에서도 추리물이 차지하는 비중은 크다. 일본의 TV 드라마 업계에서는 우리와는 달리 추리 드라마와 의료 드라마가 인기 장르인데 특히 추리 드라마 중에는 〈춤추는 대수사선〉(1997), 〈파트너相棒〉(2000), 〈트릭〉(2000), 〈갈릴레오〉(2007), 〈스트로베리 나이트〉(2012) 등과 같이 몇 시즌이나 방송되어 하나의 사회 현상으로까지 발전한 인기 드라마가 많다. 높은 시청률을 기록한 미스터리 드라마는 보통 시즌2로 추가 제작되거나 영화로도 제작된다.

추리물의 매력은 무엇일까? 우리는 추리물을 읽으면서 사건을 낱낱이 파헤치고 실마리를 찾아서 해결해가는 재미를 느낀다. 내가 탐정이 되어 수수께끼를 풀어가고 범인과 대결하면서 스릴과 서스펜스를 즐긴다. 그리고 잔인하고 끔찍한 사건들을 통해서 우리의 깊은 심연에 숨어 있는 욕망과 마주하게 되고 그 속을 찬찬히 들여다볼 기회를 갖는다. 특히 일본 추리물에는 갖가지 우여곡절로 얽힌 사건 속에 감정, 인간성, 논리성, 현실 등이 총망라되어 진한 감동까지 받게 된다.

5 ──── 사랑에 죽고 사랑에 살고

일본만큼 고대부터 현대까지 시종일관 남녀 간의 '사랑' 혹은 '연애'가 문학의 주제가 된 경우도 드물다. 물론 셰익스피어나 톨스토이, 도스토예프스키와 같은 세계적인 대문호의 작품도 남녀 간의 연애는 주요 모티브 중의 하나였다. 문'학'이라는 것 자체가 원래 남자에게는 여성'학'이 되고 여자에게는 남성'학'이 되기 때문이다.

하지만 고대로 거슬러 올라가 보면 반드시 그렇지만도 않다. 가까운 중국의 경우를 보면, 당나라 때 남녀의 사랑을 그린 소설 『유선굴』(7세기)은 9세기에 견당사에 의해 일본에 들어와 『겐지 이야기』와 같은 연애 소설 성립에 영향을 주었지만, 그 후 중국 문학에서는 자취를 감추었다. 그리고 17세기 청나라 때가 되어서야 다시 역수입되어 연애 소설의 대표작으로 인정받았다. 중국에서는 유교 사상이 뿌리 깊다 보니 『삼국지』(14세기), 『수호전』(14세기)과 같은 역사 소설이나 영웅담이 중시되고 남녀 사이의 연애를 소재로 한 소설은 경시하는 풍조가 있었다. 중국의 영향을 받아 유교가 일상생활을 지배한 우리나라에서도 상황은 비슷했다.

그에 비해 같은 한자문화권이지만 유교와 같은 중국 사상의 영향이 적었던 일본에서는 전혀 다른 식으로 문학이 전개되었다. 일본에서는 신성성이 강조되는 건국신화에서조차 국토 창조의 과정을 남녀 신의 연애 이야기로 서술하고 있다. 보통 남녀 간의 연애가 문학의 소재가 되는 것을 근대 이후 서양에서 유입된 것으로 생각하기 쉬운데 일본의 경우는 그렇지 않다. 근대 메이지유신 이후 서양의 낭만주의가 유입되면서 더욱 정제되고 세련된 것으로 발전하기는 했지만, 일본 문학은 고대부터 사랑, 즉 남녀 간의 연애가 중심 테마였다.

외래문화를 수용하면서도 중심축은 항상 자국의 전통문화였기 때문에 일본적인 연애지상주의는 여러 시대를 거쳐서 현대까지 계승되었다. 그러므로 남녀가 연애를 통해서 극대화되는 성정性情이 후대에 일반적인 미의식으로 자리 잡아서 일본인의 행동양식이 되는 경우가 많다. 예를 들면, '모노노 아와레' 정신은 헤이안 시대 사랑하는 남녀가 자신을 상대에게 일체화하고 그 상대를 애틋하게 생각하는 마음이었는데 그 후 일반적인 관계로 확대되어 상대의 처지를 이해하고 양보하는 마음으로 보편화 되었다. 우리가 여행 갔을 때 친절하다고 느끼는 일본인의 배려심은 원래 연애 감정에서 비롯된 것이다.

일본인은 왜 사랑이라는 감정을 그토록 좋아하며 항상 마음에 두고 음미하려고 하는 것일까? 일본 문학에서 사랑, 즉 연애가 모든 시대에서 중요한 모티브가 된 배경에는 몇 가지 요인이 있다.

일본의 고대 사회는 여성을 중심으로 하는 모계사회였다. 혈통이나 혈연이라는 것을 연결시켜 재산을 상속하는 데는 부계보다 모계가 안정적이기 때문이다. 모든 신들 중에서 최고의 신 태양신이 아마테라스라는 여신이었던 것처럼 일본 고대 사회에서 재산을 상속하는 것은 여성이었으며 남성은 집을 나가서 밖에서 아내를 찾아야 했다. 결혼 제도는 일부다처제였지만 형태는 남성이 여성의 집을 찾아가서 구혼하고 그곳에서 결혼 생활을 영위하는 '통혼通い婚(가요이콘)'이라는 초서혼이었다. 사회 자체는 남성 중심의 구조였지만, 남녀관계에서는 여성이 중심이었다고 할 수 있다.

그러다 보니 남성들은 여성의 마음을 얻기 위해서 온갖 노력을 하였다. 더구나 상류층 남성은 가능하면 많은 처를 거느려 가문을 번성시킬 필요가 있었으므로 여성과의 관계를 원만하게 이어나가기 위해서 교양이나 매너를 갖추고자 하였다. 귀족 사회에서는 남녀 사이의 연애가 가장 중요한 관심사였으며 연애 기술을 익히는 것이 필수였다. 문학서는 귀족들에게 일종의 연애 참고서였다. 가문 중심의 세습제가 유지되고 외부로부터의 침입이 없다보니 일본의 상류층은 별다른 위기의식 없이 풍류 생활을 지속할 수 있었다.

그리고 중세 무사들이 할거하여 전쟁을 일삼던 전란의 시대조차도 사랑이라는 주제는 문학 속에서 사라지지 않았다. 귀족 문화를 동경한 무사들이 풍류 생활, 즉 여성과의 관계를 중요시하였기 때문이다. 헤이안 시대 귀족들이 사회적인 안정 속에서 연애에 힘

쓰고 문예를 즐기면서 정립한 풍조는 중세의 무사 사회에서 또 다른 형태로 이어졌다. 전쟁터로 떠나는 무사가 사랑하는 여인과 이별하는 장면은 평화로운 귀족 시대보다도 더 애절하게 그려졌다.

일본의 토속 신앙 신도의 세계관 역시 연애 문학 발달에 큰 영향을 미쳤다. 모든 자연물에는 신이 깃들어 있으며 그 신들은 서로 교합하여 열매를 맺는다. 남녀의 결합으로 자식이 태어나는 것은 우주의 섭리이며 풍요로운 생산력의 기본논리가 된다. 일본인은 대대로 남녀 간의 연애를 저속하고 비천한 것으로만 보는 인식이 희박하다. 그것이 성^性의 영역으로 노골적으로 표출되었을 때 품위를 잃는다고 생각하는 일은 있을지라도 말이다. 일본 문학에서는 형태와 정도는 다소 차이가 있더라도 전 시대를 통틀어 남녀 간의 사랑이 주제가 되지 않은 적이 없고 연애의 형태가 묘사되지 않은 적이 없다. 사랑, 즉 연애야말로 일본 문학의 가장 큰 특징이며 전 시대를 꿰뚫을 수 있는 키워드가 된다.

일본 문학에서 표현되는 연애의 모습은 실로 다채롭다. 특히 고전 문학에서는 남녀의 만남이 자유롭지 못 하던 시대의 연애 과정이 구체적이면서도 세밀하게 묘사되어 있다. 남성은 엿보기를 통해서 반한 여성에게 편지로 정담을 나누다가 여성의 집 출입을 허락받으면 밤을 같이 보낼 수 있었다. 그 일련의 과정 속에서 생기는 갖가지 우여곡절과 예상치 못한 결말은 다채롭고도 흥미진진하다. 남녀 사이에 일어날 수 있는 수많은 사랑의 변주곡과 그 사이로 흐르는 인간 내면의 소리. 때로는 사랑의 노래로 은밀하고 격정적으로 읊조리며 때로는 산문으로 장중하고 부드럽게 사랑의 서사를 엮어낸다.

일본 문학에서 사랑의 모습은 비극적인 경우가 많다. 기쁨이나 행복보다는 슬픔과 괴로움이 그려지는 경우가 많고 때로는 남녀가 죽음에 이르기도 한다. 일본 문학에서 연애는 애절함, 금기, 동반 자살, 죄악 등의 개념과 연결되는 경우가 대부분이다. 사랑의 기쁨이나 행복을 노래하는 경우는 거의 없다. 만남은 이별을 품고 있어서 슬프고 이별은 만남을 기약할 수 없어서 절망적이다. 사랑에 죽고 사랑에 사는 일본인의 연애관이 형성된 이유이다.

8세기 중엽의 시가집『만엽집』에서는 사랑의 노래를 소몬카相聞歌라고 불렀다. 남녀의 생활이 확연히 구분되어 있던 시대 서로의 안부를 묻는 사이는 특별한 관계였기 때문이다.『만엽집』의 사랑 노래에는 남녀 간에 꽃 핀 사랑의 감정이 소박하면서도 격정적으로 표현되어 있다.

3725 내 님이시여 멀리 가야 한다면 그 곱고 하얀

　　　소매 흔들어 주오 보며 그리워하리

3727 티끌 정도의 가치도 없는 못난 이 몸 때문에

　　　애타게 그리워할 그대가 슬프도다

누명을 쓰고 머나먼 지방으로 유배를 떠나는 남자에게 여자가 먼저 노래를 읊어 보내고 남자가 답을 하였다. 언제 다시 만날지 모르는 이별을 앞두고 소매에는 혼이 깃들어 있다는 주술성을 믿고 기다리겠다는 여자와 그 마음이 고마워서 눈물을 흘리는 남자의 모습이 그려져 있다. 이 무렵부터 사랑을 얻고자 하는 사람이 자신을 하찮은 것으로 비유하는 표현법이 일본 문학 속에 등장한다.

헤이안 귀족 시대는 문예가 융성하던 시기로 수많은 문학작품이 탄생하였는데 그중에 『겐지 이야기』는 최고의 연애 문학으로 꼽힌다. 희대의 매력남 히카루 겐지는 어린 시절 어머니를 잃은 상실감으로 수많은 여성과의 사랑에 집착하게 되고 의붓어머니와의 금지된 사랑은 또 다른 비극을 낳는다. 정적政敵 집안 여성과의 사랑으로 먼 지방에 좌천을 가게 되며 정념이 강한 여성과의 사랑으로 자신의 아이를 출산하던 정처正妻가 원령에게 목숨을 빼앗기는 아픔을 겪기도 한다.

전란이 잦았던 중세 때는 불교 계율의 영향도 있어서 무사들은 일부다처제를 점차 따르지 않게 되지만, 여러 여성과의 사랑이라는 형태는 그대로 이어졌다. 무사들은 전쟁이라는 극한 상황 속에서도 아내가 될 여성과 로맨틱한 연애를 하고 시라뵤시라는 여성 예능인과 풍류를 즐겼다. 『헤이케 이야기』는 몰락하기 시작한 헤이안 귀족들과 새롭게 대두한 무사들의 희로애락을 정밀하게 묘사해낸 군담 소설로, 특히 원평합전源平合戰이라는 격렬한 전투 속에서 꽃 핀 남녀 간의 애절한 사랑이 도처에 그려져 있다.

그중 다이라노 미치모리와 고자이쇼의 사랑은 비극적인 결말로 유명하다. 황후궁 차관이었던 미치모리는 궁중의 여방 출신으로 재색을 겸비한 고자이쇼의 모습을 보고 첫눈에 반했다. 미치모리의 구애의 편지가 번번이 퇴짜를 맞았지만, 주변 사람들의 도움으로 두 사람은 인연을 맺고 부부가 되었다. 하지만 행복도 잠시, 전투 중이던 미치모리는 수세에 몰려 결국 죽음에 이르고 슬픔을 못 이긴 고자이쇼는 임신한 몸으로 바다 속으로 뛰어들어 그 뒤를 따랐다. 불교 사상으로 자살이 기피되던 당시 죽음으로써 미치모리와의 신의와 절개를 지키려고 한 고자이쇼의 용기 있는 행동은 그 후 많은 사람의 입에 회자 되었다.

전란의 시대가 끝나고 또 다른 무사 정권에 의해서 에도 시대가 시작되었을 때도 사랑 이야기는 계속되었다. 사농공상이라는 엄격한 신분제가 실시되던 당시 남녀 간의 사랑은 또 다른 비극으로 문학 속에 그려졌다. 일본판 〈로미오와 줄리엣〉으로 불리는 〈소네자키 숲의 정사〉(1703)는 오사카에서 실제로 일어난 동반 자살 사건을 소재로 하여 지카마쓰 몬자에몬近松門左衛門, 1653~1723이 인형극 조루리淨琉璃(중세부터 있던 서사적인 노래 이야기에 샤미센 반주가 더해진 인형극을 말하며 가부키, 노와 함께 일본 3대 전통극)로 완성한 걸작이다. 최하위 계층이었던 간장 공장 종업원 도쿠베와 유녀 오하쓰는 절망적인 상황에 새벽녘 소네자키 숲으로 동반 자살을 하러 간다.

이승에 대한 미련이 이 밤에 대한 미련으로, 죽음을 향해 가는 이 신세를 비유하자면 들판 풀섶에 내린 서리, 걸음을 내디딜 때마다 사라져가는 꿈속의 꿈처럼 덧없는 것이라고나 할까. 저 종소리를 세어보자니 여섯 번이 울리고 남은 한 번의 종소리가 이승에서 듣는 마지막 종소리, 저 종소리는 적멸위락을 알리는 듯 내 가슴에 울리는구나.

현실에서 이룰 수 없는 사랑을 죽음으로 승화시키고자 했던 두 사람의 모습은 마치 한 폭의 그림처럼 아름답게 묘사되어 이후 일본적인 탐미주의의 시초가 되었다. 이 작품은 사건이 일어나던 해에 인형극으로 상연되어 대성공을 거두었고, 이후 가부키와 노能 등으로 공연되면서 일본 전역에서 대대적인 인기를 끌었다. 죽음에 이를 정도의 지극한 사랑을 뜻하는 '신주心中(동반자살)'라는 말은 당대의 유행어가 되었고, 에도 막부가 신주를 금지하는 포고령까지 내릴 정도로 사회적인 현상이 되었다.

메이지유신 이후에도 사랑은 여전히 비극적인 것으로 표현되었다. 일본 근대 문학의 기틀을 마련한 대문호 나쓰메 소세키夏目漱石, 1867~1916는 '사랑은 죄악'이라고 하였으며, 청춘 연애 소설 『산시로』(1908)를 통해서 새로운 시대와 환경, 신여성과의 사랑에 갈피를 못 잡고 방황하는 청춘을 섬세한 필치로 그렸다.

시골 청년 산시로는 도쿄제국대학 입학을 위해 기차를 타고 상경하던 중 우연히 만난 여성에게 '배짱 없는 분'이라는 말을 듣고 충격에 휩싸인다. 그리고 도쿄의 새로운 문명 속에서 미네코라는 신여성을 만나서 그녀에게 번롱되는 나날을 보낸다. 미네코는 세련된 신여성으로 결코 본심을 보이지 않는다. '스트레이 쉽(길 잃은 양)'이라는 의미심장한 혼잣말을 되뇌며 산시로의 마음을 혼란시킬 뿐이다. 산시로는 미네코의 행동이 여러 남성의 관심을 끌려는 '무의식적인 위선'이라는 사실을 깨닫고 미네코가 다른 남성과 결혼하는 것을 계기로 짝사랑에 종지부를 찍는다.

제2차 세계대전 이후의 문학을 보통 현대문학이라고 칭하는데 이때는 연애의 양상이 더욱 복잡해지고 불안정해졌다. 급속도로 진행된 산업화 속에서 자아의 정체성 문제가 사회적으로 심화되었으며 경제적으로는 미국 다음으로 대국을 이루었지만 정치적·사상적으로는 혼란스러운 상태였다. 전후 베이비붐으로 태어난 단카이 세대가 대학에 진학할 무렵 일본 사회의 분열은 더욱 확연해졌다. 현대 사회라는 상실의 시대에 고독한 청춘들의 사랑을 그린 무라카미 하루키의 소설 『노르웨이의 숲』(1987)은 현대인의 불안한 정서를 상징하는 작품으로 큰 인기를 끌었다.

주인공 와타나베는 미일 안보 투쟁과 학생운동의 거센 바람이 불던 1969년부터 1970년에 대학 시절을 보낸 사람으로 매우 찰나적이고 자유분방한 인물이다. 15명 이상의 여성과 잠자리를 하면서도 별 감흥이 없고 그저 하루하루를 적당히 살아가는 식으로 무기력하다. 그런 와중에 만나게 된 나오코라는 여성. 그녀는 자살한 고등학교 친구 기즈키의 여자 친구이다. 우연히 도쿄에서 재회한 두 사람은 기즈키의 죽음이라는 마음의 응어리를 공유하면서 점차 깊은 관계로 발전한다. 나오코의 스무 살 생일날 잠자리를 같이하지만 마음의 상처만 남기게 되고 그로 인해 나오코는 교토의 요양원으로 간다. 나오코와의 관계를 발전시키려는 와타나베의 노력에도 불구하고 나오코는 끝내 자살을 하고 만다.

일본 문학에서 사랑이라는 주제가 비극적으로 전개되는 이유는 비극이라는 장르가 갖는 효과라는 측면에서 생각할 수 있다. 어떤 운명이나 사회적인 요인으로 주인공이 불행에 이르는 스토리는 읽는 사람을 공감시키고 감동을 주기 쉽다. 거기에 일본은 자연재해와 전란이 많았기 때문에 일찍부터 일본적 무상관無常觀(모든 것이 덧없고 항상 변한다고 보는 관념)이 형성되어 있었다. 영원하고 완전한 세계보다는 순간적이고 불안정한 세계에서 미를 찾으려고 하였으며 밝은 감정보다는 어두운 감정에 심취하려는 성향이 강했다. 죽음을 통해서 삶을 조명하고 슬픔을 통해서 기쁨을 표현하는 역설적이고 은유적인 논리가 일본 문학에는 확연하게 존재한다.

6 ——————————— 나 혼자 산다

1인 가구, 독신주의, 비혼주의, 솔로 사회, 싱글족…… 일본뿐만 아니라 요즘 우리 사회에서도 많이 쓰이는 단어들이다. 대중가요에서도 '연애는 필수, 결혼은 선택'이라는 가사가 유행하면서 주위 사람에 대한 헌신과 포기를 미덕으로 여기던 과거와는 달리 이제는 자신의 행복과 인생을 우선시하는 경향이 두드러지고 있다. 더구나 혼밥(혼자 먹는 밥), 혼술(혼자 마시는 술), 혼행(혼자 가는 여행) 등 혼자 하는 것이 대세가 되었으며 그런 독신남녀 증가의 세태를 반영한 TV 예능 프로그램 〈나 혼자 산다〉(2013)는 8년째 인기리에 방영 중이다. 만화를 원작으로 하는 일본 TV 드라마 〈고독한 미식가〉(2012) 역시 평범한 회사원의 혼밥의 진수를 보여주며 2019년 시즌8까지 제작·방영되었다.

사실 일본의 1인 문화는 현대에 와서 형성된 것이 아니다. 고대부터 집단 문화와 개인 문화가 동시에 존재했기 때문에 남에게 피해를 안 주는 범위 안에서는 철저하게 개인주의를 고수하였다. 헤이안 귀족 시대부터 식사는 밥과 국, 반찬이 혼자 먹을 수 있는 양으로 소반에 담겨져 나오는 형태였으며 현재까지도 일반 가정에

서는 가족이 식탁에 둘러앉아도 식사는 1인분씩 나눠져 있다. 에도 시대 역시 상공업자를 중심으로 서민 경제가 발달하였으므로 바쁜 1인 소비자들을 위한 외식문화가 있었다. 대표적으로 음식을 선 채로 혼자 먹는 다치구이(立ち食い)가 있었는데 소바(메밀국수)를 비롯해서 사케(술)나 스시(초밥), 덴푸라(튀김), 야키토리(닭 꼬치구이) 등을 판매하는 포장마차, 즉 야타이(屋台)가 중심이었다. 당시 지방에서 올라온 독신 남성 비율이 지금의 도쿄와 비슷한 50%나 되었으며, 이들을 지탱해주는 산업과 문화도 번창하였다.

일본의 1인 문화가 사회적인 현상으로 주목받기 시작한 것은, 젊은 세대를 중심으로 '독신 붐'이 일어난 2000년대 초반이었다. 1990년대 초부터 거품 경제가 붕괴되고 장기 불황이 시작되자 젊은 세대는 살인적인 물가와 취업난에 내몰렸다. 그들은 모든 것을 최소화하여 생활하고 혼자 지내는 것에 익숙해졌다. 결혼은 꿈도 꾸지 못한다며 연애나 이성에 소극적인 '초식남'과 '건어물녀'가 등장하였다. '초식남'은 2006년 일본의 여성 칼럼니스트 후카사와 마키가 명명한 용어이며, '건어물녀'는 만화 원작의 TV 드라마 〈호타루의 빛〉(2007)을 통해서 '연애 세포가 말라죽은 여성'이라는 뜻으로 크게 유행하였다.

일본에서는 젊은 세대의 비혼주의·비연애주의 현상을 사토리 세대의 특징으로 설명하기도 한다. 일본어 사토리는 '득도(得道)' 혹은 '달관(達觀)'이라는 뜻으로, 사토리 세대는 마치 득도한 사람처럼 욕심을 내려놓고 마음 편하게 살고자 하는 세대를 의미한다. 주로 1990년대 초에 출생한 세대로 일본 경제의 '잃어버린 20년'을 겪으면서 돈, 연애, 집, 차, 결혼 등을 탐하지 않고 미니멀 라이프를 지향한다. '절약도潴'라는 신조어가 생긴 것처럼 그들에게는 절약이 다도나 검도와 같이 '갈고 닦아야 할' 대상이다. 결혼과 연애도 돈이 들기 때문에 소극적일 수밖에 없다.

'독신 귀족独身貴族'이라는 말도 유행하였다. 독신 귀족이란, 결혼을 안 하고 경제적으로 자립한 사람을 뜻하며, 스스로 번 돈이나 시간을 모두 자신을 위해서 쓴다는 점에서 부러움의 의미와 함께 비난의 의미도 들어 있었다. 독신이 '귀족'이면, 기혼자는 '서민'이 되기 때문이다. 1970년대 후반부터 쓰이기 시작한 독신 귀족이라는 말은 1990년대부터 서서히 유행해서 이후 TV 드라마 〈독신 귀족〉(2013) 등도 방영되었다.

일본에서는 제2차 세계대전 후에 산업화가 빠른 속도로 진행되면서 '맹렬 샐러리맨モーレツサラリーマン'이라는 말처럼 열심히 돈을 벌어서 가정을 꾸리고 자녀를 부양하는 것이 하나의 미덕처럼 여기던 때가 있었다. 하지만 경제 고도 성장기를 지나면서 가정에 속박되지 않고 시간적·금전적으로 자유로운 사람들, 즉 독신 귀족들이 등장하였다. 이들은 패션 센스가 뛰어나고 취미 생활이나 연애를 즐기며 일에 대한 자부심도 높다는 것이 특징이었다.

'잃어버린 20년'이 지나고 2010년대부터는 경제가 점차 회복

세를 보이며 완전고용 상태에 가까워지고 있지만, 일본은 여전히 1인 가구 즉 히토리구라시ー人暮らし 또는 단신세대單身世帯가 증가 추세이다. 특히 2012년부터는 '표준세대'라고 불려온 '부부와 자녀'의 가족형태보다 단신세대가 더 많아졌다. 단신세대, 즉 1인 가구의 비율은 현재 중국과 미국에 이어서 일본이 세 번째이다. 1인 가구는 1980년 전체 인구의 20%에 불과했지만, 2017년에는 35%로 증가했으며 2040년에는 40%에 달할 것으로 예상된다. 초고령 사회가 이미 현실이 되었듯이, 인구의 절반이 1인 가구로 사는 사회가 가까운 미래의 모습으로 떠오르고 있다. 마케팅 전문가 아라카와 가즈히사의 『초솔로 사회ー독신대국 일본의 충격』(2017)과, 사회복지학자 후지모리 가츠히코의 『1인 가구 사회ー일본의 충격과 대응』(2018)은 일본 사회에 큰 반향을 일으켰다. 1인 가구의 증가는 불가피한 시대적 흐름이며, 그 변화를 정확히 이해하고 대비하는 것이 더욱 절실해졌다.

고대에는 태어난 마을에서 밖으로 나갈 일이 거의 없었으므로 1인 가구라는 개념이 없었다. 처음에 1인 가구는 근대화 이후 산업화 과정에서 학교 진학이나 취업을 위해 대도시로 나가면서 발생하였지만, 제2차 세계대전 이후 산업화가 빠른 속도로 진행되고 결혼에 대한 가치관이 크게 변화하면서 그 숫자가 급격하게 늘었다. 경제 성장으로 일본이 사회적인 안정기를 맞이한 1980년대 이후에는 사회적 인프라의 향상, 고령화에 따른 배우자 사별 등의 원인이 더해져서 1인 가구 비율은 더욱 가파르게 상승하였다.

젊은 세대일수록 결혼해서 어른이 된다는 사고방식은 점점 희박해지고 있다. 결혼하는 것이 반드시 행복하다고 생각하지도 않는다. 일본이 근대화를 시작한 메이지 시대부터 1980년대 이전까지는 평생 미혼율이 1%에서 5%에 그치는 이른바 기혼 시대였다. 결혼해서 가족을 갖는 것이 당연하게 여겨지고 사회규범으로도 굳어져 있었다. 하지만 일본 역사 전체를 통틀어서 보면, 모든 사람이 결혼한 기혼 시대는 그렇게 길지 않다. 고대의 결혼 제도는 일부다처제 성격이 강해서 비율적으로 보면 결혼한 사람이 오히려 적었다. 젊은 세대일수록 사회적인 가치관은 시대에 따라서 얼마든지 변할 수 있다고 생각한다.

결혼에 대한 인식 변화는 특히 여성 1인 가구의 증가를 초래하였다. 일본에서는 1986년 남녀고용기회균등법 시행을 계기로 여성의 사회 진출이 본격화되었다. 여성의 취업 기회가 확대되었으며 교육의 기회 역시 늘어났다. 평생 경제적인 주체가 될 수 없었던 여성이 더는 남성에게 의지할 필요가 없어졌다. 기혼 여성의 경우 일과 육아의 양립이 어려워진다는 점도 여성의 비혼화·만혼화 현상을 촉진하였다. 여성이 혼자 사는 것에 대한 저항감이 줄어든 것도 이 무렵부터이다. 그전에는 결혼하지 않은 독신 여성이라는 사실만으로도 곱지 않게 보는 시선이 많았다.

2000년대부터는 50대 이상의 남성 1인 가구 비율이 크게 늘었다. 후생노동성의 통계에 따르면, 1985년 50대 남성이 차지하는 1인 가구 비율은 전체의 5%였지만, 30년 후인 2015년에는 18%가 되었으며, 2030년에는 40%로 증가할 것으로 보인다. 1990년대 1인 가구였던 젊은 세대가 그대로 중장년이 된 경우가 많으며 이 경우에는 남성 혼자서 생활하는 데 큰 불편함이 없도록 하는 사회적 인프라의 발달이 한몫하고 있다.

50세 시점에 한 번도 결혼하지 않은 사람의 비율을 일본에서는 '생애미혼율'이라고 한다. 남성의 생애미혼율은 1980년대까지는 전체의 1~3%대에 불과하였지만, 경제 불황이 시작되는 1990년대부터는 급격하게 상승해서 2015년에 23%가 되었다. 여성의 생애미혼율 또한 2015년 14%였지만, 2030년에는 19%로 높아질 것이 예상된다. 여성의 수치가 낮은 것은 비교적 젊은 나이에 이혼한 남성이 초혼의 여성과 재혼하는 경우가 많기 때문인 것으로 보인다. 남성은 수입이 낮을수록 미혼율이 높지만, 여성은 수입이 높을수록 미혼율도 높아지는 것으로 나타나고 있다.

고령자 1인 가구 역시 현저한 증가세를 보인다. 65세 이상 고령 가구 비율이 2015년의 36%에서 2040년에는 44.2%로 증가할 것이며 75세 이상의 경우는 46.3%에서 54.3%로 늘어나서 '고령 가구의 고령화' 현상이 심화될 것이다. 고령자 1인 가구의 증가는 수명 연장으로 인하여 고령자 인구가 증가한 요인도 있지만, 배우자와 사별한 고령자가 자식과 동거를 하지 않게 된 요인도 크다. 자식과의 동거를 원하지 않는 이유는 지방과 대도시로 생활 터전이 각각 다르고 며느리 혹은 사위와의 갈등이 생길 수 있으며 자식에게 피해를 주고 싶지 않다는 마음이 크기 때문인 것으로 파악된다. 자식과의 동거가 위험성을 줄여주고 안정성을 높여줄 수는 있지만, 현대 사회가 될수록 고령자는 자립적인 삶을 원하게 되었다.

1인 가구의 증가는 일본의 경제 패러다임을 근본적으로 변화시켰다. 초솔로 사회 실현을 앞두고 혼자만의 생활을 즐기는 사람을 대상으로 한 시장은 새로운 블루오션이 되었으며, 솔로족을 위한 새로운 경제 트렌드, 솔로 이코노미를 탄생시켰다. 가족 소비가 주로 이뤄지는 대형소매점(백화점, 슈퍼마켓) 매출이 줄어든 반면, 독신 소비와 연관성이 높은 소형소매점(편의점) 매출은 큰 폭으로 늘었다. 불황기 마케팅 전략으로 채택되었던 '작은 사치'가 젊은 세대에서 고령 세대까지 확산되고 있으며, 친구나 지인과 함께 즐기는 트렌드로 분화되고 있다. 물건 소비를 대체하는 경험 소비가 다양한 형태로 시도되면서 구매현장에서의 즉각 체험을 중시하는 시간 소비로까지 세분되었다.

특히 일본 기업들은 자기애가 강하고 행동력과 구매력을 갖춘 여성 1인 가구를 겨냥한 제품과 서비스 개발에 박차를 가하고 있다. 독신 여성들은 쇼핑이나 취미, 패션 등으로 여가 생활을 보내는 성향이 강하다. 일본의 독신 여성의 소비는 기혼 여성보다 평균 2.7배가 높다는 조사결과도 나와 있다. 초소형 세탁기, 1인용 미니 화로, 스마트폰 로봇(로보혼), 전자상거래, 택배 서비스 등의 증가 현상이 두드러지고 있으며 주택 시장에서도 독신 여성을 대상으로 한 콤팩트 맨션이 등장하였다. 이전에는 결혼과 출산 후에 주로 집을 마련했지만, 이제는 자산투자 등을 위한 아파트 구매가 여성 독신자들 사이에서 늘고 있다.

그럼, 1인 가구 증가에 따른 사회적인 문제점으로는 무엇이 있을까?

우선 사회적인 안정성 측면에서 1인 가구는 위급한 일이 생겼을 때 가족이 없어서 가구로서의 힘이 약하다. 실직이나 장기 입원과 같은 예상치 못한 일이 생겼을 때 2인 이상의 가구는 다른 쪽 배우자가 가구 전체를 빈곤으로 떨어지지 않게 할 수 있지만, 1인 가구는 그런 면에서 상황 대처가 어렵다. 질병으로 간호가 필요한 경우에도 1인 가구는 동거 가족이 없으므로 의지할 사람이 없다. 고립될 위험성 또한 커서 고독사나 자살률, 빈집 증가 등의 사회적 문제의 소지가 있다.

1인 가구 증가의 가장 큰 문제점은 역시 출산율 저하이다. 2019년 일본 내 출생자 수는 86만 4,000명을 기록하여 1899년 통계를 개시한 이래 처음으로 90만 명 이하로 떨어졌다. 연간 출생자 수는 1949년 269만 6,000명으로 정점을 찍었다가 급격한 감소와 증가를 반복했으며 1974년 이후에는 지속적으로 감소하는 추세를 보이고 있다. 사망자 수는 1980년대 꾸준히 증가해서 사망자가 출생자보다 50만 명 이상 많은 것도 사상 처음이다. 인구수가 많은 단카이 주니어 세대들 대부분이 출산 연령대를 지났으며 본격적인 인구 감소가 시작된 세대들이 부모가 되어 자녀수가 더욱 줄어드는 축소재생산 현상이 시작되었기 때문이다.

출산율의 선행지표라고도 할 수 있는 혼인 건수 역시 2018년 58만 6,481건을 기록하여 전년 대비 3.4%감소하였다. 평균 초혼 연령 역시 남성이 31세, 여성이 29세로 20년 전에 비하면 각각 3세가량 높아졌다. 그로 인해 첫째 아이를 출산하는 평균 연령도 30.7세로 늦춰졌다. 25세에서 34세 사이의 여성 취업률이 80%를 넘어서 이제는 일본도 젊은 세대들은 맞벌이가 일반적인 현상이 되었다. 고등학교나 대학교 졸업 후 취업하고 일을 하면서 결혼과 출산을 해야 하는 만큼 시기가 늦어질 수밖에 없다. 1인 가구 증가로 인한 저출산 현상은 인구가 감소하여 생산가능 인구가 부족하게 되고 그 결과 성장과 소비가 둔화하는 등 수많은 문제를 야기할 수 있다.

최근에 일본에서는 1인 가구 증가에 따라서 젊은 세대의 연애와 결혼이라는 명제가 문화적으로 많이 다뤄지게 되었다. 특히 비자발적 모태 솔로가 우여곡절 끝에 연애에 성공하는 이야기는 TV 드라마와 영화의 단골 소재가 되었다. 2채널 게시판 글에 기초한 영화 〈전차남〉[2005]은 '아키하바라 오타쿠'라는 남성이 전철 안에

서 술주정뱅이 소란에 휘말린 여성을 도와주면서 그 여성과의 교제를 시작하는 내용으로, 게시판을 통해서 익명의 누리꾼들이 연애 상담을 하면서 그를 응원한다. 〈핸섬 수트〉(2008)는 성실하지만 못생긴 외모의 식당 주인이 꽃미남으로 변신시켜주는 특별한 수트를 통해서 외모 콤플렉스를 극복하고 사랑 고백에 성공하는 이야기이며, TV 드라마의 극장용 영화 〈모테키－모태솔로 탈출기〉(2011)는 제대로 된 연애 한 번 해보지 못한 파견회사 사원에게 어느 날 많은 여성으로부터 연락이 오면서 일어나는 이야기를 그렸다. '모테키'라는 말은 '모테루モテる(인기 있다)'와 '지키時期(시기)'라는 한자어가 결합한 말로 이성에게 인기가 있는 시기라는 뜻이다.

현대 사회에서는 누구나 1인 가구가 될 가능성이 있으므로 일본에서도 국가적인 차원의 대책을 마련하고 있다. 첫 번째로 사회보장의 기능 강화이다. 일본의 사회보장제도는 가족의 견고한 협력을 전제로 해왔기 때문에 고령화 현상의 정도에 비해서 상대적으로 사회보장이 낮은 편이다. 가족이나 가구의 기능이 저하되고 있는 만큼 그에 대체할 수 있는 사회적 제도가 요구되고 있다. 두 번째로 지역 만들기이다. 혼자 사는 고령자라도 안심하고 자립적인 생활을 할 수 있도록 의료, 간호, 생활 지원 등을 제공하는 전문가가 지역마다 네트워크 구축을 하고 주민끼리도 네트워크를 구축할 필요가 있다. 세 번째로 일을 지속적으로 할 수 있는 환경

구축이 요구되고 있다. 일을 하게 되면 경제적으로 자립할 수 있을 뿐만 아니라 직장 동료와 인간관계가 생긴다. 일을 통해서 사회와의 접점이 생기고 건강 수명이 늘어나며 빈곤이나 고립을 방지할 수 있다.

개인 차원의 대책 역시 필요하다. 미혼 남성과 여성을 포함한 1인 가구가 큰 비중을 차지하는 솔로 시대가 된 지금 무엇보다 중요한 것은 기혼이든 미혼이든 각자가 솔로로 살아갈 힘을 습득하는 것이다. 솔로 사회란 다른 사람과 관계를 맺지 않고 살아가는 것이 아니다. 솔로일수록 다른 사람과의 연결을 통해 스스로 커뮤니티를 만들어가는 능력이 필요하다. 서로 다른 가치관과 접하면서 느슨한 가족처럼 연결될 수 있는 확장 가족과 같은 커뮤니티를 만드는 것이 중요하다. 커뮤니티를 만들기 위해서는 자기 정체성이라는 명목으로 자신을 규정 속에 가두지 말고 여러 가지 가능성을 열어두는 노력을 해야 한다. 타인과의 관계성이 심화하면 가족보다 더 친밀한 관계가 형성되고 솔로로 인해서 생기는 많은 문제가 해결된다. 솔로 사회라는 것은 절망의 미래가 아니라 오히려 정신적으로 자립한 개개인이 연결되어 서로 의지하며 지내는 새로운 커뮤니티의 형태가 될 수 있다.

7 ——— 시간을 달리는 열차

　일본은 자타 공인 철도의 나라이다. 빠르고 쾌적한 신칸센, 전국 어디든 갈 수 있는 거미줄처럼 촘촘한 철도망, 각종 스토리로 재미를 더하는 관광 열차, 거기에 독특한 디자인의 역 건물까지 철도에 대한 모든 것이 망라되어 있다. 철도란 두 개의 레일로 된 철길에 불과하지만, 철도에는 일본인의 꿈과 낭만, 모험과 상상이 모두 깃들어 있다. 미야자와 겐지의 동화 『은하철도의 밤』(1934)에서는 외로운 소년 조반니가 친구 캄파넬라와 함께 신비한 세계를 여행하면서 행복을 찾아가는 징검다리가 되고 마쓰모토 레이지의 만화 〈은하철도 999〉(1977)에서는 메텔과 함께 안드로메다 여행을 떠나는 엄마 잃은 소년 철이의 꿈의 상징이기도 하다.

　사실 일본의 철도는 여러 가지 측면에서 기록을 보유하고 있다. 서구 열강들이 철도 건설에 박차를 가하던 19세기 중엽 아시아 최초로 철도를 건설, 1872년 도쿄~요코하마 구간이 개통하였다. 1942년에는 세계 최초의 해저터널인 간몬関門 터널을 완공하여 혼슈와 규슈를 연결하였으며, 1964년 도쿄 올림픽을 앞두고는 도쿄와 신오사카 간에 세계 최초의 고속철도 신칸센이 개통하였다.

1988년에는 혼슈와 홋카이도 간 총길이 53.85km로 세이칸靑函 터널 완공, 세계에서 가장 긴 해저터널이 되었다. 이 해저터널 건설 기술은 그 후 1994년 완성의 도버 해저터널(영국과 프랑스를 연결) 건설에도 사용되었다. 그뿐만이 아니다. 현재 일본 철도의 영업 거리, 즉 철도망은 우리나라 3,978.9km의 7배인 27,901km로 세계 제15위, 수송량은 연간 전 세계 철도 승객의 29%에 해당하는 80억 명이 이용해서 세계 제1위에 해당한다.

일본에는 열차의 종류 또한 다양하다. 이동이나 수송을 목적으로 하는 일반 열차만 해도 고속열차, 침대열차, 노면전차, 지하철, 모노레일, 증기기관차 등이 있으며 그 외에 경치 감상과 지역 특산물 체험 등을 주목적으로 하는 관광 열차도 저마다의 개성을 뽐내고 있다. 열차를 구성하는 차량도 용도와 특징에 따라서 모양이나 색깔, 구조 등이 제각각 달라서 예를 들면, '쿠하E231'은 '운전실이 달린 JR 히가시니혼 소속 직류 전동차 일반실'을 뜻한다. 마치 거대한 유기체처럼 복잡하고 정교하게 발달한 일본의 철도산업은 시장규모가 연간 40억 엔에 이른다. 철도에 관련된 모든 것을 좋아하고 수집하는 마니아층도 형성되어 있어서 철도 운영 회사도 이를 적극적으로 활용하여 마케팅을 펼치고 있다. 어린 시절 추억과 꿈을 싣고 철로 위를 달리는 기차는 일본인에게 단순한 이동 수단이 아니라 그 자체로 친구이자 우상이며 꿈을 실현시켜 주는 매개체가 된다고 할 수 있다.

철도는 어떻게 해서 일본인에게 특별한 교통수단이 되었을까?

에도 막부 말기부터 서양 문물을 접한 일본은 1825년 영국에서 실용화된 증기기관차와 그것을 이용한 철도에 큰 관심을 가졌다. 유신 직후 근대화를 추진하던 메이지 정부는 외세에 선제적으로 대응하고 중앙 집권을 강화하기 위한 수단으로 철도를 도입하였다. 영국과 미국의 기술 지원을 받기는 하였지만, 아시아 국가로서는 최초의 자발적 결정이었다. 1872년에는 도쿄의 신바시에서 요코하마 사이에 최초의 상업용 철도가 개통되었으며, 개통일 10월 14일은 오늘날 철도의 날로 제정되어 있다. 이후 철도는 일본의 근대국가 건설의 꿈을 이루어주는 핵심적인 사업으로써 정부가 주도해서 건설하고 운영하였다.

철도는 물자 및 사람의 대량수송을 가능하게 하였으며, 많은 일자리 창출에도 공헌하였다. 철도 건설에 박차를 가하던 메이지 정부는 1880년대 내란으로 재정상의 어려움이 생기자 곧바로 사^私기업 자본을 참여시켰다. 미국 외의 다른 나라에서는 볼 수 없는 반관반민^{半官半民}(정부와 민간인이 공동으로 자본을 대어 경영하는 형태)의 사철^{私鐵}이 일본 철도 역사에 등장하게 되는 배경이다. 국철과 사철은 서로 경쟁이라도 하듯이 신규노선 건설을 추진하여 1889년 도쿄와 오사카 간의 도카이도^{東海道}선이 완공되었고, 1891년 도쿄의 우에노와 아오모리 간 동북 지방 노선이 개통하였다. 정부가 총력을 기울여서 완공한 철도는 청일전쟁⁽¹⁸⁹⁴⁾과 러일전쟁⁽¹⁹⁰⁴⁾의 승리에도 결정적인 역할을 하였다. 그리고 구간별 운영 주체가 달라서 발생하는 여러 문제로 인하여 일본의 철도는 1907년 일부 지방 사철을 제외하고 다시 국유화로 통합되었다. 제2차 세계대전 패전 후에는 국철이라는 이름으로 바뀌었으며 일본의 경제 성장기를 함께하면서 더욱 발전하였다.

그런데 그 국철도 1960년대 중반부터 경영 상태가 악화되어 1980년대 후반 새로운 국면으로 접어들었다. 1987년 자동차·항공 수송의 활성화와 과도한 시설 투자 등으로 철도의 각 노선이 민영화되었으며 국철은 일본철도라는 뜻의 JR^{Japan Railway}로 바뀌게 되었다. 현재 일본의 철도는 6개 여객철도(JR 홋카이도, JR 히가시니혼, JR 도카이, JR 니시니혼, JR 시코쿠, JR 규슈)로 나뉘어 있으며 고속철도인 신칸센도 병행하여 운영하고 있다. 그 외에 민간 기업이 소유하고 있는 사철 역시 전국 곳곳에서 운행 중이다. 노선에 따라서 운영 주체가 다른 점은 일본의 철도 운임요금을 올리는 주된 요인이 되기도 한다.

사철의 발달은 일본 철도의 큰 특징이다. 1900년대 전후로 도쿄, 오사카 등의 대도시 중심의 근교 노선이 국유화 정책 속에서도 살아남으면서 지금의 주요 사철로 이어졌다. 사철^{私鉄}이란 용어는 1987년 국철의 민영화로 그 의미가 애매해지면서 민철^{民鉄}이란 호칭으로 바뀌었으며 2013년에는 일본민영철도협회(민철협)의 발족으로 이어졌다. 현재 민철협에는 대형사철 16사를 비롯한

72개의 사철 회사가 회원으로 되어있다. 사철을 광의로 해석하면 JR을 제외한 민간사업자 운영의 철도 전체를 가리키지만, 국철과 JR의 적자 노선을 승계한 공공기관의 노선이나 특수법인이 운영하는 모노레일, 자동운전시스템, 특정 구간의 화물 라인 등은 사철에 포함시키지 않는다.

JR로 민영화되면서 철도 요금이 폭등하고 수익성이 높아지다 보니 사철들이 난립하여 치열한 경쟁을 벌이기도 한다. 같은 노선에 서로 다른 사철들이 병립하여 운영되는 일이 종종 있으며, 예를 들어 교토와 오사카 간 노선에는 JR 니시니혼, 게이한, 한큐의 세 회사가 제각각 철도를 부설하고 전철을 운행 중이다. 특이한 운행 기법도 등장하여, 도쿄와 요코하마 간 노선의 게이큐京急 전철은 대피선이 한 개뿐인 역에서 보통-특급-쾌특의 순서로 들어온 열차를, 쾌특-특급-보통의 역순으로 발차시키는 묘기를 선보이기도 한다. 사철의 발달은 다양한 선택지와 차별화된 서비스로 소비자의 높은 만족도로 연결되기도 하지만, 과도한 경쟁으로 안전성이 위협받거나 요금이 높게 책정되는 등의 단점도 있다.

일본의 사철 회사는 철도 사업뿐만 아니라 다른 사업을 같이하는 경우도 많다. 주로 건설업을 많이 하며 철도를 놓으면서 주변 지역을 같이 개발한다. 일본에는 아파트(맨션), 백화점, 호텔, 오피스 빌딩 이름이 철도회사명으로 되어 있는 경우가 많다. 도부東武 맨션, 도큐東急 백화점, 니시테쓰西鉄 호텔, 긴테쓰近鉄 빌딩 등이 대표적이다. 보통 자동차 회사가 도로를 만들고 아파트와 빌딩을 세우는 우리나라와는 사뭇 다른 풍경이다. 오늘날에는 새로운 개발지가 적어서 재개발의 형태가 되기는 하지만, 사철 회사가 일본 경제에 미치는 영향력은 여전히 크다.

철도 회사는 백화점이나 쇼핑센터 같은 대규모 유통업뿐만 아니라 야구단, 극단 등을 같이 운영하기도 한다. 많은 유동인구를 발생시키고 그 유동인구를 자사의 철도로 유입시켜서 다른 사업의 수익을 같이 발생시키는 구조이다. 도쿄 북부에서 사이타마 현까지 전철을 운행하는 세이부西武 철도는 백화점과 야구단도 같이 운영하고 있다. 오사카 중심의 주변 노선을 소유하고 있는 한큐阪急 전철 역시 백화점뿐만 아니라 유명한 뮤지컬 극단인 다카라즈카 가극단도 운영중이다.

일본은 유럽의 트램과 같은 노면전차가 현재까지 운행되는 나라이다. 일본의 노면 전차는 처음에는 도시의 주요 교통수단으로 도입되었지만, 지금은 시대의 변화 속에서 옛 추억을 불러일으키는 친환경 교통수단으로 도시를 오가고 있다. 노면전차가 유유히 가로지르는 소도시의 풍경은 낭만적이면서도 지극히 일본적이다. 우리나라 서울에도 1899년 아시아에서는 교토 다음으로 노면전차가 개통되었지만, 교통의 흐름을 방해한다는 이유로 1968년 운행이 중지되었다.

1879년 독일의 베르너 폰 지멘스가 개발한 노면전차는 1887

년 미국에서 상용화를 거쳐서 일본에 들어왔다. 산업화로 인해서 인구가 도시에 몰리자 새로운 교통수단이 필요했기 때문이다. 1895년 일본에서의 첫 노면전차는 비와코琵琶湖의 수력발전을 동력으로 하여 교토 시내에서 후시미伏見 지역에 이르는 6.6km 구간을 달렸다. 시범 운행에 성공한 후 노면전차는 곧 오사카·도쿄·나고야 등의 대도시로 퍼졌고, 1932년에는 전국 65개 도시에서 운행될 정도로 큰 인기를 끌었다. 그 후 자동차가 급속하게 보급되고 버스와 지하철이 등장하면서 1965년을 기점으로 노면전차의 노선이 대부분 없어지고 현재까지 남아 있는 도시는 17개 정도이다. 도쿄나 오사카에도 짧으나마 노선이 남아 있지만, 주된 교통수단은 아니다. 오히려 혼슈나 규슈, 시코쿠, 홋카이도의 소도시에서 주로 운행되고 있다.

한때 대도시에서 종횡무진을 하던 노면전차는 이제 바쁜 현대인에게 마음의 여유를 찾아주는 교통수단이 되었다. 한 칸이나 두 칸 짜리 느림보 노면전차가 지금까지 운행되고 있는 것은 지자체와 주민들의 의지와 노력 덕분이다. 1924년 개통한 구마모토 노면전차는 고도 성장기를 지나면서 적자가 쌓여 한때 폐지의 수순을 밟았지만, 노면전차를 남기자는 지역 주민들의 뜻에 따라서 2개의 노선으로 축소, 현재에 이르고 있다. 히로시마는 현재까지 노면전차가 교통수단의 주역으로 활약하고 있는 곳으로, '히로덴'이 7개 노선에서 총 9호선까지 운행되고 있으며, 하루 평균 16

만 명이 이용하여 전국에서 가장 높은 이용률을 기록하고 있다.

현존하는 일본 최고最古의 노면전차는 1904년 개통한 고치 시의 노면전차이다. 현재 3개 노선으로 운행 중이며 일본 노면전차 중 최장 노선 거리를 자랑한다. 열섬 현상에 유효한 궤도 녹화가 가장 먼저 완성되었으며, 유명 브랜드(코카콜라, 로손편의점, JAL항공사 등)를 디자인하여 만든 화려한 노면전차가 거리를 수놓고 있다. 에히메 현 마쓰야마 시에서 운행 중인 봇짱 열차는 일본의 대문호 나쓰메 소세키의 소설『봇짱(도련님)』(1906)에 나오는 열차, 즉 메이지 시대 실제로 운행되었던 최초의 증기기관차를 재현해서 만든 노면전차이다. 열차에 올라타면 경쾌한 기적소리와 함께 개화기 때로 순간 이동한다. 일본 소도시에는 운행 역사가 100년이 넘은 노면 전차가 많으며 1950년대 초반부터 운행되던 낡은 마룻바닥의 구형 전차부터 세련미가 더해진 신형 전차에 이르기까지 시대를 넘나드는 각양각색의 노면전차가 달리고 있다.

일본에서 철도는 사람과 화물을 수송하기 위한 교통수단으로 발전을 거듭했지만, 한편으로는 여행과 관광 산업의 일환으로 다양한 관광 열차가 개발되기도 하였다. 관광 열차는 내·외관이 잘 꾸며진 객실에서 바깥 풍경을 감상하며 여행을 할 수 있는 차량으로, 단순한 이동 수단을 넘어서 타는 것 자체를 목적으로 하는 경우가 많다. 세 칸 이하의 짧은 편성, 공간적으로 여유 있는 좌석, 지역 특성이 담긴 음식, 주말이나 시즌 운행 등이 일반 열차와는 다르다.

일본에서는 관광 전용 열차를 보통 조이풀 트레인^{Joyful Train}이라고 칭하는데, 1983년 등장한 '살롱 익스프레스 도쿄^{Salon Express Tokyo}'가 첫 관광 열차이다. 연회(파티)를 즐기면서 여행한다는 콘셉트로 일반 열차의 객차를 개조해서 다다미 위에 좌식으로 자리를 배치하였다. 한동안 인기를 끌면서 전국으로 확산되던 관광 열차는 1990년대 장기 불황과 함께 다른 교통수단의 활약으로 자연스럽게 쇠락하였지만, 2000년대는 안정성과 쾌적함을 강조하고 단체보다는 개인 여행객을 대상으로 하면서 부흥하였다. 2013년 JR 규슈가 내놓은 '나나쓰보시(세븐스타) in 규슈'는 달리는 7성급 호텔로 불리며 5일간 규슈를 도는데 최고 160만 엔이라는 높은 요금에도 불구하고 부유한 노년층과 외국인 관광객을 겨냥하여 큰 성공을 거두고 있다.

그 외에도 일본에는 지역마다 독특한 관광 열차가 한 종류 이상은 있을 정도로 관광 열차의 천국이다. 가장 규모가 큰 JR 히가시니혼의 경우, 개인 관광이나 단체 전용 열차만 해도 20종이 넘고 관광과 수송의 경계를 넘나드는 특급이나 쾌속까지 합하면 훨씬 많아진다. JR 히가시니혼과는 비교가 안 되는 JR 시코쿠조차 6개의 관광 열차와 준관광 열차에 해당하는 토롯코(소형증기기관차) 노선을 4개나 가지고 있다. 여기에 나머지 JR 4사와 사철까지 더하면 소개하는 데만 책 한 권이 훌쩍 넘는다.

'하나요메 노렌'은 2015년 JR 니시니혼과 IR 이시카와철도의

합작품으로 탄생한 특급 관광 열차로, IR 이시카와철도의 가나자와 역을 출발해서 나나오센의 와쿠라온센 역까지 운행한다. 열차 이름의 유래는 호쿠리쿠北陸 지방(우리나라 동해 쪽에 면한 4개의 현)에서 시집가는 딸의 행복을 기원하며 혼수품으로 싸주는 하나요메노렌花嫁のれん(새색시 포렴)에서 따왔다. '일본의 전통미와 환대'를 콘셉트로 하여 예로부터 품격 있는 문화가 꽃핀 이시카와 현의 전통공예 옻칠과 염색법을 이미지로 담았으며 곳곳에 금박을 씌워 열차 전체에 화려한 분위기를 연출하고 있다.

'리조트 시라카미'는 아키타 현과 아오모리 현을 잇는 관광 열차로, 해안선을 따라 이어진 고노센을 달린다. 아오모리로 가는 방향이면, 왼편으로는 동해의 푸른 바다가 펼쳐지고, 오른편으로는 천혜의 원시림 시라카미白神 산지가 이어진다. 불과 5~10m 거리에 있는 바다의 시원한 풍경은 꽉 막힌 가슴을 뚫어주고 시라카미 산지의 울창한 숲은 신비로움을 더해준다. 시라카미 산지는 1993년 일본에서 처음으로 유네스코 세계자연유산에 등록된 자연보호구역이다. 해안선을 벗어난 후에 시작되는 쓰가루 샤미센의 라이브 공연도 동북 지방의 소박한 정서를 담고 있어서 매력이 넘친다.

'유후인노모리'는 30년 동안 스테디셀러 자리를 지키고 있는 규슈 지역의 특급 관광 열차이다. 기발하거나 화려하지는 않지만, 진녹색과 금색의 격조 있는 외관, 원목의 나뭇결이 살아 있는 복고풍 인테리어, 차량 간의 브릿지 형 연결 부분, 여유 있는 좌석, 충실한 차내 판매 등으로 관광 열차가 지녀야 할 요소를 고루 갖추었다. 하카타 역을 출발, 구루메를 거쳐서 유후인 온천까지 매일 3번 왕복하는 데 그중 1번은 세계적인 온천 관광지 벳푸까지 연장 운행한다. 4종류의 가성비 높은 도시락과 유후인 사이다를 차내에서 맛볼 수 있는 것도 또 다른 즐거움이다. 북규슈의 유명한 관광지를 두루 거치는 노선인 만큼 외국인에게 특히 인기가 높다.

일본에서 기차는 단순한 교통수단을 넘어서 철도 인프라 구축으로 회사마다 차량의 외부와 내부 디자인은 물론 선로의 차이마저 하나의 문화로 보는 경향이 크다. 그래서 더는 운행을 안 하고 폐기되는 철도 차량까지 '은퇴하다'라고 의인화해서 뉴스에서 보도될 정도이다. 오랜 세월 일본인의 꿈의 상징이었던 열차가 앞으로 어떤 기상천외한 모습으로 세계를 놀라게 할 지 궁금해진다.

8 ———————— 지옥 온천? 극락 온천!

　일본에는 지진이나 화산 활동 때문에 어디를 가도 지표면까지 온천수가 솟구쳐 나오는 곳이 많다. 현재도 67개의 활화산이 활동하고 있으며 공식적으로 확인된 온천만 해도 3,000개가 넘는다. 그중에서 숙박 시설과 확실한 온천 성분 분석표가 있는 온천은 1,800개를 헤아릴 정도이고 연간 숙박 이용자만 해도 1억 3,000만 명이 넘는다. 그야말로 남녀노소를 막론하고 온 국민이 온천을 즐기고 있는 '온천 왕국'이 아닐 수 없다.

　그 숫자에 걸맞게 온천은 일본의 중요한 문화로 자리 잡았으며 일본을 대표하는 관광 자원으로 외국에까지 널리 알려지게 되었다. 온천은 단순히 목욕하는 장소가 아니라 관광과 음식, 숙박 문화를 이어주는 중요한 공간이며 일본인뿐만 아니라 일본을 방문하는 외국인조차도 온천을 다녀가지 않은 사람은 없다고 해도 과언이 아니다.

　일본인은 오래전부터 매일 목욕하는 것을 당연시할 정도로 목욕을 좋아한다. 그런 일본인에게 따뜻한 물이 항상 준비된 온천은 얼마나 행복한 곳일까? 게다가 온천수는 따뜻하기만 한 것이 아니라 다양한 효능까지 있다. 다친 동물들이 온천수로 깨끗이 나았다는 이야기가 전해지는 것처럼 온천욕은 실제로 치료 효과가 뛰어나다. 전투에서 무사들이 부상을 입고 온천에서 치료했다는 기록도 많다. 또한 노화 방지에도 탁월한 효과가 있어서 피부가 매끈해지고 탄력을 되찾는다고 하니 좋아하지 않을 수 없다.

일본인의 목욕 습관은 온난하고 다습한 일본의 기후와 풍토에서 비롯된 부분이 크다. 기본적으로 여름과 겨울의 기온 차이가 크기 때문에 해양성 기후의 영향을 받는 여름은 찌는 듯이 덥고 대륙의 차가운 공기의 영향으로 겨울에는 혹독하게 춥다. 유황 성분이 많이 함유된 온천은 거친 기후 속에서 살아야 하는 일본인의 피로를 푸는 데 효과적이었을 것이다. 온천에는 일본인이 오래전부터 형성해온 독특한 문화가 있다.

일본인이 고대부터 온천을 이용했다는 사실은 여러 문헌에 보인다. 8세기 성립의 역사서 『일본서기』와 시가집 『만엽집』 등에는 천황이 행차한 온천과 그에 대한 자세한 서술이 나온다. 다마즈쿠리 온천, 아리마 온천, 도고 온천 등이 대표적이다. 온천과 함께 료칸도 창업되어 게이운칸慶雲館, 고만古まん, 호시法師 등은 모두 아스카 시대 창업해서 현재까지 이어온 전통 있는 곳이다.

나라 시대의 지리서 『이즈모 지방 풍토기出雲国風土記』(733)에는 현재 시마네 현의 다마즈쿠리玉造 온천에 대하여 다음과 같은 기록이 있다.

이 마을 강변에는 온천이 솟고 있다. 이 온천이 나오는 곳은 바다와 육지의 풍광을 동시에 겸한 곳으로 남자, 여자, 노인, 젊은이 할 것 없이 모두 길을 왕복하고 해변 길을 따라서 매일 같이 다니고 있다. 마치 시장과 같이 북적이며 한데 어우러져 잔치를 벌이기도 한다. 이 온천에서 한 번 씻으면 용모가 아름다워지고 거듭 씻으면 만병이 치유된다. 이와 같이 예로부터 지금까지 예외 없이 효험이 있어서 세상 사람들은 이곳을 '신이 내린 물'이라고 했다.

다마즈쿠리 온천은 미백 효과가 뛰어난 '미인탕'과 만병이 치유되는 '약탕'으로 유명하였다. 현재도 다마즈쿠리 온천 마을에는 20곳이 넘는 전통 료칸들이 자리 잡고 있어서 현대인에게도 1,300년간 이어져 내려오는 온천의 효능을 경험할 수 있도록 하고 있다. 일본인들은 고대부터 온천을 좋아하고 그 효능을 경험하고 있었으며 신이 내린 선물로 여기고 있었음을 알 수 있다.

일본에서는 고대부터 목욕은 마음과 몸을 정화하는 행위로 생각해왔다. 일본의 고유 신앙 신도에서 행하는 미소기禊는 말하자면 목욕재계 의식의 일종이다. 8세기의 신화서 『고사기』에서도 남신 이자나기가 불의 신을 낳다가 죽은 여신 이자나미를 좇아서 황천국에 갔다가 돌아온 후 강어귀에서 목욕재계를 하고 태양신 아마테라스를 비롯한 세 명의 천상신을 탄생시키는 장면이 나온다. 헤이안 시대 귀족 사회에서도 나라에 큰 제사가 있으면 천황은 가까운 강에서 목욕재계를 하였으며 대신들 역시 아침 일찍 일어나서 목욕으로 심신을 깨끗이 하고 입궐하였다. 그것이 에도 시대 서민들 사이에서는 행수⁽行水⁾라고 하여 큰 대야에 물을 받아서 땀을 씻어내는 습관으로 정착되었다.

한편, 8세기 중반에는 중국 대륙에서 불교 경전과 함께『온실경⁽温室経⁾』이라는 경전이 일본에 들어왔다. 원래 미소기 의식에서는 차가운 강물이나 폭포수, 바닷물 등으로 심신을 깨끗하게 하는 것이지만, 뜨겁게 데운 물이나 온천수로 하는 목욕은 육체적인 피로가 훨씬 잘 풀렸다. '따뜻한 물로 목욕을 하면 공덕을 더 많이 쌓을 수 있다. 일곱 가지 병을 물리치고 일곱 가지 복이 들어온다'라고 하는 이 경전의 구절 덕분에 일본인은 따뜻한 목욕을 즐기게 되었다. 더구나 불을 피워서 물을 데우지 않아도 되는 온천욕은 귀하게 여겨지게 되었다.

신도의 미소기⁽禊⁾ 정신과 불교의『온실경』이 융합되어 일본에서는 목욕과 온천 문화가 발달하였으며 유명한 온천 료칸도 전국 각지에 생겨나기 시작하였다. 서양의 목욕 문화가 샤워로 몸의 표면에 묻은 더러움을 씻어내는 방식이라면 일본의 목욕 문화는 따뜻한 물속에 몸을 담가서 온기를 통해 몸의 피로를 풀고 마음을 정화하는 방식이라고 할 수 있다.

온천에서 병을 치료하고 건강을 증진하는 것을 탕치⁽湯治⁾라고 하는데 여기에는 '1주일 1순회'라는 말이 있다. 이것은 에도 시대 이전부터 확립된 탕치의 기본적인 기간이다. 온천의 물리적인 효과는 자극에 있으며 온천수의 여러 성분이 인체에 침투해서 호르몬 분비를 촉진하는 것부터 시작된다. 탕치의 첫 단계에서는 교감 신경이 활성화되면서 혈압이 올라가고 심박 수가 늘어나며 혈당치가 높아진다. 그러면 부교감신경이 활성화되면서 혈압이 다시 내려가고 심박 수가 줄어들면서 혈당치가 내려간다. 교감 신경과 부교감 신경이 교대로 활성화되면서 점차 안정된 상태를 이루고 몸이 회복되는 원리이다.

탕치 장소에서 1주일 동안 체류하며 치료를 하면 효과는 거의 나타난다. 옛날 사람들은 과학적 지식이 아니라 경험이나 전승을 통해서 그러한 사실을 알고 있었다. 에도 시대 초기 쇼군 도쿠가와 이에야스는 시즈오카 현 아타미熱海 온천에서 탕치를 하였다. 아타미 온천은 나라 시대 이전부터 있던 유서 깊은 곳으로, 다량의 염분 함유로 신경통과 관절염에 특히 효능이 큰 것으로 유명하다. 도쿠가와의 탕치 기간은 당시 관례에 따라서 1주일이었다. 의사가 의학적인 치료로 온천을 사용하기 시작한 것도 이 시기였으며 고토 곤잔後藤艮山, 1659~1733은 제자 200명을 두고 탕치 요법을 체계화하여 온천 치료법의 창시자가 되었다.

에도 시대 서민들에게까지 확산된 목욕 문화와 온천 문화는 현재까지도 전통 방식으로 이어지고 있다. 일본인은 세계에서 가장 목욕을 좋아하는 민족으로 알려져 있으며 반드시 욕조에 몸을 담그는 방식으로 목욕한다. 아무리 서구식 생활방식이 편리하고 기능적이라고 해도 목욕 문화만큼은 바뀌지 않는다. 심지어 더운 여름에도 온욕을 즐기기 위해 온천을 찾는다. 피로가 누적된 상태에서 따뜻한 물에 몸을 담그면 일본인은 "아~고쿠라쿠 고쿠라쿠"라는 감탄사를 발한다. 고쿠라쿠極樂는 극락을 뜻하는 말로 마치 극락에 와 있는 것처럼 기분이 좋다는 뜻이다. 우리말로는 "아, 천국이 따로 없네" 또는 "어~시원~하다" 정도가 된다. 일본인에게 온천은 극락과 같은 곳으로 최근 중국에까지 진출한 일본의 온천 사우나 브랜드의 이름도 극락탕, 즉 고쿠라쿠유極樂湯이다.

일본인이 극락이라고 표현하는 것이 바로 온천인데 이름에 지고쿠地獄, 즉 지옥이라는 말이 들어간 온천이 종종 있다. 그곳은 주로 화산 활동이 활발하게 일어나며 수증기를 포함한 화산 가스가 하얀 연기를 쉴 새 없이 뿜어내고 있다. 지열과 화산 가스의 영향으로 주변에는 나무나 풀과 같은 식물이 자라지 않고 바위만 있다. 그런 살벌하기 짝이 없는 지형의 온천을 '지옥' 혹은 '지옥 계곡'이라고 부르는 것이다. 일찍부터 불교의 영향을 받았기 때문이다.

지옥 온천은 홋카이도의 노보리베쓰登別 온천, 군마 현의 구사쓰草津 온천과 만자万座 온천, 나가사키 현의 운젠雲仙 온천 등 전국 각지의 화산성 온천에서 주로 볼 수 있다. 화산성 온천이란 지하수가 화산의 마그마 열로 데워져 지표면에 솟아나는 것을 말한다.

그런 지옥 온천의 모습을 자세히 관찰할 수 있도록 아키타 현의 고쇼가케後生掛 온천과 다마가와玉川 온천에서는 자연을 탐구할 수 있는 산책로를 조성해 놓았으며 특히 고쇼가케 온천에서는 특이한 진흙 화산도 볼 수 있다.

훗카이도 최대의 노보리베쓰 온천 지옥 계곡은 황회색 바위 틈으로 화산 가스가 분출되면서 주변 일대를 강렬한 유황 냄새로 뒤덮고 있다. 지름 450m의 화구에서 1분당 3,000ℓ의 온천수가 솟아오른다. 해발 200m 부근에는 일본 천연기념물로 지정된 원시림이 있으며 황화수소천, 식염천, 철천 등 10여 종류에 이르는 갖가지 온천수가 특징이다. 근처의 오유누마お湯沼는 숲으로 둘러싸인 온천 호수로 자욱한 수증기가 신비로움을 자아낸다.

오이타 현 벳부 지옥 온천은 원천수, 용출량 모두 일본 1위로 지옥 온천의 대표적 관광지이다. 지옥 같은 기이한 경관을 자아내며 자연 용출되는 원천을 매년 1,000만 명이 넘는 관광객이 찾고 있다. 온천마다 다양한 물질이 함유되어 있어서 옥색 푸른빛을 띠는 것도 있으며 피처럼 붉은색을 띠는 것도 있다. 바다 지옥, 가마솥 지옥, 피의 지옥 등 재미있는 이름의 온천들과 이 온천물에 익힌 계란이 유명하다.

나가사키 현의 운젠 지옥 온천은 1991년 대규모 화산폭발로 유명한 후겐다케普賢岳 남서쪽 산자락의 해발 700m 고지에 위치한다. 350년 역사를 자랑하는 온천 지대 중에서 6ha의 펄펄 끓는

늪지대가 바로 운젠 지옥이다. 운젠 지옥 주변에는 2㎞에 이르는 '지옥 산책로'도 조성되어 있다. 크고 작은 지옥마다 이름이 붙여져 있는데 갖가지 나쁜 생각들을 경계하라는 '팔만지옥', 수다스러움을 멀리하라는 '참새지옥'도 있다. '대규환지옥大叫喚地獄'은 운젠 지옥 중에서도 가장 압력이 높고 수증기 끓어오르는 소리가 크다. 온천수를 분출할 때의 소리가 마치 땅속의 망자들이 울부짖는 절규와 같이 들린다고 해서 지어진 이름이다. 한때는 개종을 거부한 천주교 신자들을 고문하고 사형시킨 '진짜 지옥'으로 이용되기도 하였다.

일본의 온천은 단지 목욕 시설이 아니라 하나의 복합문화공간이다. 목욕 후에는 보통 휴식을 취하기 때문에 숙박과도 연계된다. 그래서 대부분의 온천 마을에는 온천수가 솟아나는 곳마다 온천 호텔, 즉 료칸이 지어졌다. 옛날에는 공공의 온천에서만 목욕을 할 수 있었지만, 이제는 기술의 발달로 료칸마다 온천수를 끌어 올려 독자적인 온천탕을 만들 수 있게 되었으며 료칸과 온천 마을이 함께 발전하게 되었다.

현재의 전통적인 온천 료칸의 모습은 에도 시대 혼진本陣에서 비롯되었다. 혼진은 지방 영주가 에도로 쇼군을 알현하러 갈 때 호위무사와 함께 묵던 숙소이다. 잘 차린 가이세키 요리에 극진한 서비스도 그때 탄생하였다. 아키타 현 다자와코 고원의 쓰루노유 온천 료칸은 1691년 개업한 혼진으로 역사가 300년 넘은 노포이다. 옛날 모습 그대로의 고풍스러운 건물에 노천탕도 갖추고 있다. 국도부터 료칸 입구에 이르는 진입로 포장을 거부하고 전선을 땅에 묻어서 가리는 등 전통 방식을 지키기 위한 노력을 아끼지 않고 있다. 저녁 식사 역시 옛날 방식 그대로 객실까지 날라다 주는 서비스를 이어가고 있다.

에히메 현 마쓰야마 시의 도고 온천은 오랜 문헌에도 자주 등장하며 많은 이야기를 탄생시킨 명탕이다. 다리를 다친 백로가 온천물에 담가서 상처가 나았다는 전설도 그 중의 하나이다. 료칸은 1994년 온천 시설로는 처음으로 국가 중요문화재로 지정되었으며 역대 천황을 비롯한 수많은 여행객들이 다녀갔다. 1894년에 지어진 3층 누각의 목조건물 본관이 특히 유명하다. 피부에 좋기로 소문난 매끄럽고 부드러운 신의 물과 영혼의 물을 즐기는 목욕 코스가 인기 있다. 미야자키 하야오 감독의 애니메이션 〈센과 치히로의 행방불명〉(2001)에서 주인공 치히로가 부모님을 잃고 들어간 신들의 온천장 모델이 된 곳이다.

니가타 현의 에치고 유자와 온천은 주변이 2,000m 이상의 높은 봉우리들로 이어지는 산골에 위치한다. 헤이안 시대 말기부터 온천 마을이 조성되어 있으며 평균 적설량이 11.7m나 되는 겨울철에 오히려 인기가 많다. 그중 다카한 료칸은 일본의 노벨문학상 수상작 가와바타 야스나리의 소설 『설국』(1948) 속 온천의 모델이 된 곳이다. 실제로 가와바타는 1934년 이 료칸에 머물면서 작품을 썼는데 그때 정성스러운 대접을 해준 게이샤 마쓰에(본명 고다카 기쿠)를 모델로 하여 소설 속 여주인공 고마코를 구상하였다. 지금은 현대식 건물로 변했지만, 가와바타가 집필 당시 묵었던 객실은 그 모습 그대로 보존 중이며 그 옆의 전시관에서는 영화 〈설국〉(1957)이 온종일 방영되고 있다.

온천 문화가 발달한 일본에서는 온천 료칸이 국가 간의 외교에서도 큰 역할을 하고 있다. 오랜 전통의 료칸은 온천, 음식, 정원을 한꺼번에 체험할 수 있어서 하룻밤만 보내도 칙사로서 제대로 대접받았다는 느낌을 받는다. 천연 모래찜질로 유명한 가고시마 현 이부스키에 위치한 하쿠스이칸白水館 료칸은 규슈 최고의 전통 여관으로 2004년 고이즈미 총리와 한·일 정상회담 때 고 노무현 대통령 내외가 묵었던 곳이다. 2015년에는 영국의 윌리엄 왕자가 후쿠시마 현 고리야마郡山 시 반다이 아타미磐梯熱海 온천의 고급 료칸 시키사이 이치리키四季彩一力에서 아베 수상과 함께 일본 전통 의상을 입은 채 현지 식재료로 만든 만찬을 즐기며 숙박을 하였다. 2016년 5월 주요 7개국(G7) 정상회의 때는 아베 수상이 미에 현 이세시마伊勢志摩 온천 료칸 가시코지마 호조엔賢島宝生苑으로 7개국 정상들을 안내해서 일본 전통문화를 체험할 수 있게 하였다. 아베 수상은 또한 2016년 12월 자신의 고향인 야마구치 현 나가토 유모토長門湯本 온천의 고급 료칸 오타니 산장大谷山荘에서 러시아 푸틴 대통령과 정상회담을 하기도 하였다. 양국 간에 오랫동안 갈

등을 빚어온 쿠릴열도 반환이라는 문제를 논의하기 위해서였다.

온천은 자연이 만들어 낸 궁극의 휴양지로, 화산 지형을 중심으로 전 세계에 분포해서 관광객을 불러 모으고 있다. 미네랄과 석회질이 풍부한 우윳빛 푸른색의 아이슬란드 블루라군 온천, 뛰어난 수질로 로마 시대부터 각광받던 독일 바덴바덴 온천, 온천수 칼슘 퇴적물이 쌓여 독특한 지형을 이룬 터키 파묵칼레 온천, 원주민 마오리족 문화가 살아있는 뉴질랜드 로토루아 유황온천 등 각 지역마다 개성적인 온천 문화가 형성되어 있다. 일본의 온천 문화는 고대부터 내려온 일본인의 생활 방식에 음식(가이세키 요리)과 숙박(료칸)을 더한 전통 문화라는 점에서 그 고유성을 인정받고 있다. 자연의 원시적인 생명력 그대로 인간의 발길에 순응해 온 세월의 흔적이 일본의 온천에는 남아있다.

9 ——————————————— 소확행의 나라

최근 우리의 언론과 인터넷 포털에서는 '소확행小確幸'이라는 말이 젊은 세대를 중심으로 일상적으로 쓰이고 있다. 작지만小 확실한確 행복幸을 추구한다는 뜻으로, 미래의 일은 걱정하지 말고 지금을 즐긴다는 뜻의 '욜로YOLO'와 일맥상통한다. 2017년에는 방탄소년단의 〈고민보다 GO〉 가사 속 '욜로YOLO'가 '올해의 유행어' 1위였으며, 2018년에는 그 연장선상에 있는 '소확행'이 1위가 되면서 현재까지도 생활상의 패턴뿐만 아니라 소비 분야에서도 기본 개념이 되고 있다.

원래 '소확행'이라는 말을 처음 사용한 사람은 우리나라에도 잘 알려진 일본의 소설가 무라카미 하루키이다. 그는 수필집 『랑게르한스 섬의 오후』(1986)와 『소용돌이 고양이의 발견법(한국어 번역본 : 일상의 여백)』(1996) 등에서 갓 구운 따뜻한 빵을 손으로 뜯어먹는 것, 오후의 햇빛이 나뭇잎 그림자 그리는 것을 바라보며 브람스의 실내악을 듣는 것, 서랍 안에 반듯하게 접어 넣은 속옷이 가득 쌓여 있는 것, 겨울밤 부스럭 소리를 내며 이불 속으로 들어오는 고양이의 촉감을 느끼는 것, 정결한 면 냄새를 풍기는 하얀

셔츠를 머리부터 입는 것, 격한 운동 후에 시원한 맥주를 마시는 것 등에서 소확행을 느낀다고 하였다.

소확행 열풍은 일본뿐만 아니라 우리나라와 대만과 같이 경제 성장을 빠르게 이루고 또 경제 불황기를 겪고 있는 나라에 불고 있다. 현재의 젊은 세대인 밀레니얼 세대와 Z세대는 자신의 방에서 컴퓨터를 하면서 성장하였으며 그만큼 독립적이고 개인주의적 성향이 강하다. 하지만 경제적 불황기를 겪으면서 미래에 대한 불확실성이 커지고 불안감이 일반화되었다. 소확행이라는 개념은 젊은 세대의 상황과 가치관에 잘 맞아떨어졌으며 순식간에 퍼져나갔다. 책 제목, 상품 광고문구, 가게 이름이나 간판 등 소확행이라는 말이 안 쓰이는 곳이 없게 되었다.

지금의 젊은 세대는 대기업 사원을 지향하기보다는 스스로 창업을 해서 서점이나 출판사, 카페 등을 운영하고 싶어 한다. 책이나 음악을 만들거나 자신의 손으로 무언가를 표현하는 일에 가치를 두며 굳이 큰 기업에서 스트레스를 받으며 돈을 벌지 않아도 된다고 생각한다. 종속관계 속 물질적 만족보다는 개인의 자주성이나 자기표현을 더 추구한다. 젊은 세대에서 실현되고 있는 자립적인 라이프 스타일은 최근 서울이나 타이베이 등에서 일어나는 부모로부터의 독립 붐과도 관련이 깊다.

일본에서 하루키의 '소확행'이라는 말이 사회적으로 주목받기 시작한 것은 1990년대 중반부터이다. 당시 거품 경제의 부작용으로 일본은 심각한 경제적 난관에 부딪쳤다. 일본 내 기업과 자산이 해외의 금융자본에 헐값으로 매각되고, 평생직장이라는 개념이 사라졌으며, 정규직 축소 및 비정규직 무한 확대가 점차 자리를 잡아 갔다. 일본의 젊은 세대는 고도 성장기의 종결로 인한 미래의 불확실성, 경제적 어려움, 비정규직과 아르바이트를 전전하는 생활 속에서 현실적으로든 정신적으로든 중산층의 삶을 바라볼 여유를 가질 수 없었다.

그 전의 부모 세대들은 1970년대 고도 경제 성장기에 젊은 시절을 보냈으며 '1억 총중류1億總中流(일본의 1억 인구 모두가 중산층이 된다는 뜻)'라는 목표 하에 전 국민이 빈부 격차가 작은 사회의 호황을 누렸다. 해외에 수많은 지사를 거느린 대기업이나 탄탄한 중견기업에 입사해서 정년이 보장된 자리를 얻고 30세 이전에 결혼했으며 40세를 넘기 전에 저축과 대출을 합쳐서 도쿄 외곽에 번듯한 개인 주택을 마련하고 노후를 편안하게 보냈다. 참고로, 1988년 세계 50위 그룹에 일본 기업이 23개나 들어 있었다.

거품 경제 붕괴가 초래한 부모와 자녀 세대 간의 급격한 삶의 변화는 젊은 세대가 느끼는 박탈감을 가중하는 요소로 작용하였다. 정해진 경로를 성실하게 따라가면 경제적 안정과 사회적 지위가 보장되는 삶을 더는 기대할 수 없게 되었다. 현실이 주는 압박감에 극도의 피로를 느끼던 그들에게 소확행이란 가까스로 숨통을 트일 수 있는 길이었다. 1990년대 중반 하루키의 소확행이라는 말은 바로 이런 일본의 사회적 분위기 속에서 서서히 자리를 잡아갔다. 우리나라의 젊은 세대가 1997년 IMF 사태와 2008년 세계적 금융위기 사태를 겪고 난 후에 처한 상황과 매우 비슷하다.

그런데 소확행은 단순히 행복의 목표치를 줄이는 것으로는 얻을 수 없다. 소확행을 느끼기 위해서는 많든 적든 자기 규제가 필요하다. 예를 들면, 수납장의 깨끗한 속옷이 주는 뿌듯함을 맛보기 위해서는 빨래라는 노동에 시간과 정성을 들여야 한다. 시원한 맥주를 기분 좋게 마시기 위해서는 땀 흘려 일을 하거나 힘든 것을 참고 격한 운동을 해야 한다. 나만의 의미 있는 여행을 위해서는 소비를 줄이고 적은 돈이라도 열심히 모아야 한다. 무위도식하며 방안에서 뒹구는 것이 소확행이 아니다. 일과 행복의 적절한 조화와 균형, 그것이 바로 진정한 소확행의 길이다.

소확행의 기본은 행복을 추구하는 데 있지 않고 행복을 발견하는 데 있다. 미래에 대한 큰 꿈만을 좇으며 탄식과 조급함으로 세월을 보낸다면 지금의 행복은 깨닫지 못할 수 있다. 소득이 높은 선진국보다 오히려 빈곤한 나라에서 행복지수가 높게 나타난다는 사실을 주목할 필요가 있다. 평범한 일상 속에서 소확행을 찾는 것은 어렵지 않다. 행복감의 크기에 연연할 필요는 없다. 우울하거나 상처받거나 실망했을 때 조그만 행복감은 다시 힘을 낼 수 있는 원동력이 된다. 그저 따뜻한 물로 채워진 욕조에 몸을 담그듯이 소확행을 온몸으로 느끼는 것이다. 큰 변화 없이 단조로운 생활 속에서도 작지만 확실한 행복을 온전히 느끼는 것, 그것이야 말로 마음을 풍요롭게 만드는 비결이며 현재를 즐기기 위한 필수 조건이다. 무라카미 하루키는 행복해지고 싶다면, 지금의 일상에서 작고 확실한 행복을 찾아서 나만의 목록을 만들라고 말한다.

일본인의 소확행에 대한 개념은 언제부터 형성된 것일까?

고대부터 일본인은 작은 집에 만족하고 소박한 음식에 감사하며 사는 데 익숙하였다. 13세기 일본에 전해진 선불교, 즉 젠 사상은 그러한 일본인의 습성을 문화적인 형태로 양식화하는 데 뒷받침이 되었다. 무사들은 검도뿐만 아니라 다도를 통해서 절제의 미학을 배우고 화도(꽃꽂이)를 통해서 욕망과 욕심을 내려놓는 연습을 하였다. 젠 사상을 바탕으로 끊임없이 자기 수양에 힘쓴 결과 무사들은 전 세계에서 유례없이 정권을 오래 유지할 수 있었다.

일본인의 소확행의 원천은 역시 신도라는 토속 신앙이다. 일반적으로는 신도를 일본 불교, 즉 선종과 동일시하는 경우가 많으며 구분하기 어려울 만큼 융합된 측면도 있다. 신불습합에 의해서 일찍부터 신도와 불교가 하나의 사상으로 취급받았기 때문이다. 하지만 엄밀히 보면 양자는 서로 다른 기원을 가진 종교이다. 신도는 불교가 백제와 당을 통해서 일본에 전해지기 이전부터 일본 내부에 뿌리내리고 있던 토속종교이다.

신도의 기본 사상은 크게 두 가지로 분류된다. 첫째는 자연 숭배 사상, 즉 애니미즘이고, 둘째는 조상 숭배 사상이다. 애니미즘,

즉 물활론物活論은 자연 모든 존재자에게 영혼 혹은 정령이 존재한다고 믿기 때문에 정령 신앙이라는 말로 표현되기도 한다. 일본인 특유의 정령 신앙은 일상생활에서 먹거리에 대한 애착으로 표현되기도 한다. 그들에게 식사가 갖는 의미는 단순히 배고픔을 해소하고 맛을 느끼는 데 그치지 않는다. 일본인들에게 식사란 자연 속 정령, 즉 신이 가진 생명력을 인간의 몸 안으로 흡수해서 받아들이는 일종의 종교적 의식과도 같다.

일본인의 식사 예절 가운데 음식을 먹기 전에 두 손을 합장하고 '이타다키마스いただきます'라고 하는 말이 있다. 일본인 대부분이 함께 먹는 사람이 있든 없든 혹은 음식을 남이 만들어 주었든 본인 스스로 만들었든 상관없이 이 말을 한다. '이타다키마스'는 보통 우리말로 '잘 먹겠습니다'로 번역하지만, 정확한 뜻은 '(신으로부터 음식의 생명력을 감사히) 받겠습니다'가 된다.

현대인은 산업화와 함께 이미 도시 생활이 익숙해졌지만, 각박한 도시 생활에 지치고 복잡한 인간관계에 치이다 보면, 자연을 찾아 위로를 받으려고 한다. 때로는 화려하고 편리한 도시 생활을 버리고 소박하고 정감 있는 시골로 생활 터전을 옮기는 일도 있다. 〈오도카니 외딴집ポツンと一軒家〉(2017)은 리포터가 위성사진을 보고 외진 곳에 홀로 뚝 떨어져 있는 집을 찾아가서 그곳에 사는 사람들의 생활을 소개하는 TV 프로그램으로 편리한 도시를 떠나서 순박하게 살아가는 모습이 많은 사람의 공감을 얻고 있다. 우리나라의

TV 프로그램 〈나는 자연인이다〉(2012) 역시 꾸준한 시청률로 9년째 방영되는 장수 프로그램이다. 70·80년대 도시에 나와 일하던 베이비부머 세대의 남성들이 치열한 경쟁으로 마음의 상처를 입고 산속으로 들어가 생활하면서 위로받는 이야기이다.

일본적 자연주의 신도 사상은 현대에도 살아있다. 시골의 훼손되지 않은 자연, 건강한 먹거리, 옛 친구들과의 교감은 정서적인 여유를 가져다주며 도시 생활에서 지친 몸과 마음에 안식처를 제공한다. 특히 자연에서 채취한 신선한 재료들로 차려진 풍성한 음식들의 향연은 잃어버린 활력을 되찾아 준다. 앞만 보고 달려온 시간을 뒤로하고 나 자신을 오롯이 마주할 수 있는 시간이 펼쳐지면서 그 무엇보다도 소중한 순간이 찾아온다. 최근 우리나라에서도 리메이크된 영화 〈리틀 포레스트〉(2014)는 일본의 신도적 생활 속 소확행을 잘 보여 준다. 주인공은 스스로 수확한 재료로 다양한 음식을 만들어 먹으면서 그 속에 깃든 신과 교감하고 도시 생활에서 잃어버린 삶의 의욕을 되찾는다.

영화 〈카모메 식당〉(2006)은 머나먼 타국 핀란드에 가서 식당을 개업하고 여러 사람을 만나면서 느끼는 일상의 소확행을 담고 있다. 정성을 다해 만든 따뜻한 커피와 시나몬롤, 돈가스와 오니기리(주먹밥)를 통해서 낯선 사람들과 소통하며, 따사로운 햇볕 속에서 마음의 평온을 얻는다. 부모의 기대와 타인의 시선에서 벗어날 수 없었던 일본 여성이 숲과 호수의 나라 핀란드에 이주하고 정착하면서 슬로우 라이프를 배우고 자신의 주체적인 삶을 찾아가는 과정이 펼쳐진다.

일본의 소화행은 청빈 사상과도 일맥상통한다. 청빈이란 소유에 대한 욕망을 최소한으로 하여 내적 자유를 높이는 것을 뜻하며 상태가 아니라 사상을 나타내는 말이다. 청빈을 몸소 실천한 요시다 겐코 법사는 수필집 『도연초』(14세기)에서 "명예와 이익을 좇아서 조용한 여가도 없이 평생을 고뇌 속에 지내는 것은 어리석은 일이다. 재산이 많으면 자신을 지킬 수 없게 된다. 재산은 해害를 만들며 고뇌를 만드는 주범이다. 죽은 뒤에 황금으로 북두칠성을 만들고 달만큼 재산이 있다 해도 그것은 남의 웃음거리밖에 되지 않는다"(제38단)라고 하였다.

겐코 법사는 또한 지위나 명성, 부에 사로잡힌 사람은 어리석으며 마음의 내실을 추구하는 사람이 가장 좋다고 하였다. 즉, 소유를 최소한으로 하는 것이야말로 정신적 활동을 자유롭게 하며 소유에 마음을 빼앗겨서는 인간적인 마음의 움직임이 저해된다고 본 것이다. 청빈은 단순히 가난하게 사는 것이 아니라 스스로 선택한 간소한 삶이며, 물질적 소유욕에서 해방되어 자유를 만끽하는 삶이다. 전란의 시대 산속에 은둔하며 유유자적을 즐겼던 겐코 법사의 청빈 사상은 이후 에도 시대의 유명한 시인 바쇼의 하이쿠 등을 통해서 오늘날까지 일본인의 기본적인 사상으로 계승되고 있다.

소확행은 일본뿐만 아니라 우리나라에서도 젊은 세대를 중심으로 크게 유행하며 퍼지고 있다. 현재의 젊은 세대, 즉 밀레니얼 세대는 1980년대 초부터 2000년대 초까지 출생한 세대를 일컫는 말로, 2020년 이후 세계 노동인구의 35%를 차지하고 소비력 부문에서도 기성세대를 뛰어넘을 것으로 예상된다. 2018년 기준으로 전 세계 인구의 4분의 1 수준인 18억 명에 달하고 있어서 밀레니얼 세대는 명실공히 '세상의 중심'이 되어 경제 구조에서 주도권 세대로 떠오르고 있다. 새로운 밀레니엄(2000년) 이후 성인이 되어서 트렌드를 이끄는 주역이 된다는 뜻에서 '새천년 세대'라고도 불린다.

밀레니얼 세대는 컴퓨터와 스마트폰 조작에 능숙하며 SNS를 통해서 정보를 검색, 습득하는 일에 능통하다. 타인보다는 자기를 좀 더 중요하게 생각한다는 특성이 있어서 '미 제너레이션Me Generation'으로도 불린다. 조직이나 단체보다는 자기 계발이나 건강관리에 시간과 돈을 들이는 경향이 있다. 그리고 불확실한 미래에 투자하기보다는 현재 즐길 수 있는 것에 집중하는 경향이 강하다. 경제 불황기를 겪으면서 극심한 취업난을 겪고 사회의 불공정과 불합리 속에서 어려움을 겪는 세대이기도 해서 '부모보다 가난한 최초의 세대' '지난 100년을 통틀어 가장 가난한 세대'는 밀레니얼 세대를 부르는 또 다른 표현들이다. 이들은 워라밸Work-life balance을 중요시한다.

위라밸은 '일과 삶의 균형'이라는 뜻으로 1970년대 후반 영국에서 처음 등장한 용어이다. 연봉에 상관없이 높은 업무 강도에 시달리거나 퇴근 후 SNS로 하는 업무 지시, 잦은 야근 등으로 개인적인 삶이 없어진 현대 사회에서 위라밸은 직장이나 직업을 선택할 때 중요한 요소로 떠오르고 있다. 가성비와 가심비(가격 대비 마음의 만족 정도)도 비슷한 개념이다. 현재의 즐거움과 자기만족을 위해서 인생에서 소중한 몇 가지를 스스로 포기하기도 한다. 결혼이나 출산도 포함된다.

그런데 무라카미 하루키가 말하는 소확행은 원래 물질적 소비가 아닌 자신만의 정신적 행복이 중요하다는 뜻이다. 또한 단순히 적게 일하거나 작은 소비를 뜻하는 말도 아니다. 사실 작은 소비라는 개념은 기업들이 마케팅을 위해서 소확행이라는 말의 의미를 그럴듯하게 변형시킨 것이다. 소확행 열풍의 정도와 편의점 매출 상승이 비례한다는 점이 그 증거이다. 우리는 물건을 사고 쓰고 버리고 다시 채우는 데 인생의 소중한 시간을 너무 많이 허비한다. 불필요한 물건을 줄이고 최소한의 것으로 생활하면서 단순하고 의미 있는 삶을 사는 것이 필요하다. 스스로 선택한 간소한 삶, 물건에 대한 집착에서 벗어나 자유로운 정신을 갖는 것, 그것이 바로 소확행의 삶이라고 할 수 있다.

10 ——————————————— 고양이의 섬

　일본인은 고양이를 매우 좋아한다. 전국 어디를 가나 거리마다 어슬렁거리는 길고양이가 눈에 띄고 가게마다 한 발을 치켜든 고양이 장식품이 입구를 장식한다. 고대에도 고양이는 온갖 이야기에 등장하고 각종 그림의 소재가 되었으며 위인을 기리는 역사적 건물의 조각상 또한 고양이다. 현대의 애니메이션 속에서도 다리가 12개 달린 고양이 버스가 하늘을 날아다니고 아무 고민 없이 즐거운 일만 가득한 고양이 왕국이 등장한다. 심지어 인간의 얼굴도 고양이상을 선호하고 고양이 캐릭터 액세서리로 몸을 치장한다.

　일본인의 고양이 사랑은 언제부터 시작되었을까?

　일본에서의 고양이 역사는 야요이 시대 유적에서 고양이 뼈가 발견될 정도로 오래되었다. 처음에는 불교 경전을 쥐로부터 보호하기 위한 동물로 중국에서 들여왔는데 점차 귀족이나 왕족들 사이에서 애완동물로 귀여움을 독차지하게 되었다. 11세기 성립 『겐지 이야기』에는 풍류남 가시와기가 히카루 겐지의 아내가 된 산노미야를 잊지 못하고 그녀의 애완 고양이에 못다 한 사랑의 욕망을 투영시키는 장면이 있다. 당시 고양이는 실외에서 집을 지키는 개와는 달리 주로 실내에서 끈을 묶어서 애완용으로 사육하는 동물이었다.

에도 시대에도 고양이는 사치스러운 애완동물로 주로 한가롭고 넉넉한 유녀들이 즐겨 키웠다. 값비싼 비단으로 목도리 장식을 한 유녀 집의 고양이는 우키요에로도 그려졌으며 그림 중에서도 특히 인기가 있었다. 오늘날 독신 여성들이 애완견 치장에 돈 쓰기를 주저하지 않듯이 외로운 유녀들은 사랑하는 고양이에게 고급 옷을 입히고 값비싼 음식을 주면서 애정을 듬뿍 쏟았다.

그렇게 일본에서 고양이는 인간의 사랑을 받으며 점차 신앙의 대상이 되어갔다. 고양이는 원래 쥐 퇴치용으로 전해졌듯이 인간에게 유해를 가하는 동물을 물리치는 능력이 있다. 옛날에는 쥐가 인간 생활을 위협할 정도로 큰 피해를 주는 천적이었다. 귀중한 곡식에서부터 비단실을 만드는 누에고치까지 모두 갉아 먹어 없앴기 때문이다. 일본인은 쥐로부터 막대한 피해를 막아주는 고양이를 그만큼 신령스럽다고 믿었다.

생김새가 귀여우면서도 신비로운 힘을 가진 동물로 인식되면서 고양이는 점차 나쁜 악귀를 쫓는 부적 역할을 하게 되었다. 고양이 그림을 집안 곳곳에 붙여 놓는 일이 늘어나면서 절과 신사에서도 고양이 부적을 만들어 팔기 시작했다. 고양이가 은혜를 갚거나 복을 가져다준 일화가 있는 고양이 절猫寺과 고양이 신사猫神社, 고양이 지장보살猫地藏 등이 현재까지도 일본 전국에 분포한다. 그

중의 하나가 도쿄의 이마도 신사今戸神社에 전해 내려오는 마네키네코 탄생 일화이다. 에도 시대 가난한 노파가 오랫동안 키우던 고양이를 내보냈는데 그 고양이가 꿈속에서 자신의 모습을 인형으로 만들어 팔면 복을 받는다고 하여 그 말대로 했더니 부자가 되었다는 내용이다.

에도 시대 손님이 많이 오기를 바라는 상인들에게는 마네키네코가 일종의 복을 가져다주는 것처럼 인식되기 시작하였다. 앞발을 들어 사람을 부르는 형상의 마네키네코는 마치 호객을 하는 것처럼 보였기 때문이다. 오른발을 들고 있는 것과 왼발을 들고 있는 것이 있는데, 오른발은 돈을, 왼발은 사람을 부르는 것으로 생각하였다.

고양이가 앞발을 드는 것이 왜 그렇게 특별한 행동이 될까? 고양이는 태생이 예민한 동물이다. 낯선 곳으로 여행하는 것을 싫어하고 환경이 조금이라도 바뀌면 신경이 날카로워져서 평소와 다른 행동을 한다. 그리고 털이며 발바닥을 끊임없이 핥고 얼굴을 쓰다듬는다. 때로는 털을 비벼서 자신의 냄새를 남기기도 하고 또 잘 다듬은 털과 수염으로 상대방이 익숙한 사람인지 낯선 사람인지도 감지한다. 일본의 상인들은 예민한 고양이가 앞발로 얼굴을 문지르는 것은 뭔가 변화가 있을 징조이고 손님이 찾아올 것을 미리 알고 준비하는 것이라고 믿었다. 그러한 상인들의 마음이 마네키네코 신앙으로 이어진 것이다.

애초에 일본에서 고양이가 신앙의 대상이 된 데는 일본인이 고양이를 좋아하기 때문이기도 하다. 자기의 일은 스스로 해야 한다는 일본인의 정신과 독립적인 고양이의 성향은 매우 비슷하다. 개는 주인이 집으로 돌아오면 꼬리를 세차게 흔들면서 반가움을 표시하고, 벌렁 누워서 배를 보이며 절대복종의 자세를 취한다. 간혹 주인에게 호되게 혼이 나더라도 마치 잘못했다는 듯이 머리를 조아리며 언제나 한결같은 모습을 보인다. 그에 비해서 고양이는 인간 세계에는 관심이 없는 듯이 자유분방하고 자기 방식대로 살아간다. 그래서 우리나라에서는 얼마 전까지만 해도 고양이를 제멋대로여서 정이 안 가는 동물로 생각하였다. 하지만 일본에서는 그런 고양이 모습을 인간의 힘이 미치는 범위를 벗어난 것으로 생각하고 신의 세계와 인간의 세계를 오가는 영험한 동물로 인지하였다.

사실 고양이는 1만 년 전 처음으로 인간과 교류를 시작하고 오랫동안 인간과 같이 살아왔지만, 지금까지 줄곧 야생의 모습과 본능, 능력을 잃지 않고 유지해오는 동물 중의 하나이다. 자연스럽고 독립적이지만 인간과 평화로운 관계를 맺어온 가축은 고양이가 거의 유일하다고 볼 수 있다. 소, 말, 돼지, 닭 등의 동물은 그 원종이 강제적으로 가축화되면서 철저하게 인간에게 종속되었다. 그에 비해서 고양이는 인간의 취향에 굴복하는 일 없이 지금까지도 원종에서 거의 달라지지 않은 외모와 야생성을 그대로 유지하고 있다.

고양이는 처음에 인간 거주지에 퍼져 있던 쥐를 잡아먹기 위해 사람 곁으로 왔고, 인간도 고양이의 유용성을 알아차리고 가까이 살도록 허락하였다. 지금도 사람은 사람이고 고양이는 고양이라고 할 만큼 적당한 거리를 유지하며 살아간다. 그래서 인간의 눈에는 고양이가 냉정하고 제멋대로이며 자기 방식대로 행동하는 것처럼 보이기도 한다.

개과의 동물은 집단생활을 하고 사냥할 때도 무리 지어 다니며 서로 협력한다. 조직적인 사냥에서는 사령탑이 되는 통솔자가 필요하며 사냥의 효율성을 높이고 불필요한 싸움을 피하기 위한 서열 정리가 이루어진다. 그래서 개들의 사회에서는 복종과 성실이 요구된다. 반면, 고양잇과의 동물은 기본적으로 혼자 생활하고 사냥도 각자 하며 자기가 필요한 것은 모두 스스로 결정하고 단독으로 움직인다.

일본인의 오래된 고양이 사랑은 애니메이션과 같은 문화 콘텐츠와 캐릭터 상품으로도 재탄생하여 전 세계에 알려졌다. 대표적인 캐릭터 상품이 바로 헬로키티인데 키티는 새끼 고양이의 애칭으로 영국 작가 루이스 캐럴의 『거울 나라의 앨리스』(1871)에서 유래되었다. 1974년 일본의 산리오사社가 미국에서 스누피Snoopy, 즉 작아도 체구가 다부지고 영리한 수컷 사냥개가 큰 인기를 얻는 것을 보고 개발한 고양이 캐릭터이다.

산리오사에서는 일본인이 좋아하는 고양이의 암컷을 의인화하되, 조용히 남의 말을 듣는 이미지를 부각하기 위해서 입을 없애자는 방침을 세웠다. 남을 위한 배려는 입(빈말)으로 하는 것이 아니라 실천으로 해야 한다는 것을 강조하려는 의도였다. 키티는 작은 눈과 코, 양쪽 뺨의 세 가닥 수염, 쫑긋 세운 귀에 매단 리본 덕분에 누구에게나 감정 이입이 잘 되는 친근한 캐릭터가 될 수 있었다.

탄생한 지 50년이 다 된 헬로키티는 일본을 비롯한 전 세계 130여 개국, 5만여 개의 상품에서 캐릭터로 사용될 정도로 큰 인기를 끌고 있다. 고양이 혐오증이 있거나 고양이 털에 대한 알레르기가 있는 사람조차도 앙증맞은 키티 인형을 보면 구매욕이 생기고 만다. 헬로키티 판권의 추정 자산 가치는 현재 2조 엔이 넘으며 인형, 옷, 장난감, 만화, 애니메이션 등 미디어 프랜차이즈 사업으로 해마다 4천억 엔 이상 벌어들이고 있다. 미국의 가수 브리트니 스피어스와 배우 패리스 힐튼 등도 헬로키티 마니아라는 사실은 잘 알려져 있다. 헬로키티는 일본에서 제작한 영화나 TV 애니메이션, 미국 회사가 제작한 애니메이션 TV 시리즈 등에도 등장한 적이 있으며 앞으로 미국 할리우드 장편영화로도 만들어질 예정이다.

일본의 고양이 캐릭터 중에서 전 세계에 알려진 캐릭터가 또 있다. 도라에몽은 1969년 만화가 후지코 F. 후지오의 동명 작품에 처음 등장한 캐릭터로 겁 많고 허약한 소년 노비타(한국명 진구)의 후손이 노비타를 돕기 위해 22세기 미래에서 보낸 작고 파란 고양이 로봇이다. 도라에몽은 온갖 기발한 발명품들이 쑥쑥 튀어나오는 만능 주머니, 머리에 붙이면 어디든지 날아가는 대나무 헬

리콥터, 먼 거리도 한 번에 이동할 수 있는 어디로든 문 등으로 노비타에게 도움을 준다.

〈도라에몽〉은 고양이 로봇이 곤경에 처한 인간을 구해주는 이야기로 1969년 처음 연재를 시작한 후 큰 인기를 끌어서 국민 만화로 자리 잡았다. 그리고 1973년 TV 애니메이션으로 제작·방영된 후 지금까지 9,600편 이상 방송되었으며 아직도 후속편이 계속 나오는 중이다. TV 애니메이션 시리즈는 일본뿐만 아니라 30여 개국에서 방영되고 있으며 극장용 애니메이션으로도 제작되고 있다. 게임이나 피규어로도 만들어져서 현재 도라에몽의 인기는 디즈니 캐릭터에 필적한다. 뉴욕의 시사주간지 『타임』은 2002년 '아시아에서 가장 껴안아 주고 싶은 영웅The Cuddliest Hero in Asia'이라고 표현했으며 2008년 일본 정부는 만화 캐릭터로는 처음으로 문화 대사에 임명하기도 하였다.

일본인의 고양이 사랑은 지방 도시의 마스코트에도 나타난다. 시마넷코는 2010년 탄생한 시마네 현의 고양이 캐릭터이다. 머리에는 신사 지붕 모양의 모자를 쓰고 목에는 금줄을 두른 노란색 고양이이다. 인연의 신 오쿠니누시大国主를 주신으로 모시며 음력 10월에는 일본의 모든 신이 모여서 회의를 한다는 이즈모타이샤出雲大社를 모티브로 하였다. 시마네 현의 관광 캐릭터인 만큼 시마넷코는 모든 기념품과 선물용 과자에 쓰이고 있으며, 최근에는 시마넷코 관광열차도 운행되고 있다. 열차 이름은 '인연 전차 시마

넷코 호ご縁電車しまねっこ号'이며 핑크색 차내에 시마넷코 고양이가 그려져 있으며 하트 모양 손잡이까지 달려 있다.

또한, 일본 최대의 택배 회사인 야마토ヤマト운수는 검은 고양이 로고로 유명하다. 1919년 창업한 야마토운수는 100년이 넘는 장수기업으로, 1957년부터 노란색 배경에 두 마리의 검은 고양이가 들어간 구로네코 로고를 사용하였다. 이 고양이 로고는 미국 협력업체의 마크를 본떠서 만든 오리지널 디자인으로, 새끼 고양이가 아프지 않게 조심스럽게 입에 물고서 옮기는 엄마 고양이의 모습이 포인트이다. 검은 고양이는 고대 이집트에서 다산과 풍요를 상징하는 동물로 신성시되었으며, 북유럽 켈트 신화에서는 요정의 화신으로 행운의 상징이었다. 야마토운수의 로고는 스튜디오 지브리의 애니메이션 〈마녀 배달부 키키〉(1989) 속 검은 고양이 지지의 모티브가 되기도 하였다.

캐릭터뿐만 아니라 실제 고양이가 유명해지는 일도 있다. 2015년 천국행 열차를 타고 떠난 고양이 역장 '다마'가 그 주인공이다. 다마는 와카야마 현 기시 역 매점에서 기르던 고양이로, 사람을 잘 따르는 편이라서 역을 찾는 승객들로부터 인기가 많았다. 다마가 점점 유명해지자 와카야마 전철 측은 2007년 무인역이었던 기시 역의 역장으로 다마를 임명하고 연봉으로 1년치 사료를 지급하였다.

다마가 세상을 떠나자 와카야마 전철 측은 회사장으로 장례식을 치렀는데 이것은 지역경제 회복의 일등공신이 된 고양이에 대한 생전의 공적을 기리기 위해서였다. 특별한 관광지 하나 없는 작은 시골 마을에서 고양이 한 마리 덕분에 12억 엔의 경제 효과를 창출해 낼 수 있었다. 전국의 사람들은 오로지 고양이 역장을 만나러 열차를 타고 왔으며 나중에는 외국에서 찾아오는 일도 있었다. 다마 역장은 사람들 기억 속에 영원히 살아있을 것이다.

영화 〈고양이와 할아버지〉(2019)에도 '다마'가 등장한다. 일본의 작은 섬마을, 아내와 사별 후 혼자 사는 할아버지에게 고양이 다마는 유일한 벗이자 가족이다. 할아버지는 다마와 함께 잠에서 깨고 밥을 먹으며 산책을 하면서 소소한 일상의 행복을 느낀다. "인생은 이제부터 시작이야, 그렇지 다마?"라는 할아버지의 물음에 다마는 잠자코 할아버지를 응시한다. 다마의 눈빛에서 할아버지는 외로움을 떨치고 삶의 의욕과 희망을 얻는다. 초고령 사회 일본에서 벌어지는 독거노인과 동물의 훈훈한 동행 이야기이다.

일본은 열도 전체가 고양이와 함께 삶을 영위하는 이른바 고양이의 섬이라고 할 수 있는데 그중에서도 특히 고양이가 많아서 '고양이 섬猫島'으로 불리는 작은 섬들이 있다. 처음에는 쥐 잡이 목적으로 데리고 들어온 고양이들이 워낙 빠르게 번식하다 보니 지금은 수백 마리에 이르게 되었다. 도시에서 멀리 떨어져 있고 특별한 볼거리 하나 없는 섬마을인데도 고양이가 많이 산다는 이 유만으로 일본뿐만 아니라 외국에서도 관광객들이 찾고 있다.

후쿠오카 현의 아이노시마相島는 사람보다 고양이의 개체 수가 훨씬 많은 곳으로 유명하다. 주민 수는 20여 명 안팎으로 매우 적은데 고양이는 수백 마리에 달한다. '고양이의 천국'이라는 섬의 별명답게 고양이들이 사람을 경계하지 않고 뒤를 따라다닌다. 섬 주민들이 고양이들을 내치거나 방치 상태로 두지 않고 공생하는 존재로 받아들인 덕분이다. 우리나라에서는 전남 고흥군의 '쑥섬'으로 불리는 애도가 최근 '고양이 섬'으로 유명세를 타고 있다.

후쿠이 현에는 '고양이 절' 고탄조지御誕生寺가 있다. 마을을 찾은 외부인이 고양이를 들여온 것이 계기가 되어 고양이가 번식하고 또 사람들이 데려다 놓기를 반복하면서 고양이가 마을과 절을 상징하는 마스코트가 되었다. 고탄조지 측에서는 고양이를 보살피면서 절을 찾는 사람들에게 무료로 분양까지 하여 그 의미를 더해가고 있다. 고탄조지의 홍보 문구는 '고양이가 뛰놀며 분양도 받을 수 있는 시골 마을의 절'이다.

한편, 일본의 도시에서는 '네코노믹스'로 불리는 공전의 고양이 사육 붐이 계속 이어지고 있다. 네코노믹스는 고양이를 뜻하는 일본어 '네코'와 경제학을 뜻하는 이코노믹스Economics의 합성어로 고양이 신드롬으로 인한 경제적 효과를 가리킨다. 반려동물로서 고양이 분양이 늘면서 일본 주요 도시의 시가지에는 고양이와 함께 살 수 있는 아파트나 주택 등을 전문적으로 소개하는 '고양이 부동산'이 등장하였다. 또 고양이와 함께 일할 수 있는 사무실과 피부 보습을 위해 붙이는 팩처럼 고양이를 편안하게 해주는 '고양이 팩'까지 등장하였다.

어느덧 우리 주변에도 고양이 카페, 고양이 전문병원, 고양이 노인정도 생겼고 동물보험까지 생겼다. 주거 형태가 단독 주택에서 공동 주택으로 바뀌면서 조용하고 산책을 시키지 않아도 되는 고양이를 개보다 선호하게 된 것도 있지만, 어느덧 우리 사회도 개인주의적 성향이 강해지면서 고양이를 바라보는 시선이 달라졌다. 유튜브 속 귀여운 고양이 영상을 보면서 마음의 평온을 되찾는다는 사람들이 부쩍 많아졌다. 앞발로 할퀴지는 않을까 마냥 두렵기만 했던 고양이를 우리도 이제는 가까이 두고 그 매력을 즐기는 데 익숙해졌다.

그러면서 고양이에 대한 우리의 인식도 많이 변화하였다. 불과 10년 전까지만 해도 속을 알 수 없는 꺼림칙한 동물이라고 고양이를 싫어하는 사람들이 많았다. '우리집 강아지는 복슬 강아지 학교 갔다 돌아오면 멍멍멍 꼬리치며 반갑다고 멍멍멍'이라는 동요의 가사처럼 우리는 주인에게 충성심만을 보여 주는 개를 좋아하였다. 하지만 최근에는 집에서 고양이를 키우는 이른바 고양이 집사들이 급격히 늘어났다. 이제 고양이는 우리에게도 가볍지 않은 도도함과 우아함까지 갖춘 동물로 인식되고 있다. 일본에 대한 우리의 인식도 좀 더 가치지향적으로 나아가기를 기대해 본다.